Jan Ramström

Drogenabhängigkeit

Psychosoziale Ursachen
Verlauf · Therapie

Jan Ramström

Drogenabhängigkeit

Psychosoziale Ursachen
Verlauf · Therapie

Mit einem Vorwort
von Wolfram Keup

Deutscher Ärzte-Verlag Köln 1984

Übersetzung aus dem Schwedischen: Sybill Haupt

ISBN 3-7691-0067-0

Titel der schwedischen Originalausgabe: Narkomani. Orsaker och Behandling

Copyright© 1979 by Jan Ramström & Tidens Förlag AB, Stockholm

Deutsche Lizenzausgabe:
Copyright© by Deutscher Ärzte-Verlag GmbH, Köln-Lövenich 1984

Umschlaggestaltung: Hanswerner Klein BDG/BFF, Leverkusen 3

Gesamtherstellung: Deutscher Ärzte-Verlag GmbH, Köln-Lövenich

Inhaltsverzeichnis

Vorwort

Es mag zunächst verwundern, wenn ein Buch über Drogenabhängigkeit, in dem nur 14 Zeilen der Drogensituation in der Bundesrepublik Deutschland gewidmet sind, aus dem Schwedischen ins Deutsche übersetzt und vom Deutschen Ärzte-Verlag zur Verfügung gestellt wird. Zudem hatte Schweden über lange Jahre keine für Zentraleuropa typische Drogenszene – sie war dort bis in die Mitte der siebziger Jahre nahezu ausschließlich vom Mißbrauch von Stimulantien bestimmt. Der Grund für diese Übernahme ins deutsche Schrifttum ist jedoch überwiegend dadurch begründet, daß sich der Autor, Jan Ramström, um eine Gesamtdarstellung des Ursprungs und der Behandlung der Drogenabhängigkeit bemüht. Er nennt dieses Buch im Originaltitel nicht „Drogenabhängigkeit", sondern „Drogenabhängige" – schon darin zeigt sich seine behandlungsorientierte Grundhaltung und sein persönliches Interesse an denen, die ein Opfer der Abhängigkeitskrankheit geworden sind und um die er sich als Therapeut über lange Jahre bemüht hat. Der Autor ist Psychiater, aber zweifellos ist er in seiner Sicht nicht auf dieses Fach begrenzt: Unter Nutzung einer geschickten Auswahl der Weltliteratur stellt er die Welt der Drogenabhängigen in ihren vielfältigen sozialen Verknüpfungen dar, ohne psychiatrische und allgemeinärztliche Aspekte zu vernachlässigen.

Das Kapitel über die Entstehung der Drogenabhängigkeit ist ein vorzüglicher Überblick über die zahlreichen Theorien, die er in eigenen Denkansätzen miteinander zu verknüpfen vermag. Das Kapitel über den Verlauf der Drogenkarriere stützt sich nicht nur auf die Literatur, sondern auf langjährige eigene Erfahrungen, die auch in den Kapiteln über die stationäre und ambulante Behandlung Drogenabhängiger immer wieder durchschlagen.

Der Autor macht den Versuch, die Suchtstoffe selbst nicht in den Vordergrund treten zu lassen. Die nach praktischen Gesichtspunkten orientierte Einteilung der Suchtstoffe steht mit den meisten bekannteren, insbesondere mit den Typen der WHO, nicht in Einklang; die gegebenen Beispiele sind nur orientierend. Aber darauf kommt es nicht an. Der Weg und die Bedürfnisse des Drogenkranken vor und in der Therapie werden prinzipiell und an Hand der einzelnen Therapieformen äußerst instruktiv besprochen. Ein Kapitel „Vorbeugende Maßnahmen – Die Rolle der modernen Gesellschaft" stellt den Kranken in seine Umgebung und diskutiert deren Einflüsse auf Entstehung der Krankheit und Behandlung des Kranken. Das abschließende Kapitel über psychoanalytische Grundzüge der Abhängigkeit wird manchen interessieren.

Mit ausgewogenem Urteil vermag der Autor gerade diejenigen Seiten des Drogenmißbrauchs, jene Schwierigkeiten der Drogenabhängigen darzustellen, die in den meisten gängigen Büchern zu diesem Thema zu wenig berücksichtigt werden. Er wendet sich an Drogentherapeuten aller Ausbildungswege, nicht nur den Arzt. Dementsprechend ist die Darstellung weitgehend freigehalten worden von der Terminologie irgendeines besonderen Faches und selbst für wenig Erfahrene voll verständlich.

Das Buch gibt das Rüstzeug, über das jeder Therapeut verfügen sollte, bevor er sich in das Gespräch mit Drogenkranken begibt – und in diesem Sinne ist es ein gelungenes Buch, ein steter Begleiter, und ein echtes Buch für die Tasche.

Puchheim, Juli 1983   Wolfram Keup

Einleitung

Mit diesem Buch habe ich das Ziel verfolgt, ein Lehrbuch über die Behandlung von Drogenmißbrauch zu schreiben. Es gibt bereits einige schwedische Bücher über das Drogenproblem: „Narkomani – medicinska fakta" (Drogensucht – medizinische Fakten) von Lars Magnus Gunne, „Flykten till missbruket" (Fluchten in den Mißbrauch) von Dag Notinis und Anita Sjöberg, „Narkotikafrågan och samhället" (Das Drogenproblem und die Gesellschaft) und „Narkotika och narkomani" (Drogen und Drogenabhängigkeit) von Nils Bejerot. Darüber hinaus hat das Sozialministerium zwei Werke veröffentlicht: „Behandling av narkotikamissbrukare" (Die Behandlung von Drogenabhängigen) und „Fakta om narkotika och narkotikamissbruk" (Fakten über Drogen und Drogenmißbrauch). Das Buch von Gunne richtet sich jedoch hauptsächlich an Mediziner. Es behandelt wichtige, den Drogenmißbrauch betreffende medizinische Fakten. Dag Notini und Anita Sjöberg schreiben für den Laien über Mißbrauch im allgemeinen. Die Bücher von Bejerot sind hauptsächlich Beiträge zur Debatte im Bereich der Drogenpolitik. Der Autor hat außerdem keine Erfahrung mit der Behandlung Abhängiger. Das Buch „Behandling av narkotikamissbrukare" richtet sich vorwiegend an Verwaltungsbeamte und das Buch „Fakta om narkotika och narkotikamissbruk" ist, wie schon aus dem Titel hervorgeht, eine reine Zusammenstellung von Fakten. Was fehlt, ist ein Buch, das sich an die inzwischen große Gruppe des Betreuungspersonals richtet (Anstaltsassistenten, Pfleger in psychiatrischen Anstalten, Krankenschwestern, Ärzte, Psychologen, Freizeitpädagogen, Polizisten und Sozialarbeiter). Ein Buch für alle, die in direkten Kontakt mit dem Drogenabhängigen treten und häufig ganz konkret Stellung nehmen müssen, wenn es um die Frage geht, wie man sich verhält, um dem Klienten auf bestmögliche Weise helfen zu können. Diese Lücke wollte ich mit meinem Beitrag füllen. Das Buch richtet sich deshalb vor allem an das Betreuungspersonal aller genannten Kategorien. Ein großer Teil des Buches – hier besonders die Kapitel, die die Entstehungsmechanismen des Drogenmißbrauchs und vorbeugende Maßnahmen behandeln – könnte auch für ein breiteres Publikum von Interesse sein. Auch für diejenigen, die auf dem Behandlungssektor von Alkoholkranken arbeiten, kann dieses Buch informativ sein. Wenn sich auch die soziale Dynamik beim Alkoholismus in gewisser Hinsicht von der des Drogenmißbrauchs unterscheidet, so bleiben dennoch die therapeutischen Zielsetzungen und Modelle sowie die vorbeugenden Maßnahmen oft die gleichen.

Ich möchte schon in der Einleitung unterstreichen, mit welcher Art von Drogenabhängigkeit ich mich hauptsächlich befasse. Meine Ausführungen gelten dem Konsum *harter Drogen*. Damit meine ich gewohnheitsmäßigen Injektionsmißbrauch zentral stimulierender Mittel (Stimulantien vom Amphetamin-Typ oder Kokain) oder zu den Opiaten zählende Substanzen (Opium, Morphin, Heroin, Methadon u. a.). Nur am Rande streife ich den Mißbrauch von Cannabis, Halluzinogenen, Lösungsmitteln, Beruhigungs- und Schlafmitteln.[1] Alle Präperate werden jedoch in den medizinischen Tabellen angeführt.

Ich habe mir die Aufgabe gestellt, den theoretischen Teil mit dem therapeutischen Teil zu verbinden, da sich eine Stellungnahme zur Therapiearbeit auf Kenntnisse der psychosozialen Faktoren stützen sollte, die dem Mißbrauch zugrunde liegen. Hat sich erst einmal eine Drogenabhängigkeit bei Fixern etabliert, so wird deren Innenleben und deren gesamter Lebensstil davon bestimmt. Dieser Drogenmißbrauch kann dann als „selbständiger Zustand mit eigener Automatik" erscheinen „völlig losgelöst von den psychologischen und sozialen Problemen, die unter Umständen zu einer Drogenkarriere geführt haben". (SOU 1977:23: Statens offentliga utredningar – Staatliche Öffentliche Kommissionsberichte; Anm. d. Übers.). Das Verständnis solcher psychologischer und sozialer Mechanismen, die gemeinsam zu einer Drogenabhängigkeit führen und sie aufrecht erhalten, verringert den Bedarf an Mystifikationen über den erwähnten Typ von Drogenmißbrauch. Durch die Kenntnisse solcher Mechanismen wird dem Behandelnden eine Grundlage für seine therapeutischen Maßnahmen gegeben, die auf die psychische und soziale Lage des Süchtigen ausgerichtet sind.

In einem eigenen Kapitel werden besonders die einzelnen Drogen und die medizinischen Aspekte des Drogenmißbrauchs behandelt. Um bei dem Leser eine „Fixierung auf die Drogen" zu vermeiden und die Bedeutung der sozialpsychologischen Faktoren zu unterstreichen, erscheint die Drogenübersicht erst in einem späteren Teil des Buches, und nicht, wie sonst üblich, zu Beginn.

Wenn der Drogenmißbrauch nicht in einem größeren Zusammenhang gesehen und mit Gesellschaftsfaktoren in Verbindung gebracht wird, kann selbst ein Team von Sachverständigen mit guten Kenntnissen des Lebenslaufs und der Entwicklung des einzelnen Drogenabhängigen zu einer allge-

---

[1] Gewohnheitsmäßiger Konsum von Tranquilizern/Schlafmitteln kann auch zu einem ebenso ernsten und schwer behandelbaren Mißbrauch führen wie die Abhängigkeit von Stimulantien und Opiaten. Da aber der reine Mißbrauch von Tranquilizern/Schlafmitteln (d. h. nicht nur als Teil einer Polytoxikomanie) unter völlig anderen sozialen Voraussetzungen geschieht, sind hierbei die Verlaufsanalyse und das Behandlungsproblem andersartig.

meinpolitischen konservativen Kraft werden. Im Kapitel „Vorbeugende Maßnahmen – die Bedeutung der Gesellschaftsfaktoren" habe ich versucht,
diesen Zusammenhang herzustellen.

Abgesehen von einem kürzeren, einleitenden Kapitel über die Entwicklung
und Ausbreitung des Drogenmißbrauchs und einem gesonderten Kapitel
über die psychoanalytische Entwicklungspsychologie besteht das Buch
aus fünf Hauptabschnitten:

– Warum wird man drogenabhängig?
– Die Drogenkarriere
– Die Behandlung der Drogensucht
– Medizinische Aspekte zur Drogenabhängigkeit sowie
– Vorbeugende Maßnahmen, die Bedeutung der Gesellschaftsfaktoren.

Wenn ich in meinen Ausführungen über einen fiktiven Drogenabhängigen
spreche, verwende ich durchgehend die Pronomina er/ihn und nicht sie/ihr.
Einerseits macht dies meine eigene Unsicherheit deutlich, inwieweit Frauen
und Mädchen vom Drogenproblem betroffen sind. Andererseits kommt
darin unsere generelle Unkenntnis über das Verhalten der Frauen auf soziale Abweichungen zum Ausdruck. Vermutlich tragen die von dem Tiden/
Folksam Verlag veröffentlichten Bücher von Gustav Jonsson „Flickor på
glid – en studie i kvinnoförakt" und „Flickor på glid – en studie i kvinnoförtryck" („Mädchen auf Abwegen – eine Studie zur Geringschätzung der
Frau" und „Mädchen auf Abwegen – eine Studie zur Unterdrückung der
Frau"; Anm. des Übers.) zur Verbesserung dieser Situation bei.

Terminologie

In der Abbildung 1 wird der Versuch unternommen, das gegenseitige Verhältnis gewisser Termini schematisch darzustellen.

Mißbrauch ist der übergeordnete Begriff. Ihm werden verschiedene Arten
von Mißbrauch untergeordnet: Drogenmißbrauch, Alkoholmißbrauch, Arzneimittelmißbrauch (gemeint ist nur der Mißbrauch von Schlaf- und Beruhigungsmitteln) und Lösungsmittelmißbrauch.

Nach schwedischer Rechtsprechung werden alle genannten Stoffgruppen
außer Alkohol und Lösungsmitteln als Drogen bezeichnet. Dies bedeutet,
daß auch der Konsum von Schlaf- und Beruhigungsmitteln – wenn nicht
vom Arzt verordnet – in juristischem Sinne als Drogenmißbrauch angesehen wird. Persönlich ziehe ich es vor, dies als Arzneimittelmißbrauch zu bezeichnen. Außerdem erscheint es mir wichtig, zwischen einer Gruppe harter Drogen und einer Gruppe leichter Drogen zu unterscheiden. Cannabis
kann gewiß manchmal so intensiv mißbraucht werden, daß sowohl die psychologische als auch die soziale Dynamik der des gewohnheitsmäßigen Fi-

15

xens gleichkommt. Im allgemeinen jedoch unterscheidet sich der Konsument von Cannabis signifikant von dem von harten Drogen Abhängigen sowohl hinsichtlich der Hintergrundfaktoren, der psychologischen Problematik, der aktuellen sozialen Situation als auch hinsichtlich der Prognose. Bei dem Mißbrauch harter Drogen kann man zwischen sporadischem und gewohnheitsmäßigem Abusus unterscheiden. Die Bezeichnung Drogenabhängigkeit sollte nach meiner Auffassung nur für den gewohnheitsmäßigen Drogenmißbrauch (im allgemeinen durch Injektion) angewendet werden.

Von dieser Begriffsbestimmung ausgehend kann man konstatieren, daß der Terminus Drogenabhängigkeit einerseits etwas über den Drogentypus, andererseits etwas über die Intensität des Mißbrauchs aussagt. Dagegen beinhaltet der Begriff nicht den sozialen Zusammenhang, in dem der Mißbrauch zu sehen ist. Um hervorzuheben, um welche Art von Drogenabhängigkeit es sich handelt, werden in der Regel Ausdrücke wie Drogenabhängigkeit Jugendlicher, Bandendrogenabhängigkeit oder Straßendrogenabhängigkeit verwendet. In diesem Buch ist auch von diesen Drogenabhängigen die Rede. Die erwähnte Einteilung wird als Abgrenzung zur „klassischen Drogenabhängigkeit" vorgenommen. Mit dem Begriff der klassischen Drogenabhängigen ist eine kleine Gruppe von Personen mittleren Alters gemeint, nämlich nach außen sozial etablierte Morphinisten, die es einige Jahrzehnte lang in Schweden gegeben hat.

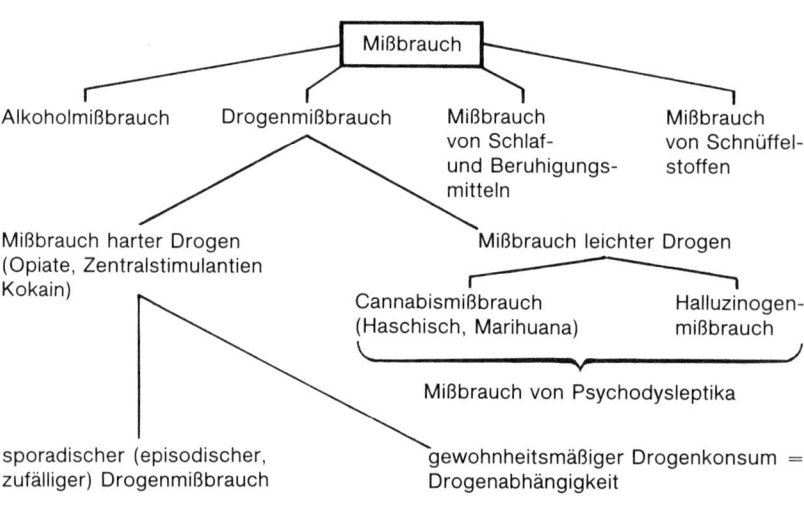

Abbildung 1: Einteilung und Terminologie der verschiedenen Formen des Mißbrauchs.

Um das Verständnis der psychologischen Momente im Kapitel über die Ursachen zu erleichtern, habe ich am Ende des Buches ein gesondertes Kapitel angefügt. In diesem Kapitel erfolgt eine komprimierte Darstellung der psychoanalytischen Entwicklungstheorien. Es war unvermeidlich, daß hier und da im Buch psychologische oder medizinische Termini auftreten, die nicht mit Sicherheit allen Lesern bekannt sind. Diese Begriffe werden in einem Teil „Begriffserläuterungen" erklärt. Im Anschluß an jedes Kapitel folgt eine Literaturliste, die ich zwecks einer leichteren Orientierung in Abschnitte untergliedert habe.

Erfahrungen des Autors

Im Buch wird über das Werk „226 Narkomaner" (226 Drogenabhängige) berichtet. Es handelt sich um eine wissenschaftliche Untersuchung, die unter meiner Leitung am Långbro-Krankenhaus durchgeführt wurde. Im übrigen stütze ich mich auf folgende Erfahrungen: Seit 1968 war ich am Långbro-Krankenhaus tätig und während dieser Zeit für einige Jahre für die Arbeit in der Drogenabteilung verantwortlich. Im Jahre 1968 eröffnete das Krankenhaus eine Spezialabteilung für Abhängige. Während meiner Krankenhaustätigkeit wurde diese Spezialabteilung in eine größere Abteilung für Rauschgiftabhängige erweitert, die sich ihrerseits aus zwei Therapieabteilungen und einer Akutstation zusammensetzt. Allmählich kam eine relativ umfassende ambulante Betreuungseinheit hinzu. Diese ambulante Betreuungsform beschäftigte sich einerseits mit der Nachsorge und wurde andererseits ein integrierter Bestandteil eines „Kontaktzentrums" in der Innenstadt von Stockholm. Dieses Kontaktzentrum hatte sich vor allem eine beratende Funktion zum Ziel gesetzt.

Neben meiner klinischen Arbeit war ich mehrere Jahre lang teils als beratender Arzt, teils als Verbandsmitglied der RFHL (Riksförbundet För Hjälp åt Läkemedelsmissbrukare, [Anm. d. Übers.: Landesverband für Hilfe bei Arzneimittelmißbrauch]) tätig.

Die psychotherapeutische Arbeit mit Kindern, Jugendlichen und Familien im Rahmen der PBU (Psykisk barn- och umgdomsvård – Anm. d. Übers.: „Psychiatrische Kinder- und Jugendpflege") in einem Stockholmer Vorort während der letzten zwei Jahre hat meine Kenntnisse von entwicklungspsychologischen Zusammenhängen erweitert. Für die theoretischen und die praktischen Aspekte waren die Erfahrungen von Bedeutung, die ich durch die Teilnahme an einer Psychotherapieausbildung und durch eine eigene Psychotherapie gewonnen habe.

Grundlage für die Gestaltung dieses Buches waren selbstverständlich auch umfangreiche Studien schwedischer und ausländischer Literatur über die Entstehung und Behandlung von Drogenabhängigkeit.

Ich möchte folgenden Personen für ihre wertvolle Mitarbeit an der endgültigen Manuskriptgestaltung danken: der Psychologin Lena Ahlin, der Soziologin Karin Hilmersson, der Psychologin Ann-Mari Hofsten, dem Soziologen Leif Holgersson, dem Arzt Dr. Magnus Kihlblom, dem Psychologen Staffan Lindberg, der Redakteurin Cecilia Modig, dem Sekretär Thomas Nordegren, der Ärztin Dr. Lisbeth Palmgren, dem Bürochef Ove Rådberg, der Redakteurin Lotta Skoglund und dem Informationssekretär Stig Åhs. Jane Dahlström und Karin Sjöberg danke ich für die ausgezeichnete Abschrift des Manuskripts.

Literatur

1. In der Einleitung erwähnte Bücher

Bejerot, Nils: Narkotika och narkomani. Aldus/Bonniers, Stockholm 1969.
Bejerot, Nils: Narkotikafrågan och samhället. Aldus/Bonniers, Stockholm 1968.
Gunne, Lars-M.: Narkomani – medicinska fakta. Akademiförlaget, Göteborg 1975.
Jonsson, Gustav: En studie i kvinnoförtryck. Tiden/Folksam, Stockholm 1977.
Notini, Dag; Anita Sjöberg: Flykten till missbruk. Natur och Kultur, Stockholm 1976.
Socialstyrelsens nämnd för hälsoupplysing [= Gesundheitsausschuß des Sozialamts – Anm. d. Übers.]: Fakta om narkotika och narkotikamissbruk. Liber Förlag, Stockholm 1977.
Socialstyrelsens redovisar [Bericht des Sozialamts – Anm. d. Übers.]: Behandling av narkotikamissbrukare, Allmänna förlaget, Stockholm 1973.
SOU: Psykisk störda lagöverträdare (Gutachten von der 1971 durchgeführten Untersuchung hinsichtlich der Behandlung psychisch Abweichender). SOU 1977:17, Stockholm 1977.

2. Einige übersichtliche Arbeiten über Drogenabhängigkeit und Behandlung

Brill, Leon/Louis Liebermann: Major modalities in the treatment of drug-abuse. Behavioural Publications, New York 1972.
Chein, Isidor; Donald Gerard; Robert Lee; Eva Rosenfeld: The road to H. Basic books, New York 1964.
Harms, Ernest (ed): Drug addiction in Youth. Pergamon Press, New York 1965.
Jansson, Bengt: Ungdomsnarkomani i Sverige. Nordisk Psykiatrisk tidskrift **6,** 44–56 (1970)
Johansson, Kjell E. (redaktör): Bruk och missbruk. Liber Förlag, Stockholm 1974.
Katzenelson, Boje: Forklaringsforsøg Stofproblemer 2. Munksgaard, Kopenhagen 1973.
McGrath, J.; S. Scarpitti: Youth and Drugs. Scott, Foresman and Company, Glenview, Illinois, 1970.
Pockettidningen R.: Knark. Pockettidningen R, Temanummer **3,** Nr. 4 (1973).
Psykisk Hälsa: Nordiskt nummer om användning av stimulerande medel i ungdomskulturen. Psykisk hälsa 2, 79–200 (1973).

Retterstøl, Nils: Stof og alkohol, bruk och missbruk. Universitetsforlaget, Oslo 1976.

Retterstøl, Nils: Medikament-og stofmisbrùk. Universitetsforlaget, Oslo 1972.

Skandia International Symposia: Drug dependence – treatment and treatment evaluation. Kungl. Boktryckeriet, Stockholm 1915.

Socialmedicinsk Tidskrift: Narkomani och Narkomanvård. Temanummer **8–9**, 452–520 (1973).

Socialmedicinsk Tidskrift: Narkomanvård. Temanummer **6**, 388–456 (1975).

Socialstyrelsen redovisar: Behandling av narkotikamissbrukare. Allmänna Förlag, Stockholm 1973.

Willner, D.; G. Kassebaum (ed.): Narcotics. McGraw-Hill Book Company, New York 1965.

Entwicklung und Verbreitung der Drogenabhängigkeit

Das folgende Kapitel enthält eine kurze Darstellung der Verbreitung des harten Drogenmißbrauchs in Schweden und im Ausland. Ich werde auf die Entwicklung des Mißbrauchs speziell in Schweden eingehen und darüber hinaus einige Tendenzen hinsichtlich des Mißbrauchs von Cannabis sowie von Schlaf- und Beruhigungsmitteln nennen.

Derjenige, dem die Bezeichnungen der verschiedenen Drogen nicht geläufig sind, sei auf die Präparateübersicht auf Seite 174 verwiesen.

Mißbrauch in Schweden

Harte Drogen

Ende der dreißiger Jahre wurde die Anzahl der Drogenabhängigen in Schweden auf etwa 70 geschätzt. Die meisten dürften Opiatabhängige gewesen sein. Sie werden dem sog. klassischen Typ der Drogenabhängigen zugeordnet. Mit anderen Worten, es handelte sich um drogenabhängige Personen der Mittelschicht, die auf Grund ihres Berufes (Ärzte, Apotheker, Musiker usw.) mit Drogen in Berührung kamen. Es waren in den meisten Fällen anscheinend sozial gut gestellte Personen mittleren Alters, zu der Zeit ein Charakteristikum für den klassischen Typ des Drogenabhängigen. Bis zu den sechziger Jahren blieb diese Gruppe mit etwa 100 Personen konstant.

Betrachtet man aber die Drogenabhängigkeit Jugendlicher, so war der Mißbrauch von Opiaten bis Ende der sechziger Jahre äußerst gering, nahm jedoch zu Beginn der siebziger Jahre stark zu. Es handelte sich hierbei um Banden-Drogenabhängige, die ähnlich wie die schweren Konsumenten von Zentralstimulantien in asozialen Subkulturen lebten. Das Präparat, das zu Beginn der siebziger Jahre verwendet wurde, war das Derivat Morphinbase (siehe Präparateübersicht S. 174). 1973 schätzte man die Anzahl der Opiatabhängigen auf circa eintausend, von denen die meisten jedoch mit Zentralstimulantien begonnen hatten. Während der letzte 2–3 Jahre hat der Injektionsmißbrauch von Opiaten noch weiter zugenommen. Gleichzeitig hat sich Heroin zur dominierenden Droge dieser Gruppe entwickelt. Diese Opiatabhängigen sind vorwiegend im Umkreis von Stockholm, Malmö und Lund wohnhaft. Es wird vermutet, daß immer mehr Opiatabhängige direkt mit Heroin beginnen, ohne Zentralstimulantien als Einstiegsdroge zu nehmen.

In den dreißiger und vierziger Jahren kam sporadischer Mißbrauch von *Zentralstimulantien* vor. Es handelte sich um einen begrenzten Tablettenmißbrauch in gewissen avancierten Stockholmer Kreisen von Jazzmusikern und Künstlern. Mitte der fünziger Jahre stellte man eine Zunahme dieses mißbräuchlichen Konsums mit damit verbundener erhöhter Bereitschaft zum Spritzen fest. Auffallend ist auch, daß die Abhängigen sich zu jener Zeit zum großen Teil aus sozialen Randgruppen rekrutierten. Zu Beginn der sechziger Jahre schätzte man deren Anzahl auf ca. 2000 im ganzen Land. Im Verlauf der sechziger Jahre nahm der Drogenmißbrauch stark zu. Eine 1967 durchgeführte Berechnung kam auf eine Zahl von ca. 10 000 starker Konsumenten im ganzen Land, davon allein im Stockholmer Raum 5000.

Im Raum Malmö hat das Sozialamt den Versuch unternommen, die Anzahl der Fixer im Frühling 1977 zu schätzten. Unerwartet groß war die Zahl der Heroinisten (400). Der Mißbrauch von Zentralstimulantien hatte sich inzwischen stabilisiert (500–600). Das Ergebnis legte die Vermutung nahe, daß der Nachwuchs der Süchtigen sich vor allem dem Heroin zuwendete. Bei anhaltendem Trend würde das bedeuten, daß der Heroinmißbrauch in diesem Gebiet bald häufiger vorkommt als der Mißbrauch von Zentralstimulantien.

Die meisten Studien über die Anzahl Drogenabhängiger beschäftigen sich vor allem mit der Verbreitung von Cannabis. In den alljährlich von der Forschungsabteilung der schwedischen Streitkräfte durchgeführten Untersuchungen von wehrpflichtigen jungen Männern, wurden auch Fragen nach dem Konsum harter Drogen gestellt. Aus diesen Untersuchungen geht hervor, daß die geringe Anzahl spritzender Drogenabhängiger in den siebziger Jahren konstant geblieben ist (ca. 1,3%). Im Bereich des Strafvollzugs hat man untersucht, wie groß die Zahl der Abhängigen in den Strafvollzugsanstalten und im offenen Strafvollzug ist. In diesen Untersuchungen kamen jedoch unklare Definitionen der Drogenabhängigkeit vor. Darüber hinaus wurde nicht eindeutig zwischen Fixern und anderen Drogenabhängigen unterschieden. Es ist anzunehmen, daß gewisse Cannabiskonsumenten zu der Gruppe der Drogenabhängigen gerechnet wurden. Von 1966 bis 1977 ist der prozentuale Anteil Drogenabhängiger in den Vollzugsanstalten von 9 auf 34 % gestiegen (1966: 4836 Anstaltsinsassen und 1977: 3493 Anstaltinsassen). Im gleichen Zeitraum wuchs der prozentuale Anteil Abhängiger im offenen Strafvollzug von 3 auf 17 % (1966: 19 503 Klienten und 1977: 16 226 Klienten). Während der drei letzten Jahre wurde eine Erhebung über die Zahl der Fixer in den Vollzugsanstalten angestellt. Der Anteil der Fixer variiert beachtlich zwischen den unterschiedlichen Anstaltsarten. Die offenen Strafvollzugsanstalten weisen den niedrigsten, die kommunalen Anstalten einen höheren und die staatlichen Vollzugsanstalten den größten Anteil an Fixern auf. Während der letzten drei Jahre hat der Anteil des Injektionsmißbrauchs in sämtlichen Anstaltsarten zugenommen. In den staatlichen Vollzugsanstalten stieg der Fixeranteil von 20% im Jahre 1975 auf 29% im Jahre 1977. Der entsprechende prozentuale Anteil bei den offenen Vollzugsanstalten war 7% bzw. 11% (siehe Tab. 1a und b).

Tabelle 1a: Drogenabhängige im Strafvollzug.
Anzahl der Inhaftierten bzw. Anzahl der Klienten sowie der Drogen- und Arzneimittelabhängigen (in Prozent) im geschlossenen und im offenen Strafvollzug in den Jahren 1966–1977 (entnommen aus: „Untersuchungen von Drogengewohnheiten" 1977).

Jahr	geschlossener Strafvollzug		offener Strafvollzug	
	Anzahl der Inhaftierten	Anzahl der Abhängigen	Anzahl der Inhaftierten	Anzahl der Abhängigen
1966 (1/8)	4836	9	19503	3
1968 (1/8)	4969	20	22160	7
1969 (1/5)	5177	24	22613	9
1970 (1/4)	4994	22	23094	10
1971 (1/4)	4965	23	22640	11
1972 (1/4)	4742	26	23169	12
1973 (1/4)	4963	28	23295	12
1974 (1/4)	4162	25	18905	13
1975 (1/4)	3333	25	16821	14
1976 (1/4)	3625	28	16340	15
1977 (1/4)	3493	34	16226	17

Tabelle 1b: Gesamtanteil der Abhängigen sowie der Anteil der Fixer nach Anstaltstyp in den Jahren 1975–1977 (in Prozent) (entnommen aus: „Untersuchungen von Drogengewohnheiten", 1977).

Jahr	staatl. Strafvollzugsanstalt		Kommunale Strafvollzugsanstalt		offener Strafvollzug	
	Anteil der Abhängigen (total)	Anteil der Fixer	Anteil der Abhängigen (total)	Anteil der Fixer	Anteil der Abhängigen (total)	Anteil der Fixer
1975	32	20	17	10	14	7
1976	35	26	21	14	15	9
1977	40	29	28	19	17	11

Bereits seit 1965 werden alle in Untersuchungshaft aufgenommenen Personen in Stockholm auf Einstiche von Injektionsnadeln untersucht. Aus der Tabelle 2 kann man die zahlenmäßige Veränderung der in Haft genommenen mit Injektionsmerkmalen für den Zeitraum von 1965–1977 entnehmen. In dieser Gruppe stieg der Anteil der Fixer von 1965 bis 1972 an, nahm dann in der Mitte der siebziger Jahre etwas ab und ging 1976 wieder in die Höhe. Der Wert für 1976 (62 %) weist auf einen noch größeren Anteil hin, als es bisher bei den früheren Untersuchungsperioden der Fall war. Im allgemeinen ist bei den Frauen der Anteil derer, die Einstiche aufweisen, höher. Hierbei muß betont werden, daß diese Gruppe natürlich eine sehr spezifische Auswahl darstellt. Der Anteil der Personen mit Injektionsmerkmalen spiegelt nicht nur die Veränderungen innerhalb der Gruppen krimineller Drogenkonsumenten wieder, sondern u. a. auch andere Einflüsse wie Veränderungen im Bereich von polizeilichen Aktionen.

Wir wissen nicht, wie viele Drogenabhängige es zur Zeit in Schweden gibt. Es besteht jedoch der Eindruck, daß sich der Drogenmißbrauch während der siebziger Jahre ungefähr auf das gleiche Niveau wie Ende der sechziger Jahre stabilisiert hat. Das würde bedeuten, daß der beobachtete Anstieg der Opiatabhängigen durch eine entsprechende Abnahme von Zentralstimulantienabhängigen ausgeglichen würde. Die Gesamtzahl der Fixer wird gewöhnlich mit der Zahl 10 000–12 000 glaubwürdig veranschlagt. Ver-

Tabelle 2: Anzeichen für intravenösen Mißbrauch bei Inhaftierten.
Gilt für schwedische Staatsbürger in Stockholmer Untersuchungshaft vom 2. Quartal 1965–1975 (entnommen aus „Untersuchungen von Drogengewohnheiten", 1977).

Jahr	Männer		Frauen	
	Anzahl mit Einstichen	Prozent der Untersuchten	Anzahl mit Einstichen	Prozent der Untersuchten
1965	150	18,5	46	31,3
1966	231	23,4	52	37,1
1967	507	35,8	105	52,9
1968	508	38,3	130	61,6
1969	512	36,4	158	67,2
1970	518	35,9	159	58,5
1971	818	46,7	172	71,7
1972	839	54,8	164	66,9
1973	471	42,7	108	59,3
1974	422	39,0	78	49,7
1975	482	45,6	89	62,2

mutlich sind 1000 bis 2000 davon Heroinabhängige. Gegen eine Stabilisierung sprechen die Beobachtungen seitens des Strafvollzugs, der einen fortschreitenden Anstieg des harten Drogenmißbrauchs unter seiner Klientel feststellen mußte. Vom Sozialministerium kam 1977 eine Ermittlungsuntersuchung hinzu, die eine Bestandsaufnahme über das Ausmaß des Drogenmißbrauchs veröffentlichte. Zu Beginn dieser Bestandsaufnahme hat eine Arbeitsgruppe eine Übersicht aller in Schweden bereits durchgeführten Untersuchungen über Drogengewohnheiten veröffentlicht. Im Anschluß an diese Bestandaufnahme folgt eine zusammenfassende Beurteilung seitens dieser Arbeitsgruppe. Darin heißt es, daß die bisherigen Untersuchungen ein zufriedenstellendes Bild von der Entwicklung des *leichteren* Mißbrauchs im Jugendalter (unter 18 Jahren) vermitteln. Hingegen registrieren diese Untersuchungen nicht glaubhaft die Verbreitung des harten Drogenkonsums. „Die Ermittlungsuntersuchung über das Ausmaß von Drogenmißbrauch" plant, für 1978 eine das ganze Land umfassende Erhebung aller Fixer durchzuführen.

Cannabis und Halluzinogene

In der ersten Hälfte der fünfziger Jahre kam Cannabis nur sporadisch vor und nahm dann Ende der sechziger Jahre stark zu. Es wurde kein Versuch unternommen, die Gesamtzahl der Konsumenten festzustellen. Auf S. 184 ff gehe ich im einzelnen auf die Wirkungsweise von Cannabis ein. An dieser Stelle soll jedoch bereits unterstrichen werden, daß Cannabis ähnlich wie Alkohol „angewandt" werden kann. In der Tat kann man die meisten Cannabiskonsumenten hinsichtlich ihres Verhältnisses zur Droge eher mit mäßigen Alkoholkonsumenten vergleichen als mit Alkoholikern. Nur ein geringer Teil derer, die Cannabis anwenden, werden abhängig in dem Sinne, daß sie zu gewohnheitsmäßigem Mißbrauch übergehen, der dann ihre Lebensführung überwiegend bestimmt.

In der Abbildung 2 wird graphisch das Resultat zweier fortlaufender Untersuchungen über die Drogengewohnheiten schwedischer Jugendlicher dargestellt. Gemeint ist zum einen die der 9. Klasse geltende amtliche Untersuchung durch die oberste Schulbehörde und zum anderen die jährliche Untersuchung wehrpflichtiger junger Männer, die von der Forschungsanstalt der schwedischen Streitkräfte (FOA) durchgeführt wird. Der Anteil harter Drogen ist so gering (1 bis 2 %), daß die daraus abzuleitenden Trends die veränderte Einstellung zu Cannabis bei diesen Jugendlichen widerzuspiegeln scheinen. Die auffallendste Veränderung findet man bei den Untersuchungen der 9. Klasse. Sie zeigen, daß der Teil derer, die Cannabis versucht haben, in den Jahren 1971–1975 auf die Hälfte gesunken ist und zwar von 16 auf 8 %. Die Zahlen von 1976 und 1977 deuten jedoch darauf hin, daß der rückläufige Trend durchbrochen ist.

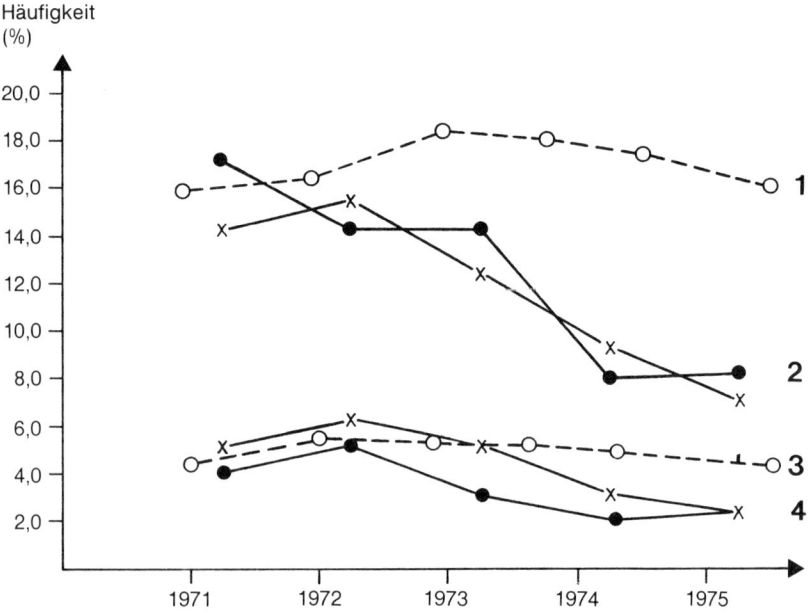

Häufigkeit (%)

Abbildung 2: Erfahrungen mit Drogen bei Grundschülern und Wehrpflichtigen (nach Hallström und Olsson, 1977). (1: Wehrpflichtige, die irgendwann einmal Drogen konsumiert haben; 2: Mädchen (o) und Jungen (x) der 9. Schulklasse, die irgendwann einmal Drogen konsumiert haben; 3: Wehrpflichtige, die in den vergangenen 4 Wochen Drogen konsumiert haben; 4: Mädchen (o) und Jungen (x) der 9. Schulklasse, die in den vergangenen Monaten Drogen konsumiert haben.)

LSD war Ende der sechziger Jahre „in". Es wird vermutet, daß seine Popularität in Schweden danach sehr abgenommen hat. LSD kommt sporadisch bei Cannabiskonsumenten vor, ist aber so ungewöhnlich, daß polizeiliche Beschlagnahmen relativ selten sind.

Beruhigungs- und Schlafmittel

In Schweden wird bei Mißbrauch von Schlaf- und Beruhigungsmitteln die Droge in der Regel auf legalem Wege, d. h. auf ärztliches Rezept erstanden. Ein Mißbrauch geschieht folglich in den meisten Fällen „legal", und die mißbrauchenden Konsumenten sind, so scheint es, sozial gut gestellt. Es nehmen mehr Frauen als Männer Schlaf- oder Beruhigungsmittel ein. Im Rahmen einer Untersuchung der Lebensgewohnheiten stellte das statistische Zentralbüro 1974 einer repräsentativen Auswahl aus der erwachsenen Be-

26

völkerung Fragen nach deren Medikamentenverbrauch. Man fand, daß 6,5% ein Schlafmittel und 6,4% ein Beruhigungsmittel während der vergangenen vierzehn Tage eingenommen hatten. Im gleichen Zeitraum hatten 2,5% regelmäßig Schlafmittel und 2,7% regelmäßig Beruhigungsmittel eingenommen (Hofsten, 1977). In den erwähnten Untersuchungen wehrpflichtiger junger Männer trat zutage, daß 12–14% manchmal Schlaf- und Beruhigungsmittel konsumiert hatten, die nicht vom Arzt verordnet worden waren (ungefähr der gleiche Prozentsatz im Zeitraum 1971–1975). Die Studien zeigen, daß der *Gesamtkonsum* hoch war, hingegen in der ersten Hälfte der siebziger Jahre etwas abgenommen hatte (Allgulander und Borg, 1977). Dies ist sicher darauf zurückzuführen, daß die Ärzteschaft nach Kenntnis der Präparaterisiken jetzt bewußter handelt. Wir wissen sehr wenig über den Umfang des Psychopharmakamißbrauchs. Da man jedoch festgestellt hat, daß die Zahl der regelmäßigen Konsumenten von Psychopharmaka ansteigt (Allgulander schätzt die Zahl von Personen, die regelmäßig Schlaf- und Beruhigungsmittel einnehmen, 1977 auf 150 000), ist anzunehmen, daß der Mißbrauch zunimmt, obwohl der Gesamtverkauf etwas zurückgegangen ist. 1976 stellte man bei einer Untersuchung von Patienten, die ein Jahr lang in einer psychiatrischen Klinik betreut worden waren, fest, daß 11% der Männer und 14% der Frauen arzneimittelabhängig waren (Allgulander, 1977). Im Vergleich zu ähnlichen früheren Untersuchungen zeigt dieses Ergebnis, daß der Drogenmißbrauch zugenommen hat.

Mißbrauch in anderen Ländern

Man kann die Auffassung vertreten, daß eine eingehendere Beschäftigung mit der Drogenproblematik anderer Länder unnötig sei, zumal Schweden in den sechziger Jahren mit dem Gebrauch von Zentralstimulantien als meist angewandter Droge ziemlich allein dastand.

Dagegen möchte ich folgende Gründe anführen, die dafür sprechen, sich mit der Problematik der Drogenmißbrauchsentwicklung in anderen Ländern auseinander zu setzen:

1. Es besteht der Eindruck, daß unser Mißbrauchspanorama wegen des ansteigenden Heroinmißbrauchs auf dem Wege ist, sich zu internationalisieren.

2. Der illegale Drogenmarkt ist im höchsten Grad eine internationale Angelegenheit geworden.

3. Die Auseinandersetzung mit der Drogenproblematik anderer Länder (besonders der USA), die über einen längeren Zeitraum als wir in

Schweden eine verbreitete Jugend-Drogenabhängigkeit aufweisen, ist sehr aufschlußreich. Wir können aus den Fehlern anderer bzw. aus deren Erfolgen, nicht zuletzt hinsichtlich der Therapiebemühungen, lernen.

Trotz größter Anstrengungen unsererseits stoßen wir auf erhebliche Schwierigkeiten, wenn es gilt, die Drogensituation anderer Länder richtig einzuschätzen. Die Berichterstattung an internationale Behörden ist in vielen Fällen unvollständig. Hinzu kommt, daß viele Länder eine noch schlechtere Einschätzung der Drogensituation haben als wir in Schweden.

Jedes Frühjahr tritt die Suchtstoffkommission der Vereinten Nationen (UN) zusammen. Die Kommissionsmitglieder (etwa 40) berichten über die Lage in den entsprechenden Ländern. Ich werde mich bei meiner Beschreibung der Situation und bei der Darstellung der Entwicklungstendenzen u. a. auf diese Kommissionsberichte stützen. Ferner hat das National Institute of Drug Abuse (die Bundesbehörde der USA für Drogenbekämpfungsfragen) dieses Jahr in Zusammenarbeit mit einer amerikanischen Universität eine Übersicht über die Mißbrauchssituation in 25 Ländern zusammengestellt.

Die nordischen Nachbarstaaten

Seit Mitte der sechziger Jahre hat *Dänemark* ein wachsendes Drogenproblem, das in seiner Ausbreitung ebenso ernst zu nehmen ist, wie das in Schweden. Der Mißbrauch harter Drogen in Dänemark wurde allerdings von Opiaten bestimmt.

Die geographische Lage der Stadt Kopenhagen hat offenbar die Drogenszene dort beeinflußt. Demzufolge ist die internationale Herkunft unter den Drogenabhängigen in Kopenhagen beträchtlich größer als vergleichsweise in Stockholm. Es wird vermutet, daß etwa ein Drittel aller Drogenkonsumenten in Kopenhagen Ausländer sind. Nicht zuletzt halten sich dort Drogenabhängige aus den nordischen Nachbarländern auf. Man trifft vor allem Norweger und Finnen, aber auch eine Reihe schwedischer Jugendlicher suchen die Drogenkreise in Kopenhagen auf. (Das schwedische Sozialamt beschäftigt schon seit einigen Jahren zwei Sozialarbeiter in Kopenhagen. Ihre Aufgabe ist es, diesen Süchtigen und anderen Jugendlichen aus Schweden zu helfen.)

Der schwere Drogenmißbrauch in Dänemark wird ganz und gar von Präparaten der Opiatgruppe bestimmt. Früher war es Morphium oder Morphinbase; aber auch hier nimmt das Heroin Überhand. Dänische Sozialarbeiter geben an, daß der Abusus während der letzten Jahre (1976–77) zugenommen hat. Sie schreiben dies u. a. geringeren Behandlungsmöglichkeiten zu. Die Gesamtzahl der Opiatabhängigen wird auf 6000 geschätzt, davon halten sich allein 3000 in Kopenhagen auf. Etwa 1000 dieser Drogenabhängigen erhalten Methadon. Dieses Substitut für Morphin wird ihnen von etwa hundert verschiedenen Ärzten verschrieben (siehe medizinisches Kapitel). Diese Methadonverordnung seitens der Ärzte wurde heftiger Kritik ausgesetzt und steht im Gegensatz zu der zurückhaltenden und kontrollierten ärztlichen Methadonausgabe in Schweden.

Norwegen und Finnland: In diesen beiden Ländern besteht ein begrenzter Mißbrauch von harten Drogen. In Finnland wird die Zahl der Opiatabhängigen auf ca. 200 geschätzt. Norwegische Drogenexpertisen beschreiben eine von leichteren Drogen beherrschte Szene in Norwegen. Der Anteil der Fixer ist gering. Ein Anstieg des relativen Anteils Abhängiger von harten Drogen scheint nicht zur Debatte zu stehen.

Übriges Westeuropa

Bundesrepublik Deutschland: Neben Italien scheint die Bundesrepublik Deutschland das Land in Europa zu sein, das in den siebziger Jahren den größten Anstieg des Heroinmißbrauchs zu verzeichnen hatte. Dies kommt unter anderem in einer stark zunehmenden Zahl von Todesfällen zum Ausdruck, die besonders in der zweiten Hälfte der siebziger Jahre mit dem Heroinmißbrauch in Verbindung gesetzt werden. So betrug im Jahre 1972 die Anzahl der Todesopfer 104, 1979 erreichte sie einen Höhepunkt mit 623 Todesfällen. Im Jahre 1980 blieb die Zahl bei 494 Todesfällen stehen. Experten der Bundesregierung schätzten die Gesamtzahl der Heroinabhängigen in der Bundesrepublik im Jahre 1976 auf 40 000 und im Jahre 1980 auf 48 000. Therapeuten und andere Angestellte im Bereich der Drogenfürsorge schätzen die Zahl der Heroinabhängigen auf 60 000 bis 90 000. Einige hingegen gehen in ihrer Annahme sogar bis zu einer so pessimistischen Zahl wie 160 000 Heroinabhängige.

Holland: Für Schweden ist unter dem Gesichtspunkt des Drogenmißbrauchs Holland das wichtigste Land Europas. In Holland wird der größte Teil des in Schweden zum Verkauf angebotenen Amphetamins hergestellt. Ein großer Teil des Heroins, das auf dem schwedischen Markt konsumiert wird, kommt auf seinem Wege von Thailand nach Schweden über Amsterdam.

30–40 % aller Drogensüchtigen in Holland sind Ausländer. Ende 1971 schätzte man die Zahl der Fixer auf ca. 10 000. Diese Zahl enthält sowohl den Anteil der Heroinabhängigen als auch den Anteil der Konsumenten von Zentralstimulantien. Der Cannabismißbrauch ist sehr verbreitet. Holland ist das einzige Land Europas, in dem Cannabis derart offen konsumiert wird.

Schweiz: Seit 1971 hat die Schweiz eine Verdreifachung des Injektionsmißbrauchs verzeichnet. Gegenwärtig wird die Zahl auf ca. 13000 geschätzt. Wie in den meisten europäischen Ländern nimmt auch hier der Cannabis- und Heroinmißbrauch zu. Darüber hinaus wächst in der Schweiz der Kokainmißbrauch.

Italien: Aus Italien wird ein sehr schneller Anstieg des leichten und harten Drogenmißbrauchs gemeldet, vor allem im Jahre 1976. Sichere Daten für den harten Mißbrauch werden nicht angegeben. Die italienischen Behörden sind allerdings besonders über die bedeutende Zunahme des Heroinmißbrauchs beunruhigt.

Frankreich: In Frankreich ist der Mißbrauch 1977 fünfmal höher als 1971. Man rechnet mit ca. 100000 „chronisch" Abhängigen, darunter 23000 Heroinsüchtigen.

Österreich verzeichnet sowohl einen Anstieg von Cannabis- als auch von Heroin- und LSD-Mißbrauch.

Großbritannien: Dort liegt eine jährliche Zunahme von 10% im Opiummißbrauch, ein Rückgang des Mißbrauchs von Zentralstimulantien sowie ein unveränderter Konsum von Cannabis vor.

Osteuropa

Die osteuropäischen Länder, die an die UN Bericht erstatten, melden wie bisher einen unbedeutenden Drogenkonsum. Einige berichten von einem weitläufigen Problem im Bereich des Medikamentenmißbrauchs. Jugoslawien macht eine Ausnahme hinsichtlich der Berichterstattung über Drogenmißbrauch. Von dort wird ein während der letzten Jahre zunehmender Cannabis- und Opiatmißbrauch gemeldet. Es werden Zahlenwerte zwischen 500 und 1000 von harten Drogen Abhängiger genannt, und man ist dort über die Verschärfung der Situation besorgt. Es wird ein Zusammenhang mit dem zunehmenden Austausch von Gastarbeitern und Touristen zwischen Jugoslawien und Westeuropa vermutet.

USA

Gegen Ende des 19. Jahrhunderts wurden die USA als Drogenparadies beschrieben. Opium wurde ganz offen verkauft und konsumiert. Es bestand ein verbreiteter Opiummißbrauch, der in den ersten Jahrzehnten des 20. Jahrhunderts vom Heroinmißbrauch abgelöst wurde. 1913 wurde die Zahl der Opiatabhängigen auf ca. 700000 geschätzt. Damals handelte es sich

um eine beträchtlich leichtere Form des Mißbrauchs als beim Heroinmißbrauch heutzutage. Es wurde vorwiegend Opium verwendet. Der Mißbrauch konzentrierte sich auf die Oberschicht und die gehobene Mittelschicht. ·Die meisten Abhängigen waren mittleren Alters, die Mehrzahl
bestand aus Frauen, die dem Anschein nach in guten sozialen Verhältnissen lebten. Zum großen Teil handelte es sich um eine Art von medizinischer
Selbstversorgung, d. h. Opium wurde wie ein Psychopharmakon zur Dämp-
fung von Angst, zur Beseitigung von Niedergeschlagenheit usw. eingcnom-
men. Als 1914 ein Gesetz zur drastischen Beschneidung der Verkaufsmög-
lichkeiten von Drogenpräparaten verabschiedet wurde (Harrison Act) nahm
der Mißbrauch ab. Danach, in den zwanziger, dreißiger und vierziger Jahren, schenkte man dem Mißbrauch weniger Beachtung. Ende der vierziger
Jahre wurde eine Zunahme des Heroinmißbrauchs, vor allem bei den Ne-
gern und den Puertorikanern in den Slums der Großstädte, verzeichnet.
1950 wurde die Anzahl mit 50 000 veranschlagt. Der rasche Anstieg des Ma-
rihuana- (gewöhnliche Cannabis-Herstellungsform in den USA) und des
Heroinmißbrauchs erfolgte jedoch erst in den sechziger Jahren.

1970 berechnete die Bundesbehörde (Bureau for Narcotics and Dangerous
Drugs) die Zahl der Heroinisten auf 524 000. Ein Rückgang in den Jahren
1972 und 1973 verleitete damals den Präsidenten und amerikanische Dro-
genexperten zu optimistischen Äußerungen. 1974 nahm der Mißbrauch jedoch wieder zu. (Der Rückgang wurde damit begründet, daß das Angebot
vorübergehend schwächer geworden war. Die USA hatten erreicht, daß die
Türkei ihren Opiumanbau einstellte und Frankreich seine illegalen Heroinfa-
briken in die Luft sprengte. Die „Erholung" erklärte man andererseits damit,
daß Mexiko die Rolle des Hauptlieferanten von Heroin übernommen hatte.)
Heute schätzt man die Zahl der Heroinabhängigen auf 600 000 bis 700 000.

Es wird vermutet, daß von den 213 Millionen Einwohnern der Vereinigten
Staaten 2–3 Millionen irgendwann einmal Heroin konsumiert haben; 37 Millionen haben Marihuana probiert. Vermutlich rauchen 1,2 Millionen Menschen einmal wöchentlich oder häufiger Marihuana.

Bis zu Beginn der sechziger Jahre bestand die Behandlung in den USA in
der Entgiftung oder in einem kürzeren oder längeren „Behandlungsaufent-
halt in einem Krankenhaus. Ausgenommen ist ein kurzer Zeitraum in den
zwanziger Jahren, in dem Heroin legal verschrieben wurde. Seit Mitte der
sechziger Jahre haben sich einige neue Behandlungsformen durchgesetzt.
Eine davon ist ein besonderer Typ der therapeutischen Wohngemeinschaft
(s. S. 124, 129), eine andere die Ersatzbehandlung mit dem synthetischen
morphinähnlichen Präparat Methadon. Gegenwärtig werden etwa 25 000
Abhängige in therapeutischen Wohngemeinschaften behandelt, und etwa
90 000 erhalten Methadon legal.

Die internationale Entwicklung des Mißbrauchs harter Drogen im Überblick

Der erwähnte Bericht über die Mißbrauchssituation in 25 Ländern, der 1977 veröffentlicht wurde, schließt mit folgender Aufstellung der Haupttrends hinsichtlich der internationalen Situation ab:

1. Der Heroinmißbrauch nimmt in einer Reihe von Ländern weltweit zu.

   Die Zunahme geschieht:

   a) In Form eines Übergreifens auf „neue" Länder, die zuvor einen geringeren Opiatmißbrauch zu verzeichnen hatten (z. B. Schweden und Italien);

   b) durch eine weitere Ausdehnung des Mißbrauchs in den Ländern, die bereits früher einen verbreiteten Heroinmißbrauch aufzuweisen hatten (USA, Hongkong u.a.m.);

   c) durch einen Umstieg auf Heroin in den Ländern, die aus Tradition einen ausgeprägten Opiummißbrauch kennen (z. B. Thailand und Irak).

2. Der Heroinmißbrauch konzentriert sich auf Großstädte. In Abhängigkeit geraten hauptsächlich Männer (70–90 %).

3. Methadonbehandlung. Die Hälfte der 25 Länder verwenden Methadon sowohl für den Entzug als auch im Erhaltungsprogramm.

Literatur

Addictive Diseases: International survey. Sonderausgabe über Addictive Diseases **3**, (1) (1977).

Allgulander, Christer: Konsumtionen av lugnande medel och sömnmedel, utvecklingstendenser 1947–1974. Alkohol och narkotika **2**, 14–16 (1975).

Bourne, Peter C: The new international heroin trade. Addictions **23**, (2), 30–39 (1976).

Commisssion of Narcotic Drugs: Report of the twenty-sixth session. United Nations, New York, 17–28 February 1975, 1975.

Commission of Narcotic Drugs: Report of the fourth special session. United Nations, New York, 16.–27. February 1976. 1976.

Commission of Narcotic Drugs: Report of the twenty-seventh session. United Nations, New York, 7.–25. February 1977, 1977.

Domestic Council Drug Abuse Task Force: White paper on drug abuse. U. S. Government Printing Office, Washington D. C., USA, 1975.

Hallström, B., Olsson, O.: Ungdomars erfarenhet av narkotika. BrÅapropÅ Nr. 1, 3–7 (1977).

Heckmann, Wolfgang: Drug abuse in the Federal Republic of Germany and in Berlin (West). In: Assessment of drug abuse in North America and Europe. National Institute of Drug Abuse, Rockville, Maryland, USA, 1981.

Hofsten, Ann-Mari: Leva med piller. RFHL: skriftserie 6. Stockholm 1977.

Miller, Ron: Towards a sociology of methadone maintenance. In: C. *Winick* (ed.): Sociological aspects of drug dependence. Cleveland, Ohio, 1974, pp. 3–13.

Mårtens Sten: Den internationella narkotikatrafikens dynamik. Forskning och Praktik **8**, (Nr. 3), 41–45 (1976).

National Clearinghouse for Drug Abuse Information: Treatment of drug abuse: An overview. Series 34, Nr. 1, April 1975.

SOU 1969: 52: Narkotikaproblemet, del III Samordnade åtgärder. Betänkande avgivet av Socialstyrelsens narkomanvalrds kommitte. [Bericht herausgegeben von dem Drogenkomitee des Socialstyrelsen. Stockholm 1969 – Anm. d. Übers.]

Strategy Council on Drug Abuse: Federal strategy. Drug abuse prevention. U. S. Government Printing office, Washington D. C., USA 1976.

Svensson, B., Norén, A.: Tunga narkotikamissbrukare i Malmö. Bericht der Sozialverwaltung in Malmö. März 1977.

Utredningen om narkotikamissbrukets omfattning (UNO): Undersökninga av narkotikavanor. Socialdepartementet, Ds S 1977: 8. Liber Förlag, Stockholm 1977.

Warum werden Menschen drogenabhängig?

Verständlicherweise habe ich mir diese Frage in diesen Jahren wiederholt gestellt. Warum nehmen einige Menschen anscheinend freiwillig Drogen, Alkohol, Schlaf- und Beruhigungsmittel? Warum geschieht es in der Menge und in dem Ausmaß, daß ihre psychische Gesundheit gebrochen und ihre soziale Situation zerstört wird, daß für ihren Körper bleibende Schäden resultieren und sie sich nicht selten dem Risiko aussetzen, in jungen Jahren zu sterben?

In diesem Kapitel versuche ich eine Antwort auf diese Frage zu geben. Es kann keine endgültige Antwort sein, dennoch werde ich versuchen darzustellen, wie ich derzeit den Kausalzusammenhang sehe. Es ist auch keine einfache Antwort; um den Sachverhalt überhaupt formulieren zu können, muß ich grobe Schematisierungen vornehmen. Nach meiner Meinung waren die in Schweden verbreiteten Theorien über die Rauschgiftsüchtigkeit viel zu oberflächlich, um als Grundlage für eine Behandlung und für vorbeugende Maßnahmen eingesetzt werden zu können. Andererseits besteht die Gefahr, daß eine vielschichtige Theorie schwer zugänglich wird. Dies gilt nicht zuletzt auch für die von mir vertretene Auffassung, daß auch Momente der psychoanalytischen Entwicklungstheorie zu einem Erklärungsmodell gehören. Für viele sind die psychoanalytischen Gedankengänge ganz fremd, oder aber es bestehen nur vage Vorstellungen von den aufsehenerregendsten Gedankengängen aus diesem gewaltigen Theorienkomplex. An dieser Stelle soll bereits unterstrichen werden, daß ich den *psychoanalytischen* Referenzrahmen *allein nicht für ausreichend* für die Entstehungserklärung des heutigen Drogenmißbrauchs ansehe.

Theorien zur Drogenabhängigkeit

Gegensätze innerhalb der Drogenabhängigenfürsorge

Nur wenige Fürsorgebereiche weisen eine solche Vielfalt von Erklärungsmodellen zur Problementstehung auf, und nur wenige Bereiche kennen derart intensive Gegensätze zwischen den Verfechtern der einzelnen Erklärungsmodelle. Darüber hinaus sind nur in wenigen Sachgebieten die Diskussionen so widerspruchsvoll, wenn es um die Frage geht, was zu tun sei, welche Behandlung die beste ist, und welche vorbeugende Maßnahmen ergriffen werden sollen. Einige Gründe für solche Gegensätze könnten sein:

1. In der Tat gibt es einige unterschiedliche Typen von Abhängigen. Dies gilt vor allem, wenn man die Definition auf den Gebrauch sogenannter leichter Drogen ausdehnt, aber auch wenn man nur den Injektionsmißbrauch in Betracht zieht.

2. Der Mißbrauch hat oft mehrere Ursachen. Bei den etablierten Rauschgiftsüchtigen wird deutlich, welch unterschiedliche Faktoren zur Entstehung einer Mißbrauchssituation zusammengewirkt haben, d. h., daß mehrere Erklärungsmodelle herangezogen werden können, ohne im Gegensatz zueinander stehen zu müssen.

3. Aus Tradition werden bestimmte Erklärungsmodelle als miteinander unvereinbar angesehen. Dabei handelt es sich in Wirklichkeit nur um Beschreibungen desselben Phänomens, aber aus der Sicht verschiedener „Systeme". (Die neurophysiologische Beschreibung der Wirkung einer Droge auf das zentrale Nervensystem z. B. steht nicht im Gegensatz zur psychologischen Darstellung des emotionalen Zustandes, der durch diese Wirkung verursacht wurde.) Eher geht es hier zum Gegensätze zwischen den *Verfechtern* unterschiedlicher Modelle. Es kommt nicht selten vor, daß die verschiedenen Erklärungsmodelle dazu eingesetzt werden, Wertungskonflikte wissenschaftlich aufzuwerten. Mit anderen Worten, es handelt sich eigentlich um unterschiedliche, grundlegende Wertungen über die Auffassung vom Menschen, von Ethik, Politik etc. Es entsteht der Eindruck, daß man den Meinungsaustausch nicht auf dem problemspezifischen Niveau austragen, sondern stattdessen „seine eigene" tendenziöse wissenschaftliche Berichterstattung als Argument anführen möchte.

4. Wenn wir von den Ursachen und der Behandlung der Drogenabhängigkeit sprechen, reagieren wir eher gefühlsbetont und irrationaler als sonst. Das liegt meiner Meinung nach daran, daß der Drogenabhängige für uns verbotene, tiefliegende, triebhafte Bedürfnisse anspricht. In unserer Phantasie können wir uns vorstellen, wie der Süchtige sich hemmungslos ekstatischen Gefühlen der Wollust hingibt. Andererseits enthält die Rauschgiftsüchtigkeit auch eine aggressive Komponente. Eine verbreitete Kriminalität – Diebstahl, Raubüberfall, rücksichtslose Ausbeutung – ist mit dem Mißbrauch verbunden. (Tatsache ist, daß der Zusammenhang zwischen *Alkohol* und Gewaltverbrechen viel größer ist als die Verbindung von Drogen mit Gewalt.) Es besteht eine gegen die eigene Person gerichtete Aggressivität. Starke selbstzerstörerische Kräfte werden wirksam. Die Drogenkarriere ist eigentlich nichts anderes als ein Selbstmord auf Raten. Ein schneller gewaltsamer Tod nach einer Überdosis oder als Folge eines Unglücksfalls im Drogenrausch sind nicht selten. Wir verurteilen zwar dieses hemmungslose Ausagieren von

Trieben, andererseits steckt in uns ebenso das Bedürfnis, alle Hemmungen über Bord werfen zu können. Unbewußt haben auch wir Angst, selbst bei den Außenseitern auf der untersten Stufe der Gesellschaft enden zu können. Darüber hinaus weckt der Drogenabhängige nicht nur bei Angehörigen und Bekannten, sondern bei uns allen Schuldgefühle. Seine Lebensweise ist schließlich eine ungeheuere Herausforderung an unsere Gesellschaft mit ihren Zielsetzungen, die vor allem darin bestehen, den Bürger vor einem Leben in Elend und Unsicherheit zu bewahren.

Einige Erklärungsmodelle

Zunächst wollen wir auf einige der zahlreichen Erklärungsmodelle zur Entstehung des Mißbrauchs eingehen. Man kann sie in folgende Gruppen unterteilen:

– Medizinisch-biologische Theorien
– Psychologische Lerntheorien
– Soziologische Theorien
– Psychoanalytische Theorien
– Politisch-ökonomische Theorien.

Medizinisch-biologische Theorien

Nils Bejerots „Triebtheorie" ist in Schweden am besten bekannt. Der Drogenkonsum führt zu einem Kurzschluß im „Lust-Unlust-System" des Menschen. Die Betroffenen handeln nur noch nach dem Lustprinzip. Mit dieser Theorie ist die sog. „Epidemietheorie" verknüpft, derzufolge sich dieser Zustand wie eine ansteckende Krankheit ausbreitet.

Die Triebtheorie fußt u. a. auf der falschen Vorstellung, daß der erwachsene Mensch nach dem Lust-Unlust-Prinzip agiert. Dies gilt zwar für Tiere und Säuglinge – Kleinkinder, Jugendliche und Erwachsene handeln jedoch nach viel komplizierteren Prinzipien.

Die amerikanischen Ärzte Vincent Dole und Marie Nyswander haben eine andere, biologisch bestimmte Theorievariante für den Heroinmißbrauch formuliert. Nach dieser Theorie führt der Opiatmißbrauch zu bleibenden Stoffwechselstörungen, die sich u. a. in Form von ständigem Drogenhunger nach einem Entzug bemerkbar machen.

Dieses Erklärungsmodell wird gewöhnlich bei der Behandlung mit der Morphinersatzdroge herangezogen (siehe S. 164 über die Methadonbehandlung).

Psychologische Lerntheorien

A. Wikler, der eine psychologische Lerntheorie formuliert hat, ist einer der bekannteren Forscher auf dem Gebiet der Drogenabhängigkeit. Diese Theorie versucht mit Hilfe von lernpsychologischen Begriffen die Entstehung von Drogenabhängigkeit und die Schwierigkeiten des Wieder-davon-Loskommens zu erklären. Der Effekt des Präparats auf das Lustzentrum im Gehirn bewirkt eine primär positive Verstärkung. Das Auftreten von Entzugssymptomen führt zu einer primär negativen Verstärkung. Diese psychologische Theorie läßt sich ohne weiteres den medizinisch-biologischen Theorien zuordnen.

Nach meiner Auffassung basiert die zugrunde liegende psychologische Theorie auf einem allzu vereinfachten Stimulus-Response-Modell der menschlichen Psyche.

Soziologische Theorien

Charles Winick hat zur Erklärung der Entstehung von Drogenabhängigkeit eine soziologische Theorie vorgelegt. Er vertritt die Auffassung, daß eine hohe Frequenz der Drogenabhängigkeit in einer Gesellschaft mit folgenden drei Merkmalen entsteht:

1. Es besteht Zugang zu suchterzeugenden Substanzen.

2. Man macht sich von dem Verbot frei, abhängig machende Drogen anzuwenden.

3. Es bestehen Schwierigkeiten, die an eine soziale Rolle geknüpften Erwartungen zu erfüllen. Oder aber es fällt schwer, eine soziale Rolle auf Grund von veränderten Verhältnissen in der rollenprägenden direkten Umwelt aufrecht zu erhalten (z.B. die Auswirkungen einer Scheidung auf Kinder oder Erwachsene).

Obwohl diese soziologische Theorie von einem bekannten Forscher auf dem Gebiet der Drogenabhängigenbetreuung entwickelt wurde, ist sie nicht besonders brauchbar. Die Theorie beschreibt nur das bereits als selbstverständlich Bekannte, mehr nicht. Die meisten Fragen des Lesers bleiben unbeantwortet, und für das praktische Handeln wird nur wenig Anleitung gegeben.

Sozialpsychologische Theorien

Einige sozialpsychologische Theorien beschreiben das Entstehen abweichenden Verhaltens. In vielen Fällen lassen sich diese Theorien auch auf die Drogenabhängigkeit anwenden. Goffman und Becker sind bahnbrechende Repräsentanten auf diesem Forschungsgebiet.

Zentralbegriffe ihrer Theorien sind: *Normabweichendes Verhalten, Abstempeln* (Goffman verwendet den Begriff *Stigmatisierung*), *abweichende Karriere, Selbstbild* und *Identität*. Als entscheidend für das Entstehen einer Abweichung wird das Wechselspiel zwischen Umwelt und Individuum angesehen. Nicht bestimmte Eigenschaften führen zum abweichenden Verhalten, sondern die Umwelt stempelt eine Person als Außenseiter ab.

Diese Theorien trugen in großem Maße dazu bei, soziale Abweichungen in einen verständlichen Zusammenhang zu stellen. Die Bedeutung dieser Theorien liegt in der Darstellung, wie eine abweichende Karriere aufrechterhalten und durch Interaktionen des Individuums mit der Umwelt verstärkt wird. Ihre Schwächen liegen in der unzureichenden Erklärung dessen, was den Verlauf einer Drogenkarriere in die Wege leitet. Hinzu kommt, daß die *intrapsychischen Prozesse*, die eine Außenseiterrolle begleiten, oberflächlich beschrieben werden.

Per Nygren baute auf den Theorien von Sarbin und Meeds auf und formulierte sein sozialpsychologisches Modell wie folgt:

„Eine Kombination aus psychologischen und sozialen Faktoren verursacht und nährt die Drogenabhängigkeit. Ein langer Prozeß, der sich mit psychologischen und sozialen Begriffen beschreiben läßt, veranlaßt die Gesellschaft dazu, ein Individuum als Drogenabhängigen zu bezeichnen. Das Modell lehnt Definitionen ab, die die individuelle Drogeneinnahmeform, d. h. wie oft und welche Drogen konsumiert werden, zum Ausgangspunkt ihrer Klassifizierung ‚Drogenabhängiger' macht.

Dem Modell zufolge kann man einen Menschen erst als drogenabhängig bezeichnen, wenn das Individuum eine ‚Drogenidentität' oder ‚Fixeridentität' etabliert hat. Diese Sichtweise basiert auf der Behauptung, daß ein Drogenabhängiger eine Drogenidentität als Antwort auf oder als Folge von sozialen und psychologischen Lebenssituationen während eines längeren Zeitraums aufgebaut hat. Das Etablieren einer Drogenabhängigen-Identität ist der Versuch, selbst wenn er destruktiv ist, eine tiefgehende Identitätskrise zu lösen" (Nygren, 1973).

Diese Theorie betont die Identitätsentwicklung und berücksichtigt sowohl soziale als auch psychologische Faktoren. Dadurch kommt sie meiner Meinung nach der Entstehung des Mißbrauchs am nächsten. Es gibt drei Gründe dafür, daß ich sie dennoch nicht meinen Überlegungen zugrunde lege:

1. Die Theorie ist nur schwer zugänglich.

2. Die therapeutischen Implikationen dieser Theorie sind nicht erkennbar.

3. Die Theorie schließt sich nicht der psychoanalytischen Entwicklungstheorie an. Das bedeutet, daß sie das für uns größte Wissenspotential
über die menschliche Psyche außer acht läßt.

Psychoanalytische Theorien

Meiner Auffassung nach sind die Erklärungsmodelle, die von der psychoanalytischen Theorie ausgehen, die interessantesten unter den psychologischen Theorien. Das psychoanalytische Modell ist ein gewaltiges, durch nahezu hundertjährige klinische Arbeit gefestigtes Theoriengebäude über die
psychologische Entwicklung des Menschen unter normalen und gestörten
Verhältnissen. Wenn es um die Tiefe, die Vielseitigkeit und die infolge klinischer Studien erbrachten Beweise geht, kommt keine andere Theorie der
psychoanalytischen gleich. Ich habe versucht, im Kapitel „Einige Grundzüge der psychoanalytischen Entwicklungspsychologie" in kurzgefaßter
Form die Grundzüge dieser Theorie zusammenzufassen (S. 233 ff).

Politisch-ökonomische Theorien

Damit sind u. a. solche Theorien gemeint, die den Mißbrauch in Relation zu
den Differenzierungsmechanismen der kapitalistischen Gesellschaft sehen.
Der Mißbrauch wird als Reaktion auf die Unterdrückung durch diese Gesellschaft und als Ausdruck für die Hoffnungslosigkeit der sozial Schwächsten
gesehen. Geringe Löhne, niedrige soziale Stellung und Arbeitslosigkeit
sind den Mißbrauch auslösende Faktoren. Als Grund dafür, ausgerechnet
den Mißbrauch als Reaktion einzusetzen, wird häufig angegeben, daß die
Minderbemittelten den Mißbrauch als Möglichkeit sehen, sich einer trügeri-
schen Glücksmoral hinzugeben, die für die Bürgerschicht der kapitalistischen Gesellschaft charakteristisch ist. Diese Theorien und Theoriefrag-
mente distanzieren sich oft von den psychologischen Erklärungsmodellen.
Diese werden als Versuch ausgelegt, die soziale Wirklichkeit verschleiern
zu wollen. Hinzu käme, daß die Klassenunterschiede als psychische Konflikte und als Konflikte innerhalb der Familie erscheinen ließen.

Wie auch aus dem Diskussionsbeitrag im Kapitel über vorbeugende Maßnahmen hervorgeht, bin ich von der Notwendigkeit der politisch-ökonomi-
schen Aspekte überzeugt. Sie tragen zum Verständnis der Gesellschaftsfaktoren bei, die die Voraussetzungen für den Hang zum Abusus schaffen.
Aber ich bin gleichermaßen überzeugt davon, daß *ohne die parallele Beschreibung des Zustands und der Entwicklung des Individuums aus psychologischer Sicht die Relationen zwischen der individuellen Drogenabhängigkeit und den Gesellschaftsfaktoren völlig unverständlich sind.* Die
politischen und psychologischen Erklärungsmodelle stehen nicht im Gegensatz zueinander, sondern ergänzen sich.

Kommentar zur Darstellung der Theorien

Obwohl ich nur die üblicherweise vorgebrachten Theorien hier anführe, sind sie dennoch schon sehr zahlreich. Die meisten, die mit Drogenabhängigen arbeiten, verwenden jedoch überhaupt keine Theorie. Es wäre wünschenswert, wenn man sich zu einer Theorie bekennen würde und sich in seiner Behandlungsweise von ihr bestimmen ließe. Dies gilt besonders auf diesem Gebiet, aber auch in anderen Zusammenhängen. Es besteht die große Gefahr, daß die Arbeit eines Therapeuten, der ohne eine methodisch bestimmende Theorie handelt, eigene (meist unbewußte) Bedürfnisse zufriedenstellt, anstatt dem Drogenabhängigen eine Stütze zu sein. Ferner kann man eine Theorie abwandeln oder auch ablehnen, falls sie sich als unhaltbar herausstellt.

Unter der Berücksichtigung meiner klinischen Erfahrungen bin ich der Meinung, daß einige der genannten Theorien durchaus relevante Momente aufweisen. Dies trifft vor allem für folgende drei Theorien zu:

Politisch-ökonomische Theorie
Sozialpsychologische Theorie
Psychoanalytische Theorie.

Diese drei Theorien entsprechen drei unterschiedlichen Ebenen, die man wie folgt schematisch darstellen kann:

Die politisch-ökonomische Theorie beschreibt das strukturelle Niveau, das Makroniveau. Die Beziehungen zwischen den verschiedenen Gesellschaftsgruppen werden analysiert und dargestellt.

Die sozialpsychologische Theorie stellt die zwischenmenschlichen Prozesse des Individuums mit Einzelnen oder Gruppen von Menschen außerhalb der Primärgruppe dar.

Die psychoanalytische Theorie beschreibt das zwischenmenschliche Geschehen innerhalb der Primärgruppe sowie das intrapsychische Geschehen.

Eigene Beobachtungen

Der Darstellung einer zusammenhängenden Theorie über die Entstehung schwerer Drogenabhängigkeit möchte ich einige persönliche Eindrücke voranstellen, die ich während meiner zehnjährigen Arbeit mit Fixern gewonnen habe.

Bevor ich näher auf meine klinischen Beobachtungen eingehen werde, halte ich es für angebracht, das Problem in seiner Gesamtheit zu beleuchten. Dadurch erfahren wir schon einiges über die eigentliche Problematik. Dabei müssen wir feststellen, daß es sich um ein Problem handelt, das in der *Jugend* auftritt. Mit dieser Art von Drogenmißbrauch wird häufig in der Adoleszenz begonnen. Der Mißbrauch findet in deutlich voneinander abgegrenzten *Gruppierungen* statt, die bewertungsmäßig und legal *außerhalb stehende* Untergruppen der Gesellschaft sind. Darüber hinaus handelt es sich um ein Großstadtphänomen, vor allem in den *westlichen Industrieländern*.

Im nun Folgenden möchte ich einige während meiner klinischen Tätigkeit gewonnene Eindrücke hervorheben. Gewisse Charakeristika zum Hintergrund des Abhängigen, zu seiner aktuellen Situation und seinem Verhalten waren auffallend und traten im Laufe der Jahre immer wieder auf.

Es entstand der Eindruck, daß besonders die große Gruppe der Konsumenten von Zentralstimulantien aus ökonomisch schwachem Milieu kommen. Die Probanden wuchsen in ärmlichen Verhältnissen auf.

Das Kindheitsmilieu der Drogenabhängigen, mit denen ich zu tun hatte, war in höchstem Grade unvollkommen, auch im emotionellen Bereich. Üblich waren ein gestörtes Verhältnis zu den Eltern, alleinstehende Mütter (meist selbst mit psychischen Problemen behaftet), dem Alkohol verfallene Väter und drogenabhängige oder kriminelle Geschwister.

In vielen Fällen berichteten die Drogensüchtigen davon, daß schon früh das Sozialamt eingeschritten oder/und es im späteren Verlauf zu Zusammenstößen mit Polizei und Gericht gekommen sei. Eine Übergabe an Pflegeeltern, eine Einweisung in Pflege-, Kinder- und Jugendheime, das Einschreiten der Jugendfürsorge und die Einweisung in eine Strafvollzugsanstalt sind Beispiele für derartige Reaktionen seitens der Gesellschaft.

Andere Beobachtungen betreffen das Verhalten des Abhängigen unmittelbar nach dem Entzug, aber auch während eines längeren Zeitraums im Rehabilitationsverlauf.

Äußerst charakteristisch ist das spontane sich Abreagieren. Gemeint ist die Tendenz zu handeln anstatt nachzuempfinden, zu reflektieren und Gefühle zu formulieren. Auffallend waren auch Impulsivität und nicht selten eine Neigung zu Aggressivität. In Verbindung damit traten Schwierigkeiten auf, die Impulse zu kontrollieren. Während eines länger währenden Kontakts wurde häufig eine Art Zwiespältigkeit festgestellt. Einerseits offenbarte der Patient ein ausgesprochen abhängiges Verhalten, andererseits verhielt er sich provozierend und distanziert. Ein derartiges Verhalten konnte für den Therapeuten sehr irritierend werden. Im allgemeinen fiel es dem Drogenabhängigen schwer, einen engeren Kontakt herzustellen, vor allem aber diesen aufrecht zu erhalten. Omnipotenzfantasien und nicht selten mangelnde

Realitätseinschätzung, zumindest hinsichtlich des Rehabilitationsgeschehens, gehörten zum Alltag. Generell galt, daß die Belastungsfähigkeit
schwach und die Toleranz, schmerzvolle Gefühle wie Angst und Depression zu ertragen, gering war. Zu diesen Beobachtungen gehört nicht selten
eine alarmierende Selbstzerstörungstendenz. Der Mißbrauch an sich ist
eine selbstdestruktive Handlung. Aber der selbstzerstörerische Zug trat
auch auf andere Weise zum Vorschein.

Eine weitere Beobachtungsrichtung gilt dem subjektiven Erleben des Abhängigen. Einige Zitate veranschaulichen dies am eindrucksvollsten. Nehmen wir zum Beispiel die Äußerungen von Sven, einem 33jährigen Mann,
der zehn Jahre lang drogenabhängig war und mehrere Jahre im Gefängnis
verbrachte. Wir treffen uns ab und zu. Bei einer dieser Zusammenkünfte lief
der Rehabilitationsprozeß bereits zwei bis drei Jahre. Sven war über einen
längeren Zeitraum in einer Drogenklinik. Es folgte ein Aufenthalt in einer
Rehabilitationswerkstätte und in einer Volkshochschule. Hinsichtlich seiner
sozialen Wiedereingliederung klappte es ganz gut, aber dennoch äußert
sich Sven etwa so:

> „Ich verwünsche den Tag, an dem ich zum ersten Mal die Långbro-
> Drogenklinik betrat. Ich wünschte, ich hätte mich nie darauf eingelas-
> sen – so wie die anderen werden zu wollen, so wie ein ‚Svensson'.
> Ich gebe zu, es war mühsam, Dealer und Dieb zu sein. Aber da wußte
> man wenigstens, was man war. Jetzt weiß ich nicht, was ich mit mir
> anfangen soll. Ich bringe es einfach nicht fertig, zu leben, strebsam
> zu sein, die Schule zu besuchen und mich wie die anderen zu verhal-
> ten. Aber ich kann auch nicht mehr zurück. Ich kann nicht wieder ein
> Dieb sein. Jetzt stehe ich mittendrin und bin gar nichts. Ich kann
> nicht zurückgehen, und ich komme auch hier nicht rein, denn ich
> fühle mich bei euch nicht zu Hause."

Oder ein anderes Beispiel: Der Alltag in der Abteilung M16 (eine Abteilung
der Rauschgiftsüchtigenfürsorge des Långbro-Krankenhauses). Es ist
Hauptversammlung. Zwei der Patienten werden den übrigen Versamm-
lungsteilnehmern gegenübergestellt. Am Tage zuvor hatten die beiden
nach einem Monat Drogenfreiheit zum ersten Mal Ausgang. Sie waren
durch die Stadt in Richtung Stadtzentrum gebummelt und hatten einen
Platz in der City aufgesucht, wo es von Drogenabhängigen nur so wimmelt.
Trotz aller guter Vorsätze wurden sie natürlich rückfällig. Die Versammlung
verurteilte ihr idiotisches Verhalten, ausgerechnet zu der aus der Sicht des
Rückfalls riskantesten Stelle zurückzukehren. Derart zur Rede gestellt, ant-
worteten die beiden spontan etwa mit folgenden Worten:

> „Aber wo sollten wir denn sonst hingehen? Dort kennen wir Leute,
> da haben wir uns schon immer getroffen. Dort wissen wir, wie wir

sein sollen, die Leute kennen uns, und wir kennen sie. *Da sind wir zu Hause.*"

Oder eine Äußerung aus Per Blombergs Bericht „Der Marginalkonflikt bei der Behandlung von Drogenabhängigen". Ich zitiere eine Stelle, in der der Autor Drogenabhängige interviewt, die seit einiger Zeit aus einer Rehabilitationswerkstätte entlassen worden waren. Die Interviewten waren zu diesem Zeitpunkt hinsichtlich der äußeren sozialen Anpassung ein gutes Stück vorangekommen.

„Ich habe den Boden unter den Füßen verloren. Die Basis, auf der ich stand, wurde mir unter den Füßen weggezogen. Ich muß immer von vorne anfangen . . . Ich weiß nicht so recht, wer ich eigentlich bin. Ich kann nicht zu mir selbst finden. Das Gefühl der Sicherheit, das ich einmal kannte, bekomme ich nicht mehr so leicht zurück. Die anderen, mit denen ich gesprochen habe, haben das gleiche durchgemacht . . . Für mich ist das Ganze mit einem Gebäude vergleichbar, das zusammenstürzt, weil man ihm den Grundstock weggezogen hat . . . Am schwersten ist jetzt für mich, überhaupt keine Identität mehr zu besitzen. Man fühlt sich so mutterseelenallein."

Kennet Ahl (ein Pseudonym für das Autorenteam Lasse Strömstedt, ehemaliger Drogensüchtiger, und Christer Dahl) beschreibt in seinem Buch „Lyftet" (etwa „Das große Ding") einen Fixer und Knastbruder, der – so glaubt er – zum letzten Male aus dem Gefängnis entlassen wird. Mit anderen Worten, er ist bereit, mit dem Fixen Schluß zu machen und nie mehr zu stehlen:

„Selbst eine gewöhnliche, Angst einflößende Entlassung aus dem Knast ist nichts im Vergleich zu dem Inferno, in das man gerät, wenn man mit der Absicht, den rechten Weg einzuschlagen, das allerletzte Mal entlassen wird. Bei einer üblichen Entlassung aus dem Knast ist man zwar kein Sträfling mehr, aber noch immer ein Dieb. Man kennt Leute, die man aufsuchen kann. Man kennt Unterschlüpfe, wo willige Mädchen sind, die den Mund halten, wenn man nur genug Moos oder Stoff für sie hat. Das hat man bereits im Jugendfürsorgeheim gelernt."

„Aber wenn man entlassen wird", wie Kennet es beschrieb, „ist man gar nichts, ein absolutes Nichts. Man kennt niemanden. Da sucht man natürlich die alten Plätze wieder auf, und es dauert gar nicht lange, bis man wieder voll dabei ist. Einen Umgang mit anderen Menschen hat man ja nie gehabt."

„Wenn man nachts in der Zelle auf und ab geht – zwei Schritte vor, zwei Schritte zurück, zwei Schritte vor, zwei Schritte zurück – befindet man sich in einem Niemandsland, in einem Vakuum. Man ist eigentlich gar kein Gefangener mehr, man ist nichts, man existiert überhaupt nicht mehr. Aber diese Angst, daß man nicht existiert, bleibt bestehen."

Die erwähnten Beobachtungen und Zitate veranschaulichen, welche enormen Probleme für die Rauschgiftsüchtigen im Zusammenhang mit ihrer Zugehörigkeit und Identität entstehen. Derartige Schwierigkeiten treten während der Drogenkarriere und noch lange nach einer drogenfreien Rehabilitationszeit auf.

Meine Beobachtungen zum Lebenslauf eines Süchtigen, seinem Verhalten und persönlichen Erleben, lassen sich wie folgt zusammenfassen:

1. Drogenabhängige kommen (oft) aus armen Verhältnissen.

2. Drogenabhängige wuchsen (oft) unter Bedingungen auf, die durch ein Zärtlichkeitsdefizit gekennzeichnet waren.

3. Drogenabhängige legen (oft) ein Verhalten an den Tag, das von spontanen Affekteruptionen, geringer Frustrationstoleranz, Impulsivität und erheblichen Schwierigkeiten, einen direkten Kontakt mit anderen Menschen zu etablieren, gekennzeichnet ist.

4. Mit der Drogenabhängigkeit eng verbunden sind das Identitätserleben und das Zugehörigkeitsbewußtsein des Drogenabhängigen. Die damit verbundene Problematik behauptet sich auch noch dann, wenn der Süchtige sich zum Entzug entschließt.

Wissenschaftliche Studien zur Lebensgeschichte Drogensüchtiger

Es erhebt sich die Frage, ob die Richtigkeit meiner im vorausgehenden Kapitel dargestellten Beobachtungen mit wissenschaftlichen Untersuchungen zu belegen ist. Gibt es „Daten", die diese Beobachtungen untermauern? Läßt sich zum Beispiel wissenschaftlich erklären, daß meine Behauptung, der Drogenabhängige komme oft aus armen Verhältnissen, richtig ist?

Um eine Antwort auf diese Frage zu erhalten, kann man einzelne Süchtige oder Gruppen von Abhängigen herausgreifen. Mit Interviews oder Fragebögen, die man unter Umständen mit Daten aus den Personalakten vervollständigen kann, lassen sich die Kindheit und das Heranwachsen der Betroffenen untersuchen. Will man gründlich vorgehen und ein genaues Bild von der Vergangenheit der Probanden erhalten, wird ein großer Arbeits- und Zeitaufwand erforderlich. Zunächst einmal muß ein naher Kontakt zu dem Süchtigen hergestellt werden. Die Interviews sollten dann über einen längeren Zeitraum hindurch erfolgen. Es wäre wünschenswert, wenn das Interviewmaterial unter Berücksichtigung einer Theorie ausgewertet würde, die davon ausgeht, daß der Mensch vergißt und besonders schmerzvolle Erlebnisse ins Unterbewußtsein verdrängt. Bei der Erarbeitung von Zahlenmaterial muß man viel oberflächlicher vorgehen und einfache Fragen an viele Menschen stellen.

Viele Erhebungen des zuletzt genannten Untersuchungstyps wurden durchgeführt, um die Ursachen und die Kausalkette bei verschiedenen Gruppen von Drogensüchtigen zu erforschen. Im allgemeinen machte man dabei die Interviews mit den Drogenabhängigen zum Ausgangspunkt der Untersuchungen, und nicht, wie vielleicht erwartet, die direkte Information durch die Eltern. Die elterliche Schichtzugehörigkeit ist häufig der *einzig* untersuchte sozial-ökonomische Faktor. Grund dafür ist, daß unter anderem die Schichtzugehörigkeit der schwedischen Bevölkerung einer der wenigen Faktoren ist, der vor der Erhebung der Niedrigeinkommen kartographisch dargestellt wurde. Mit Rücksicht auf eine standardisierte Klassifizierung kann man verschiedene Gruppen untereinander vergleichen und diese Gruppen dann in Relation zu einem Normalmaterial stellen. Mit dem Begriff Normalmaterial ist in diesem Fall eine stichprobenartig aus der Bevölkerung herausgegriffene Gruppe gemeint. Es versteht sich von selbst, daß die Schichtzugehörigkeit allein nicht den ökonomischen Standard widerspiegelt. Die Schichtzugehörigkeit gibt einerseits Auskunft über das Einkommen und andererseits über den Status. Dagegen sagt die Schichtzugehörigkeit zum Beispiel nichts über die Arbeitslosigkeit aus. Auf diesem Wege erfassen wir auch nicht die ökonomische Seite des Problems. Ein derartiges Problem[1] bestand z. B. für Menschen, die in den vierziger und fünfziger Jahren in Familien mit einem alleinstehenden Elternteil aufwuchsen. Trotz dieser Einwände ist es noch immer berechtigt, in der Schichtzugehörigkeit eine im ganzen richtige – wenn auch grobe – sozioökonomische Bevölkerungseinteilung zu sehen.

Die Studie „226 Narkomaner" (auf S. 94 ff wird sie ausführlich behandelt) enthält ebenfalls eine Bestandsaufnahme der Ursachen und Kausalketten der Drogenkarrieren. Das Resultat der Untersuchungen zur sozialen Schichtzugehörigkeit der Probanden wird in der Tabelle 10 (auf S. 97) wiedergegeben.

---

[1] Anmerkung d. Übers.: Bei den schwedischen offiziellen statistischen Erhebungen (wie z. B. Sten Johanssons Untersuchung der Lebensniveaubedingungen, LNU – OM Levnadsnivåundersökningen, Allmänna förlaget, Stockholm 1970) greift man auf eine Einteilung der Bevölkerung in soziale Gruppen (socialgrupp) zurück: Sozialgruppe I – Akademiker, selbständige Unternehmer; Sozialgruppe II – Angestellte und Beamte; Sozialgruppe III – Arbeiter, untere Angestellte.

Den Tabellen läßt sich entnehmen, daß 62 % der Zentralstimulantienabhängigen der Sozialgruppe III angehören.[1] Dieses Ergebnis muß man mit der erwarteten Zugehörigkeit vergleichen. Das hieße in diesem Fall mit der Verteilung der entsprechend gleichen Altersgruppe innerhalb der Stockholmer Normalbevölkerung, die zu 41 % der Sozialgruppe III angehörte. Man stellt fest, daß die Zentralstimulantiengruppen in der Sozialgruppe III stark überrepräsentiert, hingegen in Sozialgruppe I und II unterrepräsentiert waren. Die Untersuchungsergebnisse für die Konsumenten von Zentralstimulantien, die hauptsächlich in der Studie „226 Narkomaner" untersucht wurden, stützen demzufolge meinen klinischen Eindruck.

Bei den Opiatsüchtigen verhält es sich jedoch nicht so. Zwischen der Normalbevölkerung und den Untersuchten traten kaum nennenswerte Unterschiede auf. Bevor man aber die Schlußfolgerung zieht, daß dieses Resultat repräsentativ für alle Gruppen Opiatabhängiger sei, muß dieses Ergebnis durch weitere Untersuchungen bekräftigt werden. Chronische Opiatkonsumenten bilden eine sogenannte „Initialgruppe" von opiatabhängigen Süchtigen. Wir wissen von anderen vergleichbaren Studien, z. B. der Stockholmer „Initialgruppe" von Zentralstimulantien-Usern in den fünfziger Jahren, daß sich diese Gruppen aus sozialer und psychologischer Sicht häufig beachtlich von den später rekrutierten Gruppen unterscheiden.

Eine 1967 von Nils Gustavsson durchgeführte Studie inhaftierter Fixer zeigt, daß 62 % der User aus Familien kamen, in denen der Vater der Sozialgruppe III angehörte. Die entsprechende Zugehörigkeitsfrequenz zu Sozialgruppe III des gleichzeitig herangezogenen Normalmaterials betrug 40 %.

Eggert Petersen untersuchte 1972 zusammen mit seinen Mitarbeitern 385 dänische Fixer. Nach deren Einteilung in Sozialschichten kamen 70 % der Süchtigen aus der Arbeiterschicht gegenüber 50 % Anteil dieser Gruppe an der Gesamtbevölkerung.

In dem Ergebnis einer amerikanischen Untersuchung von 1150 Rauschgiftsüchtigen, die in New York in einer therapeutischen Wohngemeinschaft lebten, werden ca. 70 % Arbeiterkreisen oder entsprechenden Dienstleistungs- und Büroberufen zugeordnet (De Leon, 1972). Ein Vergleichsmaterial fehlt hier aber.

Eine australische Untersuchung von 50 Drogenabhängigen verzeichnet, daß 46 Süchtige (92 %) aus Arbeiterfamilien stammen (Rosenberg, 1969); Vergleichsmaterial fehlt auch hier.

Bei allen diesen Gruppen handelte es sich hauptsächlich um Fixer harter Drogen. Bei entsprechenden Untersuchungen Jugendlicher mit unterschiedlichen Abhängigkeitsgraden kommt man hinsichtlich der Variationsbreite der Schichtzugehörigkeit zu dem Ergebnis, daß in der Gruppe mit schwerem Mißbrauch die Sozialgruppe III mit einem höheren Prozentsatz vertreten ist.

Sämtliche Untersuchungen stützen die Auffassung, daß sich die Mehrzahl (60–70%) der Abhängigen aus der Sozialgruppe III respektive der Arbeiterklasse rekrutiert. Eine Ausnahme machen die im Långbro-Krankenhaus untersuchten Opiatabhängigen.

Wie verhält es sich nun während des Heranwachsens mit den emotionalen Voraussetzungen in den Familien? Es wurde der Versuch unternommen, auch diese Frage (trotz der sehr schwer erfaßbaren Faktoren) mit Hilfe von statistischen Erhebungen zu beantworten. Hierbei geht es um häusliche Verhältnisse, die den einzelnen in frühester Kindheit geprägt haben können und über deren Einflüsse der erwachsene Drogenabhängige sich selten bewußt ist. Für die Untersuchung sind vier unterschiedliche Fragenkomplexe denkbar, die zum Verständnis der emotionalen Verhältnisse während des Heranwachsens beitragen könnten:

a) Fragen zur Zweierbeziehung der Eltern. Aus Erfahrung weiß man, daß das Kind bei einer schlechten elterlichen Beziehung Schaden nehmen kann. Zum Beispiel sind eine Scheidung, Streitigkeiten usw. Faktoren für eine gestörte Beziehung.

b) Fragen, die zu Hinweisen führen, daß es einem oder beiden Elternteilen schlecht ging. Als Beispiel: Alkoholmißbrauch und psychische Erkrankung.

c) Direkte Fragen zu Kindheitserinnerungen des Probanden, zu seinem Verhältnis zu den Eltern. Etwa die Frage, ob der Interviewte Angst vor seinen Eltern gehabt habe, ob er seine eigenen Kinder ebenso erziehen wolle, usw.

d) Fragen, die eventuelle früh auftretende Verhaltensstörungen aufdecken können. Erfahrungsgemäß weiß man, daß frühe Verhaltensstörungen in Zusammenhang mit familiären Verhältnissen zu sehen sind. Als Beispiele seien Symptome einer kindlichen Neurose genannt (Bettnässen, Nägelkauen, nächtliche Angst usw.), frühe Depression, Ausreißen von Zuhause oder vorzeitig angenommene Erwachsenengewohnheiten; Rauchen, Sex, sich Herumtreiben, früher Alkoholkonsum usw.

In der Tabelle 3 finden wir die Antwort auf einige der Fragen, die gefühlsmäßige Faktoren während des Heranwachsens berühren. Die Tabelle ist das Ergebnis der bereits erwähnten Untersuchungen Nils Gustavssons von 1967. Das Fragenmaterial ist nach der oben erfolgten Gliederung bis in die Gruppen a) bis d) unterteilt.

48

Tabelle 3: Antworten auf Fragen nach emotionalen Faktoren während des Heranwachsens (nach Untersuchungen von Nils Gustavsson, 1967).

Faktor	Inhaftierte mit Einstichen (16–25 Jahre) (in %)	Kontrollgruppe (18–25 Jahre) (in %)
a) Lebte während des Heranwachsens ständig bei den Eltern.	40	74
Die Ehe der Eltern war nicht glücklich oder geschieden.	52	21
Die Eltern tauschten Zärtlichkeiten aus.	53	79
b) Hat den Vater mehr als 1mal betrunken erlebt.	34	15
Hat die Mutter betrunken erlebt.	17	7
Behandlung nervöser Beschwerden durch einen Arzt, in einer psychiatrischen Klinik, Alkoholismus und Selbstmord bei Geschwistern, Eltern oder deren Geschwistern oder Eltern.	50	26
c) Furcht vor einem Elternteil.	21	16
Körperliche Züchtigung in der Familie.	54	46
Will die eigenen Kinder genauso erziehen.	25	59
d) Im Alter von 15–16 Jahren die Abende meistens außer Hause verbracht.	76	40
Mit 14 oder früher damit begonnen auszugehen und zu tanzen.	37	27
Nervöse Beschwerden gehabt.	65	28
Wiederholt schwer deprimiert gewesen und/oder sich mit Selbstmordgedanken herumgetragen.	79	41
Von zu Hause ausgerissen.	38	5
Mit dem Rauchen vor dem 15. Lebensjahr begonnen.	77	24
Vor dem 16. Lebensjahr damit begonnen, Spirituosen oder Wein zu trinken.	58	19
Vor dem 17. Lebensjahr einen Vollrausch gehabt.	81	31
Vor dem 16. Lebensjahr zum ersten Mal Beischlaf gehabt.	84	26

In der Tabelle 4 wird prozentual eine Antwort auf einige der Fragen gegeben, die den Drogenabhängigen in dem Buch „226 Narkomaner" gestellt worden waren. Wir haben kein Normalmaterial zum Vergleich herangezogen. Mit Hinblick auf die vielen hohen Zahlenwerte können wir jedoch an-

Tabelle 4: Anzahl der Patienten, die angaben, während ihres Heranwachsens sozialen und psychischen Störungen im Bereich der Umwelt ausgesetzt gewesen zu sein. Einteilung nach der dominierenden Art der Abhängigkeit.

Art der Störung	CS[1] (%)	OP[2] (%)	Total (%)
Mindestens ein Geschwisterteil[3] hat/hatte Alkohol-/ Drogenprobleme.	34	34	34
Mindestens ein Geschwisterteil[3] ist kriminell veranlagt.	24	28	25
Hauptsächlich der männliche Erziehungsberechtigte hatte ein Alkoholproblem während des Heranwachsens des Patienten.	43	41	41
Dto hatte nervöse Beschwerden.	7	17	10
Dto hatte sowohl nervöse Beschwerden als auch ein Alkoholproblem.	2	2	2
Hauptsächlich der weibliche Erziehungsberechtigte hatte ein Alkoholproblem während des Heranwachsens des Patienten.	9	2	7
Dto hatte nervöse Beschwerden.	26	26	26
Dto hatte sowohl nervöse Beschwerden als auch ein Alkoholproblem.	0	0	0

[1] CS = Cannabiskonsumenten.
[2] OP = Opiatkonsumenten.
[3] Von Patienten mit Halb- oder vollbürtigen Geschwistern, inklusive Geschwistern, die im Erwachsenenalter verstorben sind.

Tabelle 5: Anzahl der Patienten, die angaben, während des Heranwachsens tiefgehende Konfliktsituationen in der Familie erlebt zu haben. Einteilung nach Geschlecht, Alter und dominierendem Mißbrauchstyp bei der ersten therapeutischen Kontaktaufnahme. Im Vergleich mit LNU* 1974 für die Gemeinde Stockholm. (* Anm. des Übersetzers: LNU = Levnads Nivå undersökningar: „Lebensstandard-Untersuchungen".)

Schwerwiegende Konflikte	N	%	erwartete % LNU
Ja	87	62	11
Nein	105	38	89
Männer	196	59	
Frauen	27	78	
Cannabis-Konsumenten	140	62	
Opiat-Konsumenten	47	64	

50

nehmen, daß die Gruppe eine ausgeprägt negative Belastung aufweist, wenn es um Mißbrauchsprobleme und nervöse Störungen der Eltern und Geschwister geht. Der Tabelle 5 können wir entnehmen, daß 62% der Befragten aus der Untersuchungsgruppe angaben, während des Heranwachsens schwere Konfliktsituationen in der Familie ausgesetzt gewesen zu sein. Dieses Ergebnis steht im Gegensatz zu den 11% des vergleichbaren Normalmaterials. 56% der gesamten Untersuchungsgruppe sind in zerrütteten Familien aufgewachsen im Vergleich zu 21% des Normalmaterials.

In den dänischen Untersuchungen (Eggert Petersen) kommen 50% vor dem 13. Lebensjahr aus „broken homes" gegenüber 15–20% der Normalbevölkerung. 70% sind in zwei oder mehreren familiären Konstellationen aufgewachsen. 13% wiesen mehr als fünf verschiedene häusliche Konstellationen auf.

Die amerikanischen Untersuchungen (De Leon) ermitteln, daß 50% aus „broken homes" stammen. 25% hatten einen Alkoholiker zum Vater, und bei 40% war einer aus der Familie (im allgemeinen ein Bruder) straffällig geworden.

Aus der australischen Studie von Rosenberg geht hervor, daß 52% aus „broken homes" kamen und 34% einen Alkoholiker zum Vater hatten. Für die Erforschung der sozialpsychologischen Situation der Familie reicht die Untersuchung der ökonomischen Verhältnisse und der psychologischen Faktoren, auf die ich hier hingewiesen habe, nicht aus. Die soziale Isolation z. B. ist sicher ein sehr entscheidender Faktor, der das Wohlbefinden einer Familie mit Kindern in der heutigen Gesellschaft negativ beeinflußt. 1974 interviewte ein Psychologe in Uppsala (Mittelschweden – Anm. d. Übers.) Eltern von 50 Süchtigen. Er wollte untersuchen, in welchem Ausmaß der Drogenmißbrauch das Familienleben beeinflußt hatte. Bei seinen Befragungen fiel dem Interviewer auf, daß ein *Drittel* der Familien derart isoliert lebte, daß sie bereits vor dem Mißbrauch keinen Umgang mit anderen Menschen außerhalb der Familie hatten. (Nach dem Einsetzen des Drogenmißbrauchs wurden sie noch mehr in die Isolation getrieben.) Außerdem wurden bei dieser Studie in 64% „broken homes" ermittelt (Hemmingsson, 1975).

Zusammenfassend zeigen alle diese Untersuchungen, daß Süchtige in größerem Ausmaß als die Normalbevölkerung in nicht intakten Familien aufwuchsen. Viele Studien weisen außerdem auf eine hohe Frequenz an Alkoholmißbrauch beim Vater hin.

Aus der Untersuchung Nils Gustavssons von 1967, einer der ausführlichsten auf diesem Gebiet, erfahren wir, daß bei allen vier Fragetypen, die auf die emotionalen Verhältnisse während des Heranwachsens eingehen, die Drogenabhängigen schlechter wegkommen. Bei einer Gegenüberstellung meiner ersten beiden Beobachtungsergebnisse mit einigen wissenschaftlichen Studien stellte sich heraus, daß meine Erkenntnisse mit diesen Untersuchungsergebnissen belegt werden. Für den dritten Typ meiner Beobachtungen (das Verhalten des Süchtigen) gibt es keine statistischen Erhebungen, die man zum Vergleich heranziehen könnte. Auch fehlt eine statistische Untersuchung zu meinen Forschungsergebnissen über die Identität und Zugehörigkeit der Probanden. Doch hierfür erhalte ich eine wissenschaftliche Stütze durch die auf Seite 76 erwähnten Interviewuntersuchungen von Per Blomgren.

Abschließend kann man festhalten, daß es einen sog. *statistischen Zusammenhang* gibt. Gibt es aber auch einen *Kausalzusammenhang?*

Vermutlich ja, doch die Untersuchungen sagen nichts über ihn aus. Eine Diskussion über einen denkbaren Kausalzusammenhang zwischen niedrigem sozialen Status, emotionalen Faktoren und der Entstehung von Drogenabhängigkeit will ich hier nicht beginnen. Eine solche Diskussion wird hingegen mit der späteren Darstellung eines Modells über die Drogensuchtentstehung in Gang kommen. Auf Seite 218 erfolgt dann eine zusammenfassende Darstellung eines denkbaren Zusammenhangs zwischen ökonomischen Faktoren und dem Auftreten früher Beziehungsstörungen.

Psychologische Einteilung der Drogenabhängigen

Mit dem *psychologischen Zustand* als Ausgangspunkt wird in diesem Kapitel eine schematische Einteilung der Drogenabhängigen vorgenommen. Wenn ich bei meiner Einteilung von der psychologischen Problematik ausgehe, heißt das nicht, daß für mich der psychologische Zustand – der psychologische Entwicklungsverlauf – als Erklärungsgrund für die Gesamtsituation des Drogensüchtigen ausreicht. Ein sozial-psychologischer Ansatz liegt dann vor, wenn eine Einteilung das Ausmaß der sozialen Marginalexistenz und der sozialen Kompetenz[1] berücksichtigt. In einem solchen Fall erfolgt eine Einteilung, die die unterschiedlichen Voraussetzungen des Einzelnen hinsichtlich schulischer und beruflicher Ausbildung sowie Arbeit, Wohnung etc. heranzieht. Aus dem Folgenden und dem Behandlungskapi-

---

[1] „Soziale Kompetenz": Dieser Ausdruck kommt mehrfach im Buch vor. Er wird als zusammenfassende Bezeichnung für alle sozialen Ressourcen eines Individuums verwendet. Mit dem Begriff „formelle soziale Kompetenz" werden formelle Qualifikationen aus dem Bereich der Ausbildung und Arbeitswelt beschrieben. Die „informelle soziale Kompetenz" hingegen benennt die Bereiche, die im alltäglichen Kontakt mit anderen Menschen und gesellschaftlichen Einrichtungen erworben wurden. Bei einem injizierenden Drogenabhängigen sind im allgemeinen sowohl die formelle als auch die informelle soziale Kompetenz schwach.

tel geht hervor, daß diese beiden Aspekte von Bedeutung sind. Die „psychische Lage" des Klienten muß jedoch immer zum Ausgangspunkt für das initiale Handeln des Therapeuten gemacht werden. Nur wenn die behandelnde Person Gefühl und Verständnis für diese „psychische Lage" aufbringt, kann ein Kontakt mit dem Klienten zustandekommen, der weiterführt und zu einem besseren Verständnis der sozialen Hintergründe beiträgt.

Einteilung mit der psychologischen Problematik als Ausgangspunkt:

1. Frühe Beziehungsstörungen[1]
   a) Psychosen
   b) „Borderline"-Zustand
   c) Charakterstörungen

2. Neurotische Problematik

3. Reaktiver Zustand

4. Keine tiefere psychologische Problematik?
   a) Experimentierlust
   b) Ghetto-Dasein

Frühe Beziehungsstörungen

Im Kapitel über die Entwicklungspsychologie (Seite 233) wird der Zusammenhang zwischen dem Entstehen von Psychosen, Borderline-Zustand und Charakterstörungen einerseits und der Entwicklung der frühen Objektbeziehungen andererseits eingehender dargestellt. Es werden dann auch die Bedeutungsinhalte der im folgenden Kapitel auftretenden psychologischen Ausdrücke erklärt.

In der psychoanalytischen Literatur ist man sich im großen und ganzen darüber einig, daß der Grund für die Drogenabhängigkeit bei Erwachsenen in einer frühen Beziehungsstörung zu suchen ist. Es ist unumstritten, daß es

---

[1] Ich möchte darauf hinweisen, daß meine Einteilung der frühen Beziehungsstörungen nicht unbestritten ist. Für einige psychoanalytische Autoren (z.B. Kernberg, G. Blanck und R. Blanck) beinhaltet der Borderline-Zustand alle Störungen von der Neurose bis zur Psychose. Bei den auf S. 233 erfolgten entwicklungspsychologischen Überlegungen und den auf S. 151 dargestellten Behandlungsproblemen bei Psychosen und Borderline-Zuständen erschien es mir wichtig, auf das Auftreten von *zwei unterschiedlichen* Störungen hinzuweisen. Es handelt sich um Störungen, die bei Drogenabhängigen auftreten, die weder psychotisch sind noch eine neurotische Problematik aufweisen. Um die tiefer liegenden Störungen im Bereich dieses Grenzgebiets begrifflich darstellen zu können, habe ich etwas eigenständig dem Borderline-Zustand eine engere Bedeutung zukommen lassen. Der Terminus „Charakterstörung" bezeichnet dagegen eine weniger früh auftretende, aber dennoch prägenitale Störung.

sich hierbei um eine Störung in der oralen Phase handelt. Im übrigen bestehen nur unbedeutende Auffassungsunterschiede hinsichtlich der Verknüpfung von oralen Störungen und dem Abusus. Einige Forscher sind der Auffassung, daß der Mißbrauch die Funktion einer manischen Abwehr gegen eine Depression erfüllt, die immer einer oralen Störung zugrunde liegt. Andere wiederum glauben, daß die Droge vorwiegend die Rolle eines oralen Liebesobjekts übernimmt. Einige Analytiker (Wieder und Kaplan, 1969) haben versucht, den Unterschied der einzelnen Mißbrauchsarten zu erklären. Sie stellen fest, daß der Süchtige in der Wahl seiner Droge von der Eigenart der frühen Störung bestimmt wird. Doch darauf werden wir an anderer Stelle zurückkommen.

Die frühe Störung in der oralen Phase entsteht aus mangelndem Vertrauen, einem Gefühl von Leere und geringem Eigenwert. Dies sind Faktoren, die im späteren Verlauf das Verhalten des Individuums zu anderen Menschen (Objekt) beeinflussen. Eine solche Verhaltensweise nennen wir gewöhnlich die orale Verhaltensweise. Eine frühe Störung bewirkt, daß eine Reihe psychischer Prozesse in den unmittelbar folgenden Entwicklungsphasen schlechter als normal bewältigt werden. Folglich ist die *Fusion von Libido und Aggressivität* unvollkommen. Das Erleben anderer Menschen und des eigenen Ichs wird lange Zeit davon geprägt. Die sogenannte *erste Individuation* kann nicht zufriedenstellend erfolgen. Das bedeutet ein Hemmnis für den späteren Individuationsprozeß im Jugendalter, wenn das Individuum damit beginnt, sich von den Eltern loszulösen. Im allgemeinen werden dann die kommenden Entwicklungsphasen nur oberflächlich durchlaufen.

Die für die *Über-Ich-Bildung* wichtige ödipale Phase wird nicht so bewältigt, daß das reifere Über-Ich an Stelle des sich zurückbildenden archaischen Über-Ichs tritt. Primitive Schuldgefühle, mit denen das archaische Über-Ich verbunden ist, quälen die betroffenen Individuen. Hier wird einer der Grundsteine für die Ursachen des selbstzerstörerischen Charakterzugs gelegt.

Überhaupt werden große Teile der Ichstruktur des Menschen beeinflußt. Die Ichstörung wirkt negativ auf Funktionen wie die Impulskontrolle, die Affekttoleranz, die Frustrationstoleranz, die Fähigkeit, sich moralische Werte anzueignen und stabile Objektbeziehungen zu errichten. Bei sehr früh auftretenden Störungen, die zu Psychosen führen, werden auch die sog. primären Ichfunktionen (Denkfähigkeit, Perzeption, Realitätseinschätzung etc.) beeinflußt. Die Grenzziehung des Ichs zwischen der inneren und der äußeren Welt verschmilzt ineinander. Eine stark gestörte Wirklichkeitsauffassung, Wahnvorstellungen und Halluzinationen sind die weitere Folge.

Im übrigen unterscheiden sich die drei Arten früher Störungen untereinander vor allem in dem Grad der bewährten Fähigkeit, Kontakte zu anderen Menschen stabilisieren zu können. In dem psychodynamischen Abschnitt

54

auf S. 245 gehe ich näher darauf ein, inwieweit sich die Drogenabhängigen mit derartigen frühen und unterschiedlichen Störungen in ihrem Verhalten voneinander unterscheiden.

Es muß unterstrichen werden, daß die Charakterstörung die weitaus häufigste unter diesen drei frühen Störungen ist. Nur ein verschwindend kleiner Teil von harten Drogen Abhängiger weist Störungen vom Typ Psychose oder Borderline-Zustand auf. Das bedeutet für meine weitere Berichterstattung, daß ich ständig die Problematik der Charakterstörung zum Ausgangspunkt für die Beschreibung von therapeutischen Ansätzen machen werde. In vieler Hinsicht stimmen die Therapieentwürfe für alle drei Gruppen überein. Mit einem kurzen Beitrag auf S. 151 werde ich noch auf das spezifische Behandlungsproblem bei Psychosen und Borderline-Zustand eingehen.

Psychosen und an Psychosen grenzende Zustände

Man unterscheidet zwischen primärer und sekundärer Psychose. Die primäre Psychose bezeichnet einen Zustand, dessen Ursache in einer sehr frühen Störung im Bereich der Entwicklung von Objektbeziehungen liegt. Man ist der Ansicht, daß es sich hauptsächlich um eine Problematik während der sogenannten symbiotischen Phase handelt (siehe hierzu das Kapitel über die Entwicklungspsychologie S. 233 ff).

Psychosen und an Psychosen grenzende Zustände treten mit unterschiedlicher Stärke in den verschiedenen Drogenkreisen auf. Zwei amerikanische Forscher (Gerard und Kornitzky) geben mit 40 % eine sehr hohe Frequenz für Schizophrenie und andere Psychosen an. Mein Eindruck von Schweden geht dahin, daß bei den Drogensüchtigen primäre, d. h. nicht vom Mißbrauch oder damit verbundenen Umständen verursachte Psychosen vorkommen. Sie sind bei Drogenabhängigen häufiger als vergleichsweise bei der Normalbevölkerung, erreichen aber nicht die hohen Werte, die von den amerikanischen Forschern ermittelt wurden. Es ist schwer, eine Abgrenzung zwischen der primären und der sekundären, d. h. der von dem auf das zentrale Nervensystem einwirkenden Präparat verursachten Psychose vorzunehmen. Dies gilt vor allem für den Zentralstimulantienmißbrauch, bei dem es häufig zu akut psychotischem Zustand mit Verfolgungswahn kommt. In manchen Fällen kann man beobachten, wie dieser Zustand in Form einer latenten Psychose bestehen bleibt. Eine geringere Dosis an Zentralstimulantien reicht dann schon aus, um die Psychose auszulösen. Zum anderen können aber auch der Alkoholkonsum oder eine starke psychische Belastung die latente Psychose freilegen, ohne daß der Betroffene unterdessen psychotisch war. In einem anderen denkbaren Fall geht der akute psychische Zustand in eine manifest anhaltende (vielleicht sogar chronische) Psychose des schizophrenen Typs über. (In ähnlicher Weise können Halluzinogene unter Umständen zu bleibenden Psychosen führen.) Handelt es sich dabei um eine von Zentralstimulantien ausgelöste primäre Psychose, oder wurde die Psychose von der besonderen Giftwirkung verursacht, die die Zentralstimulantien auf das Gehirn ausüben? Zumindest ist es am Anfang schwierig, Ursache und Wirkung voneinander zu trennen.

Einige klinische Beobachtungen in Stockholm deuten darauf hin, daß eine Kombination von Psychose und Drogenabhängigkeit (besonders Abhängigkeit von Opiaten) häufiger auftreten könnte. In diesem Zusammenhang ist es erwähnenswert, daß gewisse Forscher eine allgemeine Zunahme an frühen Störungen wie Psychosen, Borderline-Zuständen und frühen Charakterstörungen in der Bevölkerung annehmen.

Borderline-Zustände

Dieser Zustand wird in der schwedischen Literatur von Clarence Crafford (1971) beschrieben: Es wird die Meinung vertreten, daß der Borderline-Zustand auf einem zentralen Konflikt beruht, der sich unter der sogenannten Individuations-Separations-Phase stabilisiert hat (nach Mahler, s. S. 233!) Die Gruppe ist vermutlich nicht groß, aber Patienten mit so tiefliegenden Störungen erwarten ein anderes Behandlungsprogramm als diejenigen mit Charakterstörungen.

Frühe Charakterstörungen

Der Begriff frühe Charakterstörungen ist unglücklich gewählt. Er verleitet zu moralischen Wertungen wie „er hat einen schlechten Charakter". Bezeichnungen mit dem Bestandteil Charakter werden nicht selten so verstanden, daß sie etwas Unveränderliches, im Individuum fest Verankertes beschreiben. Soviel ich weiß, gibt es jedoch keine andere geeignete Benennung für alle die Störungen, die einerseits zwischen dem in der späteren Entwicklung gelegten neurotischen Zustand und andererseits dem in einem früheren Entwicklungsstadium eintretenden „Borderline"- und psychotischen Zustand anzutreffen sind. Die dem Terminus häufig beigefügte Bedeutungsnuance von etwas fest Verankertem, „Unheilbarem", ist besonders bedauerlich, weil sich diese Zustände durch Psychotherapie und andere psychosoziale Bemühungen beeinflussen lassen. Darüber hinaus lassen sie sich wahrscheinlich in hohem Grade im frühen Alter kompensieren (siehe hierzu S. 208).

Der überwiegende Teil der von harten Drogen Abhängigen ist die Gruppe mit Charakterstörungen. Wenn daher das Behandlungsproblem diskutiert wird, geschieht dies hauptsächlich aus der Sicht des psychologischen und sozialen Bedarfs dieser Gruppe. Es ist wichtig, diese Gruppe von den zwei folgenden unterscheiden zu können. Während für die anderen häufig ein geringes therapeutisches und/oder soziales Eingreifen ausreicht, muß man bei Fällen mit Charakterstörungen, verbunden mit einer zwangsläufigen Entwicklung in soziales Abweichen, eine längere Therapiedauer ansetzen und tiefgehende soziale Änderungen vorsehen.

Neurotische Problematik

Die neurotische Problematik bezieht sich auf eine Art psychologische Problematik, die vor allem in den unbewußten Beziehungskonflikten mit den Eltern begründet ist. Dieses Problem entsteht im Alter von 3–5 Jahren und kann für das Individuum sehr störend werden. Häufig jedoch handelt es sich hier im Vergleich zu den frühen Störungen um einen abgegrenzten Problemkreis. Entscheidend ist dabei, daß die neurotische Person nicht die Schwächen der Ich-Funktionen aufweist, die bei den früh Gestörten meist zu Konflikten mit der Umwelt führen.

Reaktive Zustände

Damit sind unter anderem solche psychischen Zustände gemeint, die ihre Ursache in der vom Individuum bewußt erlebten Familienproblematik haben, z. B. depressive Reaktionen, abweisendes Verhalten gegenüber einem oder beiden Elternteilen (Rejektion). Zu diesem Zustand rechnet man auch unterschiedliche Arten von Krisenreaktionen. Eine Trennung löst gewöhnlich solche Krisenreaktionen aus.

Ebenso verhält es sich bei Reaktionen auf schwierige soziale Verhältnisse, wie z. B. schulische Probleme oder Arbeitslosigkeit. Die Reaktion kann depressiver Natur sein oder sich in sog. depressiven Äquivalenten manifestieren. Ein Kind beispielsweise kann seine Depression durch Streitsucht oder Konzentrationsschwierigkeiten ausdrücken. Aggressivität kann natürlich auch ein direkter Ausdruck für die Opposition oder den Protest gegen die soziale Unterlegenheit sein.

Keine tiefergehende psychologische Problematik?

Als vierte Gruppe dieser Einteilung benenne ich eine Gruppe mit der Bezeichnung „ohne tiefgehende psychologische Problematik". Grund dafür, daß ich hinter diese Bezeichnung ein Fragezeichen setze, ist meine Unsicherheit über die Größe dieser Gruppe. Für mich fallen zwei denkbare Typen unter diese Rubrik. Zum einen die „Experimentierer" ohne tiefere psychologische oder soziale Probleme, zum anderen gewisse Fälle aus dem „Slum-Ghetto"-Milieu.

Hinsichtlich der zuletzt genannten Gruppe gehe ich von der Vorstellung aus, daß dieses Milieu einen allgemein niedrigen sozialen Status aufweist.

Für die Jugendlichen bestehen nur geringe Chancen, dieses Milieu zu verlassen. Die gesamte Atmosphäre fordert zur „passiven Revolte" auf, wie sie sich für viele in der Drogensüchtigkeit darstellt. Claude Brown hat in literarischer Form den Drogenmißbrauch und die Kriminalität in diesem Milieu dargestellt (Claude Brown: „Manchild in promised land"); Cheins klassische Studie junger Drogensüchtiger in New York zu Beginn der fünfziger Jahre zeigte jedoch, daß alle diese süchtigen Jugendlichen eine tiefliegende psychologische Grundstörung hatten, die sie von nicht drogensüchtigen Jugendgruppen des gleichen Wohnviertels unterschied (Chein, 1964).

Wie auch immer die Verhältnisse in den Großstadtghettos der USA sein mögen, im heutigen Schweden gibt es nicht diese geballten Lebensräume ökonomisch Unterprivilegierter. Aus diesem Grund ist es fraglich, ob es diese Gruppe hier überhaupt gibt.

Hingegen sind die „Experimentierfreudigen" ohne psychische Probleme zweifellos häufig in den Gruppen vertreten, die leichtere Suchtmittel konsumieren, vor allem Cannabis. Es handelt sich um Jugendliche mit der altersbedingten Neugierde, der Phase, in der der Gruppeneinfluß oder das Bedürfnis, mit Trotz und Aggressivität gegen das Elternhaus zu protestieren, vorherrschen. So kommt es vor, daß ganz normale Jugendliche ohne größere Probleme rein zufällig mit Drogen beginnen und in Abhängigkeit geraten. Zum Vergleich kann man hierzu den Alkoholismus und das Rauchen anführen. Jahrzehntelang war beides ein Zeichen für Trotz, Provokation und das Bestreben, sich loszulösen. Das Trinken von Alkohol und das Rauchen haben als Protesthandlungen und als Ausdruck für die erwähnten Aktionen an Bedeutung verloren. Im allgemeinen verhält es sich so, daß die Heranwachsenden nach einer Probezeit von ganz alleine wieder aufhören, das Präparat gewohnheitsmäßig oder ständig einzunehmen. Ihre Einsicht in die Bedeutung der aktiven Selbstkontrolle, von echten Objektbeziehungen und einer gesunden Identität gewinnt Überhand. Was mich aber etwas zweifeln läßt, ist meine Unkenntnis darüber, in welchem Ausmaß harte Drogen in gleicher Weise angewendet werden. Ich weiß, daß es vorkommt, und in einem solchen Fall ist es natürlich sehr wichtig, daß wir die Eigenart des Mißbrauchs kennen. Wir sollten uns daran erinnern, daß der junge Mensch, bevor er oder sie die Droge in die Vene spritzt (oder es einen anderen tun läßt), allgemein anerkannte Moralvorstellungen durchbrechen muß.

Die gefährdeten jungen Menschen müssen in der Lage sein, sich über die erschreckenden Gegebenheiten eines Lebens mit der Droge hinwegsetzen zu können, die ihnen durch Information und durch direkten Kontakt bekannt geworden sind, oder aber sich zumindest mit dem kriminellen Milieu assoziieren können. Ich möchte, der Existenz dieser „Experimentierfreudigen" (solche, die den Drogenmißbrauch nicht fortsetzen) bewußt, vor der

Entwicklung einer akzeptierenden Haltung warnen, auch wenn diese nur diesem initialen Mißbrauch gilt. *Der Injektionsmißbrauch von Suchtmitteln muß immer als ein äußerst alarmierender Umstand betrachtet werden.*

Ein Erklärungsmodell zur Entstehung der Fixerkarriere

Bevor ich meine Ausführungen fortsetze, möchte ich einen wichtigen Vorbehalt machen: Im folgenden Kapitel wird die Entstehung und Entwicklung von Drogenabhängigkeit aus einer psychologischen und sozialpsychologischen Mikroperspektive beschrieben. Wir werden sozusagen die gedachte Entwicklung in die Drogenabhängigkeit eines Individuums verfolgen. Mit dieser Darstellungsweise beabsichtige ich, Grundlagen für eine spätere *Behandlung* zu legen. Es ist wichtig, schon hier das gesetzte Ziel hervorzuheben, da die Abhängigkeit aus einem ganz anderen Blickwinkel gesehen werden muß, wenn man ein grundlegendes Erklärungsmodell für *vorbeugende Maßnahmen* (Prävention) entwickeln will. Sicherlich ist die Tatsache, daß die verschiedenen Perspektiven nicht voneinander getrennt werden, ein Grund für die Verwirrung in der schwedischen Drogendebatte. Im letzten Kapitel dieses Buches werde ich noch einmal auf die Ursachenmechanismen zurückkommen und dabei versuchen, die individuelle Abhängigkeit in einen größeren Zusammenhang zu stellen. Ich werde auf die Fragen eingehen, inwieweit der Zugang zur Droge die Abhängigkeit beeinflußt und welche Rolle die Gesellschaftsfaktoren für die Drogenaufnahmebereitschaft des einzelnen spielen.

Ich werde versuchen, ein zusammenfassendes Erklärungsmodell darzustellen. Es wird sich teils auf die psychoanalytische Theorie, teils auf ein sozialpsychologisches Modell für soziale Ausstoßungsprozesse stützen. Das von mir entworfene Erklärungsmodell wird die Hintergründe des harten Suchtmittelmißbrauchs beleuchten, d. h. es wird ein Modell zur Beschreibung einer theoretischen Situation entworfen, in der viele negative Faktoren auf eine unheilvolle Weise zusammenwirken und sowohl das Entstehen als auch die Intensität des Drogenmißbrauchs erklären. Folglich ist dieses Modell nur zum Teil für Abhängige mit weniger belastenden Hintergrundsfaktoren anwendbar.

Sehr vereinfacht läßt sich die Drogenkarriere mit drei Phasen umreißen. Diese drei Lebensabschnitte werden bestimmt von:

1. der Entwicklung einer frühen Charakterstörung

2. dem Ausstoßungsprozeß

3. der Annahme einer Fixeridentität.

Ich habe in einem zusammenhängenden Modell drei Begriffe (frühe Charakterstörung, Ausstoßungsprozeß und Identität) verwendet, die zu zwei verschiedenen theoretischen Systemen gehören.

Frühe Charakterstörung ist in erster Linie ein psychoanalytischer Begriff. Er bezeichnet einen der psychopathologischen Zustände, der etwa durch Störungen in frühen Objektbeziehungen verursacht wurde.

Ausstoßungsprozeß hingegen ist ein Terminus, der eher in den Bereich der sozialpsychologischen Theorie über das Entstehen und die Entwicklung sozialen Abweichens einzuordnen ist.

Der Begriff *Identität* wird sowohl im Bereich der psychoanalytischen Entwicklungstheorie als auch im Bereich der Sozialpsychologie angewendet. Eine mögliche Verwechslung kann vermieden werden, wenn man den intrapsychischen Entwicklungsprozeß getrennt von dem sozialpsychologischen Prozeß untersucht (siehe S. 61).

Bei der folgenden Darstellung meines Modells (Tab. 6) habe ich den Schwerpunkt auf die frühe Charakterstörung, den Ausstoßungsprozeß und die Identitätsbildung gelegt. Diese Begriffe vermitteln die wichtigsten Implikationen für eine Therapie und Prävention.

1. Die frühe Charakterstörung

Bei dem fiktiven Drogenabhängigen in unserem Modell beginnt die Entwicklung in die Drogenabhängigkeit mit einer frühen Charakterstörung.

Wie kommt es zu einer frühen Charakterstörung? Ich verweise hierzu auf das Kapitel über die Entwicklungspsychologie. In diesem Kapitel wird betont, daß die Störung eine Folge der mangelnden Eltern-Kind-Beziehung ist. Im großen und ganzen kann man diesen Mangel auf zwei Ursachen zurückführen. Diese zwei Arten müssen als gedachte Extreme aufgefaßt werden, während sie in der Realität häufig in irgendeiner Form gemeinsam auftreten. Bei dem einen Fall liegt bei dem Erziehungsberechtigten eine „primäre Ressourcenschwäche" vor. Dabei kann es sich um Unreife der Eltern handeln, die u. a. von Gustav Jonsson beschrieben wurde (Jonsson, 1970). Die Eltern besitzen selbst eine unklare Identität. Sie weisen Schwächen in ihrer eigenen Ich-Konzeption auf, die mit einer Verhaltensweise verbunden ist, die weder Nähe noch Intimität vermitteln kann. Das Kind benötigt für seine psychologische Entwicklung aber gerade solche Kontakte. Die Ursache für diese Identitätsschwäche kann wiederum in den sozialen Verhältnissen der Eltern während der Kindheit und später liegen. Im anderen Extremfall der „sekundären Ressourcenschwäche" wird das Eltern-Kind-Verhältnis durch äußere Umstände, z. B. Krankheit der Mutter, gestört. Wirtschaftliche und soziale Probleme der Eltern sind wohl eher Ursachen

Tabelle 6: Modell der drei Stufen der intrapsychischen Entwicklung und der Entwicklung der zwischenmenschlichen Beziehungen.

3 Stufen der intrapsychischen Entwicklung	3 Stufen der zwischenmenschlichen Entwicklung
1. Entstehen einer frühen Charakterstörung (Konflikte in der Entwicklung früher Objektbeziehungen).	1. Gestörte Eltern-Kind-Beziehung.
2. Internalisierung des Bildes als abweichende Persönlichkeit.	2. Die Beziehungen des Individuums einerseits mit den Menschen im nächsten Umkreis und mit gesellschaftlichen Einrichtungen andererseits werden von einem Ausstoßungsprozeß gekennzeichnet.
3. Annahme einer negativen kompensatorischen Identität (als Drogenabhängiger).	3. Als Ergebnis des Wechselspiels zwischen der Suche des Einzelnen nach einer Rolle außerhalb der Familie und der negativen Rollenerwartungen und -forderungen seitens der Umwelt wird dem Individuum die Rolle des Ausgestoßenen/Drogenabhängigen auferlegt und diese von ihm akzeptiert.

für die sekundäre Ressourcenschwäche. Als Folge von Doppelarbeit, langen Reisen, mehreren Kindern etc. sind die Eltern einfach nicht in der Lage, dem Kind die erforderliche Fürsorge angedeihen zu lassen. Natürlich kann das Kleinkind nicht den Unterschied von primärer und sekundärer Ressourcenschwäche begreifen. Für das Kind wird die Umwelt einfach unsicher, lieblos und verliert an Verläßlichkeit.

2. Der Ausstoßungsprozeß

Hier greife ich auf einen Begriff zurück, der sich auf ein anderes Bezugssystem als das psychodynamische bezieht. Die Absicht besteht darin, das Wechselspiel zwischen Kind und Umwelt, beginnend mit dem frühen Kindesalter bis hin zum Jugendalter, einzufangen. Diese Interaktion ist häufig durch einen Ausstoßungsprozeß charakterisiert.

Wegen der frühen Störungen und der damit verbundenen gehemmten Ich-Entwicklung werden die Objektbeziehungen des Individuums von der Abhängigkeit und den ständigen Ansprüchen der oralen Verhaltensweise gekennzeichnet. Hinzu kommen – aufgrund der unvollkommenen Ich-Entwicklung – die Unfähigkeit der Impulskontrolle sowie eine schwache Frustrations- und Affekttoleranz. Das Kind durchlebt seine Depression in Form von sog. depressiven Äquivalenzen. Unruhe, Konzentrationsschwierigkeiten und Aggressivität sind Anzeichen hierfür.

Das Gesamtverhalten wird oft als „schwierig" bezeichnet. Die Umwelt außerhalb der Familie reagiert häufig mit abstoßenden Maßnahmen. Das Kind ist unfähig, sich der Situation in der Kindertagesstätte anzupassen. Später wird er oder sie dann Opfer der unterschiedlichsten institutionellen Ausstoßungsmechanismen der Schule. Schon im frühen Kindesalter entwickelt sich im Individuum eine Außenseiterkarriere, die entweder mehr *kriminell-asozialen* oder mehr *klinischen* Charakter annehmen kann: Wenn das Kind sich störend, unruhig und negativ verhält, reagiert die Gesellschaft in erster Linie mit Maßnahmen seitens der Aufsichtsbehörden. Es kommt zu Verschiebungen innerhalb der Kindergruppen in den Tagesstätten. Weitere Maßnahmen sind dann: Ausweisung aus der Tagesstätte – Besuch einer sog. „Beobachtungsklasse"[1] für aggressive Kinder – einer Sonderklasse für Lernbehinderte – das Einschreiten des Jugendamtes in Form von Überwachung, Einweisung ins Kinderschulheim – Jugendfürsorgeheim etc.

Läßt das Kind hingegen vorwiegend ein depressives Verhalten erkennen, d. h. erscheint es niedergeschlagen und ängstlich, dann erhält der Entwicklungsprozeß oft einen mehr klinischen Charakter. Es kommt zu Kontakten mit dem Psychologen der Kindertagesstätte – dem Schulfürsorger – dem Schulpsychologen – einer Behandlung der psychiatrischen Kinder- – und Jugendpflege (PBU = Psykisk barn-och ungdomsvård) – zu Aufenthalten in kinderpsychiatrischen Kliniken – Kinderkrankenhäusern etc.

Innerhalb der Familie entwickelt sich gleichzeitig eine Atmosphäre, die manchmal reparabel sein kann, aber dabei auch häufig das Gefühl im Kind verstärkt, schlecht und anders als die anderen Kinder zu sein. Das Kind wird nicht selten zum Sündenbock gestempelt und von der Familie abgelehnt. Wegen des niedrigen sozialen Status und der innerfamiliär gestörten Verhältnisse fehlt es solchen Familien fast immer an Unterstützung von Seiten der Umwelt, die die Entwicklung unter Umständen in eine andere Richtung lenken könnte.

---

[1] Anm. d. Übers.: An schwedischen Schulen gibt es Spezialklassen für Problemfälle a) für anpassungsunfähige, aggressive Kinder sog. „Beobachtungskliniken" bzw. „Beobachtungsklassen"; b) für schwach begabte Kinder Sonderklassen. Beide Klassenformen sind allerdings in die normale Schule integriert.

3. Die Entwicklung einer Fixeridentität

Die Entwicklung der eigenen Identität ist für den Jugendlichen die wichtigste psychologische und sozialpsychologische Aufgabe während des Heranwachsens. Sie erfolgt durch die Trennung von den Eltern und das Sicheingliedern in einen neuen sozialen Zusammenhang. Der hier beschriebene junge Mensch erreicht die Adoleszenz mit einer weitaus schlechteren Ausgangslage als viele seiner Altersgenossen. Auf Grund der frühen Entwicklungsstörungen und der sozialen Ausstoßungsmechanismen, denen der Betroffene während des Heranwachsens ausgesetzt war, sind seine Voraussetzungen für die Bewältigung dieser Aufgabe schlechter als die der anderen.

In der Einleitung zu seinem Buch „Identitätskrisen der Jugendlichen" schreibt Erik Erikson über die Identität:

„Je mehr man über dieses Thema schreibt, um so mehr erscheint dieses Wort als eine Bezeichnung für etwas mit einem Mal unergründlich Allgegenwärtiges. Die einzige Möglichkeit, die Bedeutung der Identität zu erforschen, liegt in dem Nachweis ihrer in diversen Zusammenhängen erscheinenden Unentbehrlichkeit."

Wir befinden uns mitten in einem schweren und wichtigen Kapitel. Wir kennen einerseits die Definitionsschwierigkeit des Identitätsbegriffs und wissen andererseits, wie groß die Bedeutung der Identität für das Leben jedes einzelnen ist. Die Identität ist im wahrsten Sinne des Wortes lebenswichtig. Der erwachsene Mensch braucht irgendeine Form von Identitätsbild, um als ein selbständiges Wesen existieren zu können. Es kommt zu katastrophalen Folgen, wenn die Entwicklung eines Identitätsbildes mißglückt. Die Identitätsbildung ist für das gesamte Wachstum im Kindesalter wesentlich und setzt sich in der entscheidenden Entwicklungsphase während der Adoleszenz fort. Man kann es auch so formulieren: Die Identitätsbildung ist das Ziel für den nicht selten konfliktbeladenen psychologischen Entwicklungsprozeß während des Heranwachsens. Wenn die individuellen Ressourcen und die soziale Situation der Umwelt nicht die Voraussetzungen für die Bildung einer positiven Identität schaffen, nimmt das Individuum eher eine negative Identität an als gar keine.

An dieser Stelle sollen nicht einige der vielen Identitätsdefinitionen zitiert oder neu formuliert werden, sondern ein paar grundlegende Prozesse innerhalb der Identitätsgestaltung erwähnt werden. Auch hier muß wieder ein sehr vereinfachtes Schema entworfen werden.

Der zugrundeliegende Prozeß ist die *Separation*. Dieser Prozeß dauert das ganze Leben hindurch an und ist vor allem während der ersten Lebensjahre im Separations-Individuations-Prozeß von großer Bedeutung. Während der

Adoleszenz wird dieser Prozeß beschleunigt. Das Individuum versucht dabei, den Prozeß abzuschließen und daraufhin einen verselbständigten Zustand zu stabilisieren.

Die Separation ist eine Entwicklungsphase *von* etwas *weg,* aber auch zu etwas anderem *hin.* Es kommt zur Trennung von den Eltern und zur Loslösung von den sozialen Rollen der Kindheit. Gleichzeitig erfolgt die Autonomieentwicklung mit der Übernahme einer neuen Rolle innerhalb einer neuen sozialen Gemeinschaft. Analog zu diesem Gedankengang kann man die Identität mindestens in Form von zwei Teilidentitäten betrachten. Einerseits sprechen wir von einer *persönlichen Identität.* Sie vermittelt das Selbstbild und die sexuelle Rolle. Andererseits gibt es die *soziale Identität,* die aus sozialen Rollen und wesentlichen Wertungsmaßstäben besteht. Diese zwei Teilidentitäten hängen natürlich sehr voneinander ab und überschneiden sich zum Teil. Mit einer Skizze (Abb. 3) läßt sich die Entwicklung in diese zwei Teilidentitäten veranschaulichen.

Es ist wichtig, diese zwei Teilidentitäten im Auge zu behalten. Häufig wird vergessen, daß die Identität auch eine soziale Seite hat. Sie ermöglicht, die Menschen im Verhältnis zu anderen Gruppen und deren Wertungsmaßstäben zu beurteilen. Vielleicht ist es für viele eine Selbstverständlichkeit, daß auch grundlegende Wertungsmaßstäbe zu einem Identitätsbild gehören. Wir dürfen diesen Aspekt jedoch nicht vergessen, wenn wir die Ursachen für die Störungen einer Identitätsentwicklung untersuchen wollen. Unter Berücksichtigung dieser Doppelidentität ist es entscheidend, daß wir uns nicht nur die Frage stellen, welche *persönlichen Ressourcen* des Jugendlichen zur Bildung einer guten Identität nötig sind. Genauso wichtig ist die Frage: *Wie sieht die Gesellschaft aus, in der der junge Mensch für seine soziale Identität in Form von klaren Rollen und wesentlichen Wertungsmaßstäben einen Halt sucht?*

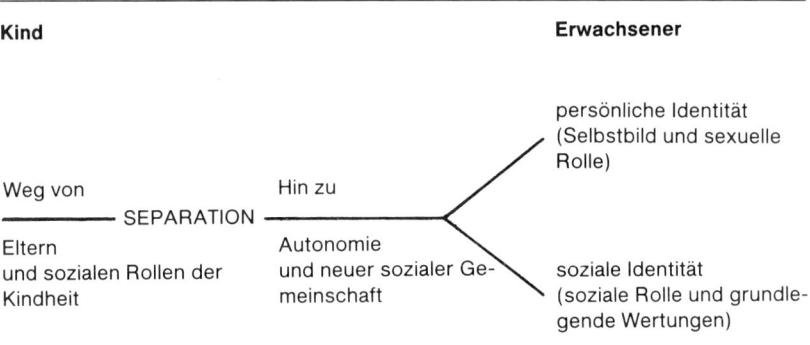

Kind   **Erwachsener**

Weg von — SEPARATION — Hin zu

Eltern und sozialen Rollen der Kindheit

Autonomie und neuer sozialer Gemeinschaft

persönliche Identität (Selbstbild und sexuelle Rolle)

soziale Identität (soziale Rolle und grundlegende Wertungen)

Abbildung 3: Schematische Darstellung der Entwicklung zur Identität.

Wir sehen sofort, daß unser gedachter Jugendlicher wegen seiner frühen Störungen und der erlebten Ausstoßungsprozesse eine schwächere psychologische Bereitschaft als der Durchschnitt aufweist. Er wird Separationsschwierigkeiten haben. Diese wiederum sind u. a. die Folge der unvollständigen ersten Individuation im Kleinkindesalter. Das Selbstgefühl, die Grundlage für ein positives Selbstbild, ist schlecht. Auf Grund des Ausstoßungsprozesses ist die Bereitschaft zur Übernahme einer positiven sozialen Rolle unzureichend. Die unterschiedlichen Reaktionen, die von den gesellschaftlichen Einrichtungen ausgingen, haben das Individuum mit einem *sozialen Stigma* versehen. Das psychische Erleben des Individuums, schlecht zu sein, nichts zu taugen, wird davon beeinflußt. Hinzu kommt, daß die tatsächlichen *sozialen Ressourcen* in Form von Wissen, Ausbildung und anderen Erfahrungen schlechter sind. Derartige unterschiedliche Prozesse haben das Individuum auf seinem Weg zu den von der Gesellschaft abweichenden Gruppen ein kleines oder größeres Stück näher gebracht. Nicht selten kommen bereits asoziale Werturteile vor.

Ein junger Mensch mit diesem dargestellten Hintergrund steckt in einer Krise. Diese Krise bezieht sich jedoch nicht nur auf die Identitätsbildung. Sie beinhaltet gleichermaßen eine schwere Depression, ein ausgeprägtes Gefühl der Hoffnungslosigkeit und das grundliegende Empfinden, nicht geliebt zu werden. Der Drogenkonsum kann für diese Lebensproblematik als eine „Lösung" erscheinen. In der Drogenabhängigkeit findet der junge Mensch einerseits eine Identität und zum anderen für seine schmerzvollen Gefühle eine „Behandlungsform".

Zusammenfassend beinhaltet *das Leben des Drogenabhängigen:*

– Eine Identität. Diese Identität ist negativ, vermittelt aber dennoch das zentrale Erleben „Ich bin jemand".

– Einen Lebensstil, der eine Gemeinschaft und eine Kulturzugehörigkeit verspricht. Dieser Lebensstil bekräftigt aber auch die Position des Außenseiters und das Gefühl „Ich bin schlecht". Gleichzeitig erfordert diese Lebensweise eine intensive Tätigkeit, die zum eigentlichen Lebenszweck wird. Man muß ständig unterwegs sein, um für das Präparat Geld heranzuschaffen. Dabei kommt es zu Beschaffungs- und Begleitkriminalität. Mit anderen Worten: Das Leben hat für den Betroffenen einen Inhalt bekommen.

Zusammenfassend gilt für *das Präparat:*

– Es ist ein Symbol für die Zugehörigkeit in der oben genannten Gemeinschaft. Die Einnahme des Präparates wird zum zentralen Ritus in der Subkultur.

Beginn des Drogenkonsums verantwortlich waren. Während der Drogenkarriere verschärft sich diese „auslösende" Problematik. Der Drogensüchtige hat sich im Verlauf seiner Drogenkarriere von der etablierten Gesellschaftsform entfernt. Der Weg zu ihr zurück ist länger als je zuvor. Schon
von Beginn an war er in sozialer Hinsicht eine ressourcenschwache Person, die jetzt noch mehr ins Hintertreffen geraten ist. Mit der Zeit wird das
schulische und berufliche Defizit immer größer, Schul- und Arbeitspapiere
weisen Lücken auf. Das soziale Training[1] liegt völlig brach. Erschwerend
kommt hinzu, daß unsere Gesellschaft so beschaffen ist, daß derjenige, der
einmal die etablierte Gesellschaft verlassen hat, bei seinem Rückkehrver-
such auf große Schwierigkeiten stößt (z. B. in der Arbeitswelt und im Wohnbereich).

Wir stellten bereits fest, daß der Hauptgrund für den Beginn des Drogenkonsums in der Problematik der Identitätsbildung liegt. Während der Drogenkarriere wird eine negative „Absteigeridentität" etabliert. Wenn nun der
Drogensüchtige versucht, in die etablierte Gesellschaft (die Majoritätskul-
tur) zurückzukehren, muß er eine neue Identität annehmen. Per Blomgren
hat in seinem Bericht „Der Marginalkonflikt bei der Behandlung von Drogenabhängigen" beschrieben, welche psychischen Anstrengungen dieser
Identitätswandel fordert (Per Blomgren: Marginalkonflikten vid behandling
av narkotikamissbrukare):

> „Unter dem Begriff Marginalkonflikt versteht man den vom Indivi-
> duum erlebten inneren Konflikt, wenn der Betroffene sich zwischen
> zwei Gruppen befindet. Auf der einen Seite steht die eigene Gruppe
> (Minoritätsgruppe), die er zu verlassen versucht; auf der anderen
> Seite befindet sich die neue Gruppe (Majoritätsgruppe), der er ange-
> hören möchte, in der er sich aber nicht als zugehörig akzeptiert
> sieht. Das Individuum hat in keiner der beiden Gruppen eine Veran-
> kerung. Der Betroffene sitzt sozusagen ‚zwischen zwei Stühlen'. Die-
> ser Konflikt manifestiert sich in der für die Randpersönlichkeit typi-
> schen Wesensart, in seiner Verhaltensweise und in seinen Erlebnis-
> sen. Diese Charakteristika werden mit dem Begriff Marginalkonflikt
> umschrieben."

In seinem Bericht stellt der Autor sieben Marginalsymptome vor:

1. Die Doppelidentität.
2. Das ambivalente Verhalten gegenüber dem alten und dem neuen Leben.
3. Eine übersteigerte Selbstbeobachtung.
4. Übersteigertes soziales Verhalten.
5. Eine erhöhte Empfindsamkeit.

---

[1] Anm. d. Übers.: „Soziales Training" = Grundkenntnisse im sozialen Verhalten.

6. Isolierung.
7. Die Tendenz, sich Menschen in ähnlicher Situation anzuschließen.

Diese Marginalproblematik (die mit dem Identitätsproblem von Einwanderern vergleichbar ist, die sich in einem fremden Land eingliedern müssen) spielt vermutlich als entgegenwirkender Faktor bei dem Versuch zur Rehabilitation oder Selbsthilfe aus dem Drogenmißbrauch eine entscheidende Rolle. Aus diesem Grunde werde ich dieses Phänomen im Behandlungszusammenhang nochmals aufgreifen. Ich möchte aber schon an dieser Stelle darauf hinweisen, daß man das Auftreten des Marginalsymptoms nicht nur als einen negativen, die Rehabilitation störenden Faktor ansehen darf. Auch wenn das Marginalsymptom den Klienten in einen ernsten Krisenzustand versetzen kann, unter Umständen mit Selbstmord als Folge, so zeigt sein Auftreten gleichzeitig, daß sich das Individuum auf dem Weg zur Veränderung seiner Situation befindet.

Spontane Heilung

Einige Forscher glauben für eine Theorie der spontanen Heilung wissenschaftliche Belege vorweisen zu können. Winick (1962) hat die sogenannte „Reifungstheorie" formuliert. Schon früher war bekannt, daß Kriminelle im Alter von 30 bis 40 Jahren eine Tendenz zeigen, ihren Lebensstil ändern zu wollen. Winick wollte nun prüfen, ob das auch für Drogenabhängige zutrifft. In den fünfziger Jahren wurden in den USA Drogenabhängige, die irgendwann einmal in Kontakt mit Organen der Strafrechtspflege oder Kliniken gekommen waren, in einer bundesstaatlichen Drogenzentrale registriert. Wenn eine Person innerhalb von fünf Jahren dieser Zentrale nicht wieder gemeldet wurde, galt sie als nicht aktiv und wurde von der Liste gestrichen. Winick zog daraus die Folgerung, daß ein Drogenabhängiger nicht länger aktiv war, sobald er aufgehört hatte, Rauschgiftmittel zu konsumieren. Denn, so glaubte er, wenn ein User weiterhin Drogen nimmt, wird er unweigerlich innerhalb von fünf Jahren den Behörden auffallen. Winick vertrat außerdem die Auffassung, daß eine eventuell erhöhte Mortalität (heute wissen wir, daß es sie tatsächlich gibt) nicht die auffallende Tendenz erklären konnte, die aus dem Diagramm abzulesen war: Er fand nämlich heraus, daß zwei Drittel der Drogenabhängigen nach einer durchschnittlichen Mißbrauchsdauer von acht Jahren und im Alter von etwa 30 Jahren aus den Listen der bundesstaatlichen Drogenzentrale gestrichen worden waren. Winicks Untersuchung hat zwar viele schwache Stellen, die darin aufgezeigten Tendenzen sind jedoch so markant, daß man das Untersuchungsergebnis nicht zurückweisen kann. Diese Studie erfaßt den Zeitraum von 1955 bis 1960, als es in den USA noch keine eigentliche Therapie gab.

Die Forscher Lee Robins und George Murphy (1967) gingen die Fragestellung der spontanen Heilung auf eine ganz andere Art an: Aus einer schwarzen Bevölkerung in St. Louis wurden 235 Männer herausgegriffen. Die Auswahl geschah derart, daß man Namen von schwarzen Knaben wahllos aus 30 Jahre zurückliegenden Schullisten herausgriff. Auf diese Weise stellte man eine Gruppe zusammen, die das Kennzeichen besaß, aus dunkelhäutigen Männern zu bestehen, die in einer Gegend mit großem Risiko für Heroinmißbrauch aufgewachsen waren. Diese Männer (im Alter von etwa 35 bis 39 Jahren) wurden interviewt und ihre Angaben in verschiedenen Personalakten überprüft. Wie erwartet stellte sich heraus, daß die Häufigkeit des Heroinmißbrauchs groß war. Das interessanteste Ergebnis war, daß drei Viertel von denen, die drogenabhängig geworden waren, im Alter von 30 bis 35 Jahren damit aufgehört hatten. Viele waren jedoch auf andere Präparate wie Cannabis, Arzneimittel oder Alkohol umgestiegen.

Vaillant, ein anderer amerikanischer Forscher, hat eine einmalige Studie durchgeführt, indem er das Leben einer Gruppe von Drogenabhängigen von 1952 bis 1972 verfolgt hat (Vaillant 1973). Die Gruppe bestand aus 100 New Yorker Heroinabhängigen. Während des Zeitraums der ersten zehn Jahre hatten viele eine freiwillige oder unfreiwillige Krankenhausbehandlung im traditionellen Stil durchlaufen; sie waren für kürzere oder längere Zeit inhaftiert und polizeilich überwacht worden, ohne daß es zu einer wirklichen Behandlung kam. Während der zweiten Zehn-Jahres-Periode wurde ein Teil der Drogenabhängigen mit Methadon behandelt (siehe S. 164). Aus diesem Grund läßt sich auch der spätere Teil des Beobachtungszeitraums nur schwer beurteilen. Die erste Zehn-Jahres-Periode kann man als einen Abschnitt betrachten, der im großen und ganzen den spontanen Verlauf einer Gruppe Drogenabhängiger widerspiegelt. Vaillant fand für diesen Zeitraum heraus, daß jährlich circa 3 Prozent mit ihrem Mißbrauch aufhörten. Nach fünf Jahren konnten 22 Prozent und nach zehn Jahren 37 Prozent als drogenfrei angesehen werden.

Auch aus Skandinavien liegen eine Reihe von Untersuchungen vor, die im großen und ganzen den Verlauf für ein paar Mißbrauchergruppen beschreiben, die keine Behandlung im eigentlichen Sinne erfuhren. Gunborg Frej (1969) hat eine „Follow-up"-Untersuchung von 74 Fixern durchgeführt. (Die meisten waren Zentralstimulantienabhängige, die Gruppe enthielt aber auch einige Morphinisten.) Diese Fixergruppe wurde in der Mitte der sechziger Jahre in der Infektionsklinik auf Gelbsucht hin behandelt, die sie sich durch das Injizieren von Suchtstoffen zugezogen hatten. Die durchschnittliche Mißbrauchsdauer betrug fünf Jahre. Bei einer Kontrolluntersuchung nach drei Jahren hatten 35 % dieser Drogenabhängigen mit dem Drogenkonsum aufgehört; nach einer erneuten Kontrolluntersuchung nach fünf Jahren waren 47 % seit einem halben Jahr drogenfrei.

Der dänische Arzt Dr. Haastrup führte bei einer großen Gruppe Drogenabhängiger, zu der 99 Fixer gehörten, drei Jahre nach einem ersten Interview
eine Kontrolluntersuchung durch. Das Charakteristische für diese Fixergruppe war, daß sie jeweils insgesamt mehr als 100mal injiziert hatten.
Diese Gruppe rekrutierte sich demnach aus viel weniger erfahrenen
Abusern als die zwei zuvor erwähnten Untersuchungsgruppen bei Vaillant
und Frej. Die Gruppe von Haastrup bestand zum größten Teil aus Opiatabhängigen. Nach drei Jahren wurde untersucht, inwieweit sich die Gruppe
hinsichtlich des Arbeitslebens angepaßt hatte. 25% hatten zu diesem Zeitpunkt eine Form von Erwerbstätigkeit oder studierten.

In der Übersichtstabelle (Tabelle 9) über „Follow-up"-Untersuchungen bei
Fixern werden die Ergebnisse dieser drei Untersuchungen mit aufgeführt.
Auf S. 89 f kommen Vergleiche mit Gruppen zur Sprache, bei denen eine
Behandlung durchgeführt worden war.

Drogenabhängige Vietnamveteranen

Die amerikanischen Soldaten hatten während des Vietnamkrieges Zugang
zu allen Arten von Suchtmitteln. Besonders in den Jahren 1970 bis 1971
wurde relativ billiges Heroin von hohem Reinheitsgehalt angeboten, und
viele Soldaten wurden drogensüchtig. 70% konsumierten von Zeit zu Zeit
Marihuana, 38% Opium, 34% Heroin, 25% Amphetamin und 23% Barbiturate (siehe S. 189). 20% beurteilten sich selbst als süchtig. Heroin wurde
geraucht, geschnüffelt oder injiziert.

90% aller Heroinabhängigen in Vietnam hatten bei einer Kontrolluntersuchung acht Monate nach der Rückkehr in die Heimat den Mißbrauch abgebrochen. Bei einer „Follow-up"-Untersuchung stellte sich heraus, daß drei
Viertel der Heroin*fixer* aus Vietnam nicht mehr spritzten. (Ein Viertel von
denjenigen, die bereits vor Vietnam injiziert hatten, hatte acht Monate nach
der Heimkehr damit aufgehört.) 1% der untersuchten Heimkehrer betrach-
teten sich selbst als drogenabhängig.

Interessant ist die Gruppe der Soldaten, die erst in Vietnam zu Drogenkonsumenten wurden, d. h. vor dem Militärdienst keine Drogenkonsumenten
waren. Zweifellos beendete ein großer Teil davon seinen Mißbrauch in Verbindung mit der Heimkehr. Dies gilt nicht nur für Konsumenten leichter Präparate, sondern auch für Heroinabhängige und für die drei Viertel aller Heroinfixer.

Hier handelt es sich um weniger stark in Abhängigkeit geratene Injektions-
drogensüchtige als vergleichsweise die in den vorangegangenen Abschnit-
ten beschriebenen Fälle. Dennoch enthält das Ergebnis der „Follow-up"-
Untersuchungen der Vietnamveteranen einen „Todesstoß" gegen alle die

Theorien über das Suchtgeschehen, die keinen Schwerpunkt auf die Lebensumstände des Suchtabhängigen legen.

Dagegen läßt sich einwenden, daß sich nach der Rückkehr in die USA auch die „Griffnähe" zur Droge verschlechterte. Der Zugang zu Drogen war in Vietnam sehr leicht. Das Präparat war von hoher Qualität (mit hohem Reinheitsgehalt) und der Preis dafür niedriger als in den USA. Bei den „Follow-up"-Interviews stellte man auch Fragen, ob der ehemalige Drogenkonsument wüßte, wo man Heroin erhalten könne. Im allgemeinen waren die Quellen bekannt, und häufig bereitete es keinerlei unüberwindliche Schwierigkeiten, den Stoff zu beschaffen. Die Untersuchungen ließen auch keinen nennenswerten Unterschied in der Frequenz des eingestellten Mißbrauchs bei den Heimkehrern nach New York oder in eine andere Großstadt erkennen im Vergleich zu denjenigen, die in kleinere Städte zurückkehrten.

Es soll nicht unerwähnt bleiben, daß diese Kontrolluntersuchungen von Vietnamveteranen von Lee Robins durchgeführt wurden. Die Forscherin Lee Robins wurde durch ihre Untersuchungen über den langfristigen Verlauf von unterschiedlichen Arten sozialer Abweichler weltberühmt (Robins et al., 1974). Bei ihrer Studie drogenabhängiger Vietnamsoldaten kommt sie zu der Schlußfolgerung:

> „Unser Ergebnis zeigt, daß eine Milieuveränderung eine beachtliche Senkung des Suchtmittelkonsums zur Folge hat."

Zusammenfassend kann gesagt werden, daß sowohl klinische Beobachtungen als auch wissenschaftliche Untersuchungen eine *Tendenz* zur spontanen Heilung sogar bei Fixern harter Drogen erkennen lassen. Diese Beobachtungen dürfen jedoch nicht dazu führen, die Bemühungen einzuschneiden, den Drogenabhängigen bei der Beendigung ihrer Drogenkarriere behilflich zu sein.

Mortalität bei intravenösem Drogenmißbrauch

Statistisch gesehen besteht für die Fixer ein großes Risiko, vorzeitig zu sterben. Das Risiko ist nicht nur groß, sondern sogar äußerst groß. Diese Gefahr besteht nicht nur für Gruppen unbehandelter Drogenabhängiger, sondern auch für behandelte Gruppen.

In der Tabelle 8 (nach einer Zusammenstellung von Staffan Lindberg, 1975) werden eine Reihe von Studien über Fixer aufgeführt, in denen besonders die Mortalität untersucht wurde. Die beobachtete Anzahl der Todesfälle wird mit der „zu erwartenden Anzahl Todesfälle" verglichen, d. h. die Zahl der Todesfälle, die während des entsprechenden Untersuchungszeitraums

Tabelle 8: Zusammenstellung einiger schwedischer und ausländischer Untersuchungen von Fixern unter besonderer Berücksichtigung der Gesamtmortalität und des Suizids.

Autor	Personenzahl (M = männlich; F = weiblich)	Zeitraum	Durchschn. Beobachtungszeitraum (Jahre)	Dominanter Suchttyp (CS = Cannabis, OP = Opiate)	Anzahl Toter	erwartete Anzahl Toter	erhöhte Mortalität (Zahl der Sterbefälle)	davon Suizid (%)	erhöhte Mortalität durch Suizid (Xfach)
Frej (1964)	66 M / 17 F	1964–67	ca. 3	CS inj.	2 M / 1 F	0,3 / 0,0	7	0 / 0	
Lindberg (1975)	130 M / 25 F	1965–68	ca. 3	CS inj.	10 M / 1 F	0,7 / 0,1	14	50 / 0	27
Bergman u. Siksna	337 M / 137 F	1968–72	ca. 2,5	CS inj.	10 M / 3 F	1,1 / 0,3	9 / 10	40 / 33	13
Lindelius u. Salum	42 M	1967–72	5	CS inj.	6 M	0,5	12	66	40
Petersen	451 M / 202 F	1969–72	ca. 3	OP inj.	16 M / 5 F	1,3 / 0,3	12 / 17		
James	321 M / 115 F	1955–65	4,1	OP inj.	35 M / 4 F	1,7 / 0,8	20 / 5	14 sicher 11 unsicher / ?	50 / ?
Watterson u. Mitarb.	21453 M / 5507 F	1970–72	0,4	OP inj.	152 M / 13 F	ca. 34 / ca. 3	5 / 4	4 (M + F)	6
Lindberg u. Ramström (1977)	196 M / 30 F	1969–75	4,3	CS inj.	14 M / 0 F	1,3 / 0,1	11	71	30

von Drogenabhängigengruppen in der Normalbevölkerung bei Personen gleichen Alters eingetreten wären. In der Tabelle wird auch, sofern errechnet, der Prozentsatz an Selbstmorden unter den Todesursachen angegeben. Aus dieser tabellarischen Aufstellung können wir ablesen, daß die Mortalität sehr hoch ist. Beispielsweise trifft für Lindbergs und meine Untersuchung zu, daß in den Drogensüchtigengruppen elfmal so viele Sterbefälle eintraten, als es im Vergleich mit einer altersmäßig vergleichbaren Gruppe in Stockholm während des entsprechenden Zeitraums der Fall wäre. Von diesen Toten (14) haben 71 % Selbstmord begangen. Daraus ergibt sich eine dreißigfach höhere Sterblichkeit durch Suizid als in der Kontrollgruppe erwartet.

Was sind die Ursachen für diese Todesfälle? Meiner Meinung nach kann man vier Ursachen feststellen: a) Natürliche Todesursachen, b) Selbstmord, c) durch Drogeneinwirkung verursachter Todesfall sowie d) Todesursachen, die in Verbindung mit dem Lebensstil des Drogenabhängigen stehen.

a) Natürliche Todesursachen

Natürliche Todesursachen sind solche, die bei der Durchschnittsbevölkerung eintreten. Natürlich ist es manchmal schwierig zu entscheiden, ob eine Krankheit als „natürlich" anzusehen ist oder ob sie eher als Folgeerscheinung der Grundproblematik des Drogensüchtigen, seiner Lebensweise oder des Mißbrauchs an sich ist.

b) Selbstmord

Wie aus der Tabelle 8 hervorgeht, ist die Selbstmordquote in diesen Gruppen sehr hoch. Aus einer Gruppe von Suchtmittelabhängigen mit unterschiedlicher Mißbrauchsintensität, die die Beratungsstelle für Medikamentenmißbrauch in Stockholm (Radgivningsbyrå för Läkemedelsmissbrukare) aufsuchten, hatten 43 % zumindest einen Selbstmordversuch unternommen. (Jan Orander, 1976). Dies ist eine alarmierend hohe Zahl, die auf erschreckende Weise aufzeigt, wie ausweglos der Drogenabhängige seine Lage oft einschätzt.

Wir wissen, daß Krisensituationen verschiedenster Art Selbstmordhandlungen auslösen können. Es besteht auch kein Grund für die Annahme, daß dies nicht in gleicher Weise für den Suchtkranken gilt. Es ist anzunehmen, daß bei einem Süchtigen eher als bei einem Nichtsüchtigen solche Krisensituationen zu Selbstmordhandlungen führen können. Denn für ihn spielt vor allem das Zusammenwirken der *Krisensituationen* mit der *zugrunde liegenden Persönlichkeitsproblematik* und der *Drogenwirkung* eine entscheidende Rolle!

82

Krisen: Sicherlich sind es die gleichen Ereignisse, die bei dem Drogenabhängigen und Nichtdrogenabhängigen Krisen hervorrufen. Einige Beispiele für derartige Krisen sind Trennungen (Verlust eines Angehörigen oder Scheidung), Krankheit und sozialer Mißerfolg. Darüber hinaus stößt der Suchtkranke manchmal auf eine besondere Art von Krisensituationen, mit denen die Normalbevölkerung nicht in Berührung kommt. Hierzu zählen solche Krisen, die mit den Schwierigkeiten, den Mißbrauch abzubrechen, zusammenhängen. Auf Seite 113 werden einige dieser Situationen beschrieben. Der etablierte Drogenabhängige gerät immer in eine Krise, wenn er versucht, die Drogenszene zu verlassen. In diesem Moment wird dem Süchtigen seine ganze Identitätsproblematik bewußt. Er trennt sich von seinem „Liebesobjekt", der Droge, und ist gezwungen, das Ausmaß der sozialen Misere zu erkennen. Man kann gut verstehen, daß die Kombination der Gefühle einerseits, mit dem Fixerdasein endgültig am Ende zu sein, und der Unsicherheit andererseits, ob man den langwierigen Wiedereingliederungsprozeß durchzustehen vermag, zu einer großen Hoffnungslosigkeit und möglichen Selbstmordhandlung führen kann.

Die psychologische Grundproblematik: Es wurde bereits an früherer Stelle beschrieben, daß die Konsumenten harter Drogen häufig eine sog. frühe Charakterstörung in ihrer psychologischen Problematik aufweisen. Ein Merkmal dieser Störung ist unter anderem, daß eine Bildung des Über-Ichs nicht zustandegekommen ist.

Das soll aber nicht heißen (wie man manchmal hört), daß bei diesen Menschen ein Über-Ich fehlt. Hingegen verhält es sich so, daß das frühe, primitive sog. archaische Über-Ich (siehe S. 243) nicht von einem reiferen Über-Ich ersetzt wurde. Dieses archaische Über-Ich ist stets gegenwärtig und durch seine strengen, strafenden Mechanismen eine der Ursachen für die selbstzerstörerische Haltung des Drogensüchtigen. Wir haben ebenfalls feststellen können, daß der Mißbrauch als solcher das Bedürfnis nach Selbstbestrafung erfüllt. In diesem Bereich ist auch eine der treibenden Kräfte für Selbstmordhandlungen zu suchen. Hinzu kommt, daß die intrapsychische Seite des Ausstoßungsprozesses unter anderem die Internalisierung (siehe S. 59 f) von Selbstbildern enthält, die das Individuum als abweichend, schlecht und minderwertig darstellen. All das verstärkt die Schuldgefühle und das Bedürfnis, sich selbst zu strafen.

Als Folge der zugrunde liegenden psychologischen Problematik, die aus Störungen im Bereich früher Objektbeziehungen besteht, reagiert der Drogenabhängige empfindsamer auf Trennung und Verlust von Angehörigen als andere. Eine Scheidung z.B. löst bei diesen Klienten leicht eine Selbstmordhandlung aus.

Die psychotische sowie die „Borderline"-Problematik scheinen ebenso häufig zu Selbstmordversuchen und zu Selbstmord bei den Drogenabhängigen zu führen.

Drogenwirkung: Was in vielen Fällen Nichtdrogenabhängige von der Ausführung einer Selbstmordhandlung zurückhält, sind unter anderem die Abwehrmechanismen (Kontrollmechanismen) des Ichs. Bei den Drogenabhängigen können diese Abwehrmechanismen des Ichs wegen der vorhandenen zugrundeliegenden Problematik schwächer sein. Hinzu kommt hier aber noch die kontrollauflösende Wirkung des Präparats. Unter Umständen ist es gerade die Drogenwirkung (oder die Einwirkung von Alkohol), die die letzten Kontrollmechanismen beseitigt, die eine Selbstmordhandlung verhindert hätten.

c) Todesfälle durch die Gifteinwirkung der Droge oder durch andere von dem Abusus verursachte Komplikationen

An dieser Stelle wäre die unfreiwillige Einnahme einer Überdosis zu nennen. (Auf S. 193 werden die Hintergründe für die Einnahme einer Überdosis besprochen.) Dazu gehören außerdem überempfindliche Reaktionen auf die Droge selbst oder auf die der Droge beigemischten Substanzen; weiterhin Krankheiten, z.B. ein Leberschaden, und Unfälle, die während der Drogenwirkung verursacht werden können. Im medizinischen Kapitel werden alle diese unterschiedlichen Ursachen eingehend beschrieben.

d) Todesfälle im Zusammenhang mit der Lebensweise eines Drogensüchtigen

In den meisten Fällen führt der starke Fixer ein risikoreiches Dasein. Ihm kann ein Unfall zustoßen, dessen Ursache nicht unmittelbar mit der Drogenwirkung in Zusammenhang stehen muß. Die Beschaffungskriminalität kann den Drogenabhängigen in gewalttätige Handlungen verwickeln, die mit Totschlag oder Mord enden können.

Behandlungseffekte

Der Hauptzweck einer Behandlung von Suchtkranken sollte zwei Ziele verfolgen. Zum einen sollte die Zielsetzung darin bestehen, dem Drogenabhängigen dabei zu helfen, den spontanen Verlauf abzubrechen, damit die Drogenkarriere kürzer als üblich verläuft. Zum anderen sollte die Behandlung die psychologische und soziale Problematik des Individuums mit dem Ziel beeinflussen, daß der ehemalige Drogenabhängige keine *anderen Symptome* anzunehmen braucht, um mit seiner Lebenssituation fertig zu werden. Nicht alle Therapeuten oder Forscher im Bereich des Suchtgeschehens teilen diese Auffassung von einer doppelten Zielsetzung. Es versteht sich von selbst, daß der zweite auf die zugrunde liegende psychologische und soziale Problematik ausgerichtete Teil auf weniger Interesse stößt, sobald man das Suchtproblem nur als ein Phänomen an sich und nicht als ein Symptom betrachtet.

Das folgende Kapitel handelt von den Behandlungseffekten und von der Therapieforschung. Indem einleitend noch einmal die wünschenswerte Zielsetzung einer Therapie genannt wurde, habe ich *eine* der großen Schwierigkeiten dargestellt, auf die man bei dem Versuch einer Bewertung der Auswirkungen der Behandlung stößt. Es besteht ganz einfach keine einhellige Meinung darüber, wie eine Therapie angelegt noch welche Zielsetzungen ihr zugrunde gelegt werden sollen. Falls eine unterschiedliche Art der Annäherung an die therapeutische Zielsetzung besteht, findet man natürlich auch unterschiedliche Ansätze vor, wenn es um den Versuch einer Bewertung der therapeutischen Effekte geht. In ihrem Aufsatz „Anpassad f. d. narkoman" („Angepaßter ehemaliger Drogenabhängiger") hat Anna Thelander (1975) dieses Dilemma beleuchtet. In Schweden gab es kontroverse Auffassungen über den Wert einer „statistischen" Therapieforschung. Ein mehr auf das Verstehen ausgerichteter „hermeneutischer" Ansatz hat geltend gemacht, daß eine auf positivistischer Grundlage aufbauende statistische Forschung mehr verschleiert als aufdeckt. Ihr wird angelastet, daß sie der Realität Gewalt antue, ambitiösere Therapieprojekte nicht ins rechte Licht zu setzen vermöge und auf eine ungeeignete Weise steuernd auf Therapieeinrichtungen einwirken könnte. Gleichzeitig ist die auf Verstehen ausgerichtete Forschungsmethode noch neu und relativ wenig entwickelt. Bisher wurden erst wenige Studien von auswertendem Charakter veröffentlicht. Ich persönlich vertrete die Auffassung, daß eine der größten Schwierigkeiten im Hinblick auf die Forschung, die die Untersuchung sozialer und psychologischer Prozesse mit Hilfe von Dialogen mit Klienten (z.B. Tiefeninterviews) betreibt, in der unerläßlichen Forderung nach einer Theorie besteht. Eine Theorie wird notwendig, um zum einen die Gestaltung der Untersuchung zu steuern (z.B. um dem Tiefeninterview die erforderliche Struktur zu geben), und zum anderen, um die Ergebnisse der Gespräche mit den Klienten auszuwerten. Für die Durchführung von verwertbaren statistischen Wirksamkeitskontrollen ist eine derartige Theoriebildung nicht erforderlich. Erst wenn man einen tieferen Einblick in die von den Zahlen vermittelten Hintergründe erhalten will, werden auch für die „statistischen" Untersuchungen derartige Forderungen notwendig. Es ist aber nur selten der Fall, daß man bei den statistischen Studien so weit kommt.

Im folgenden Abschnitt werden einige „Follow-up"-Untersuchungen beschrieben, die nach der Behandlung von starken Fixern durchgeführt wurden. Da die Durchführung solcher Untersuchungen durch eine Reihe von Problemen erschwert wird, sollen zunächst einige methodische Probleme erwähnt werden.

Die Forschungsschwierigkeiten bei diesem Untersuchungstyp setzen bereits vor der eigentlichen Untersuchung ein. Die Schwierigkeiten gelten der *Auswahl* von Drogenabhängigen für die verschiedenen Behandlungseinheiten. Wenn wir uns der Einfachheit halber auf Institutionen, wie z.B. Heilstätten beschränken, können wir feststellen, daß den Drogenkonsumenten unterschiedliche Faktoren unmittelbar oder durch den Sozialarbeiter in der Wahl der therapeutischen Institution bestimmen. Zu solchen Faktoren zählen die Zusammenarbeit der ambulanten Betreuung mit gewissen Heilstätten, das Aufnahmeverfahren der Heilstätte, die eigene Wahl des Drogenabhängigen etc. Das kann bedeuten, daß Fixergruppen in den verschiedenen Institutionen sich hinsichtlich ihrer Motivation, der die Kindheit betreffenden Hintergrundfaktoren, der Länge der Drogenabhängigkeit, der Suchtart und des Alters voneinander unterscheiden (d.h. hinsichtlich der „Gesamtlage" der Drogenkarriere). Demzufolge hängen unterschiedliche Untersuchungsergebnisse eher von den Bedingungen ab, inwieweit die untersuchten Gruppen auf Grund ihrer Hintergrundverhältnisse und der Voraussetzungen, sich die Behandlung zunutze zu machen, voneinander abweichen. Die unterschiedliche Behandlungsgestaltung und deren Inhalt spielen dabei nur eine untergeordnete Rolle. Eine experimentelle Zufallsverteilung der Drogenabhängigen, die für verschiedene Betreuungsprogramme eine gleichwertige Mischung von Drogenabhängigen vorsieht, ist im allgemeinen weder ethisch vertretbar noch möglich.

Eine der Möglichkeiten, diesen Umstand zu kompensieren, besteht darin, in Verbindung mit den Kontrolluntersuchungen die Klientencharakteristika, die Mißbrauchsdauer, die Art des Mißbrauchs etc. so exakt wie nur möglich zu beschreiben.

Bei dem *Untersuchungsverfahren* stoßen wir auf neue Schwierigkeiten. Was soll eigentlich erforscht werden? Welche Methoden soll man anwenden? Wenn es darum geht, objektiv meßbare Daten zu registrieren („harte Daten"), die Symptome wie z.B. Drogenmißbrauch und Kriminalität oder Wohn- und Arbeitsverhältnisse betreffen, ist sicher ein ebenso konsequentes und genaues Vorgehen erforderlich. Allerdings ist das Registrieren solcher Daten leichter als das „Messen" der totalen psychosozialen Anpassung eines Individuums. Wenn wir bei unseren Follow-up-Untersuchungen solche Ziele verfolgen, müssen wir erkennen, daß die Methode der Erfassung von harten Daten allein nicht weiterführt.

Ein anderes Problem im Bereich des Untersuchungsverfahrens gilt z.B. der Definition von Mißbrauch und Arbeit. Vermutlich kommen wir zu unterschiedlichen Ergebnissen, wenn wir die Mißbrauchs- oder Arbeitssituation lediglich zu einem einzigen Zeitpunkt registrieren, als wenn wir die Mißbrauchs- bzw. die Arbeitssituation während der letzten sechs Monate, des vergangenen Jahres oder ununterbrochen seit der Krankenhausentlassung zu ermitteln versuchen. Eine andere wichtige Frage lautet: Wer soll die Untersuchung durchführen? Diese Frage wird besonders aktuell, wenn die Nachuntersuchung in Form von Interviews erfolgen soll. In diesem Fall kann es von Bedeutung sein, wenn ein an der Behandlung völlig unbeteiligter Forscher die Untersuchung leitet, weil er sich gegenüber der Behandlungseinheit objektiv verhält. Andererseits kann eine solche Wahl zu einer hohen Abbruchsquote führen. Als z. B. das dänische psychiatrische Forschungsinstitut eine Nachuntersuchung durchführen wollte, konnte nur die Hälfte der vorgesehenen Gruppe Drogenabhängiger erreicht werden. Ein Therapeut, der die meisten Interviewten persönlich kennt und darüber hinaus mit der Drogenszene vertraut ist, hat größere Aussichten, die Abbrecherquote niedrig zu halten. Allerdings besteht das Risiko einer tendenziösen Auslegung der Interviewantworten.

Ein anderer wichtiger Punkt der Nachuntersuchungen ist die Frage, in welchem zeitlichen Abstand nach der Behandlung (falls es sich um eine klinische Behandlung handelt) die Untersuchung durchgeführt werden soll. Ideal wären natürlich eine Reihe von Untersuchungen zu im voraus festgesetzten Terminen. Ein solches Verfahren ist allerdings seltener möglich. Auf jeden Fall ist es sehr wichtig, daß der zeitliche Zwischenraum vom Behandlungstermin bis zur Follow-up-Kontrolle angegeben wird.

Das letzte Glied in der Kette des Forschungsprozesses gilt der *Auswertung der Resultate.* Die an sich sehr wichtige Frage, ob ein gewisses Follow-up-Ergebnis auf der Therapie beruht oder nicht, läßt sich nur schwer beantworten. Kann man davon ausgehen, daß andere, nicht zum Bereich der untersuchten Therapie zählende Umstände ohne Wirkung waren? Oder kann es sich um ein Zusammenspiel zwischen Behandlungsfaktoren und anderen äußeren Faktoren handeln? Oder verhält es sich eher so, daß die weiterführende Behandlung (z. B. die Nachsorge) der entscheidende Faktor ist? War etwa eine andere Behandlung wirksam, um die sich der Drogensüchtige während der Zeit zwischen dem untersuchten Behandlungstermin und der Follow-up-Kontrolle bemühte?

Zusammenfassend kann man feststellen, daß die Beurteilung dessen, was Auswirkungen der Therapie oder was Auswirkungen anderer Faktoren ist, äußerst schwierig ist! Selbst wenn man glaubt, ein gewisses Follow-up-Resultat mit der Behandlung in Beziehung setzen zu können, bleibt dennoch die Frage offen, *was* in der Behandlung eine Wirkung ausübte. Es ist nicht immer notwendig, diese Frage zu analysieren, aber wünschenswert, wenn man die therapeutische Arbeit sowohl in der untersuchten Institution als auch in anderen Einrichtungen weiter entwickeln möchte.

Zu diesen Schwierigkeiten treten noch solche hinzu, die durch das institutionelle Behandlungsklima verursacht werden können, das für die Behandlungskapazität einer Einrichtung von großer Bedeutung ist. Das Behandlungsklima hängt nicht nur in hohem Maße von den personellen Veränderungen innerhalb des Personalbestands ab, sondern auch vom Wechsel innerhalb der Patientengruppen. In vielen Fällen sagt das Auswertungsergebnis nur etwas über die Arbeitsweise einer gewissen Behandlungseinheit zu einem bestimmten Zeitpunkt aus, obgleich dieselbe Behandlungseinheit zu einem anderen Zeitpunkt auf eine ganz andere Weise tätig sein kann.

In der Tabelle 9 werden Ergebnisse einiger Follow-up-Untersuchungen von Fixern dargestellt. Sieben der in tabellarischer Form komprimierten Berichte betreffen Untersuchungen nach erfolgter Behandlung. Drei weitere fassen die Ergebnisse der drei bereits beschriebenen Untersuchungen von in der Hauptsache spontanen Verläufen zusammen. In mehreren Fällen habe ich Annäherungswerte verwandt, um die Daten tabellarisch darstellen zu können.

Bei den drei ersten Untersuchungen (Frykholm und Gunne; Lindberg und Ramström; Andersson und Tunving) stammt das Material aus klinischen Spezialabteilungen. Das Material von Frykholm und Gunne betrifft vor allem von Zentralstimulantien Abhängige, die von 1970–71 behandelt wurden. Das Material von Lindberg und Ramström ist in vergleichbarer Weise zusammengestellt und bezieht sich auf die Studie mit dem Titel „226 Narkomaner" (226 Drogenabhängige), die in einige Untergruppen aufgeteilt wurde. (Auf S. 94 wird die Studie „226 Narkomaner" gesondert beschrieben.) Die Untersuchungen von Andersson und Tunving beziehen sich auf im Anfangsstadium stehende Morphinisten aus dem Raum Malmö/Lund nach einer Nachbeobachtungszeit von 1–1½Jahren. Die Studien von Frykholm und Bjerkes gelten Heilstätten (Deltågaden resp. Trollängen). Sells leitet eine großangelegte fortlaufende Untersuchung über die Behandlung Suchtkranker in den USA. Das Gesamtprojekt umfaßt 10000 Drogenabhängige, die auf eine große Anzahl Behandlungseinheiten unterschiedlichster Art über die gesamten Vereinigten Staaten verteilt sind. Die 1078 Patienten in der hier referierten Untersuchung sind die ersten Kontrolluntersuchten. Sie kommen aus einer Reihe unterschiedlicher therapeutischer Institutionen, und das Ergebnis ist noch ein höchst vorläufiges. Es handelt sich um eine sehr gemischte Gruppe, in der die Mehrzahl aus Heroinisten besteht, aber nicht wenige einen anderen Suchtstoff verwenden. Es muß hinzugefügt werden, daß zu dieser Untersuchung auch eine Reihe Klienten gehören, die an einem nicht drogenfreien Therapieprogramm, d. h. Methadon-programm, teilgenommen hatten. Für diese Gruppe gilt außerdem, daß 40 % vor Einsetzen der Behandlung einer Arbeit nachgingen. Dies ist eine Erklä-rung für den relativ hohen Anteil von arbeitenden Klienten zum Zeitpunkt der Follow-up-Untersuchung. Die Untersuchung von Collier und Hijazi (1974) ist eine der wenigen Studien von amerikanischen therapeutischen Wohngemeinschaften. Es handelt sich um die Heilstätte Daytop in New York, der Hauptteil der Klienten rekrutiert sich aus Heroinisten. In vieler Hinsicht ist die Untersuchung von Collier und Hijazi methodisch unbefrie-digend. Man erfährt über die Nachbeobachtungszeiten nicht mehr, als daß sie mehr als sechs Monate dauern. Die Abbruchsquote ist auch sehr hoch. Die Untersuchung besteht aus zwei Abteilungen. Die eine bezieht sich auf die Untersuchung der Verfassung von Drogenabhängigen, die das Behand-lungsprogramm durchlaufen haben. Die andere beleuchtet den Zustand de-rer, die die Behandlung vor sechs Monaten abgebrochen haben. Zur letzt-genannten Gruppe gehören auch Klienten, die nicht länger als zehn Tage an einer Behandlung teilgenommen haben.

Diese und andere Nachuntersuchungen zeigen gewisse Tendenzen auf, die in den meisten Untersuchungen wiederzukehren scheinen:

– Härterer Mißbrauch – schlechtere Prognose. Dies gilt auch für den spon-tanen Verlauf.

– Stärker belastende Hintergrundsvariablen führen zu einer schlechteren Prognose. Dies gilt auch für den spontanen Verlauf.

– Mehrere Untersuchungen zeigen, daß es eine positive Relation zwischen der Länge der Behandlungsdauer und dem Follow-up-Resultat gibt. Bei einer längeren Behandlungsdauer wird das Follow-up-Ergebnis besser. Dies gilt z. B. für die Untersuchungen von Lindberg und Ramström, Bjerke sowie Collier und Hijazi. Man stellt durchweg eine bedeutend schlechtere „Rehabilitation" im Hinblick auf Arbeit und Studium fest als hinsichtlich der Erzielung von Drogenfreiheit. In den Untersuchungen von Frykholm und Gunne und sowie von Lindberg und Ramström hat *ein Drit-tel oder mehr trotz Drogenfreiheit keine Arbeit.*

Hat die freiwillige Behandlung irgendeinen Effekt?

In der allgemeinen Debatte wurde des öfteren die Vermutung geäußert, daß eine freiwillige Behandlung im Gegensatz zur Zwangsbehandlung wirkungs-los sei. Für diese Mutmaßung wurde kein Beweis, nicht einmal ansatzweise, vorgebracht. Da aber diese Fragestellung besteht, wollen wir untersuchen, ob die hier referierten Untersuchungen zur Beantwortung der Frage brauchbar sind. Um die Frage, ob eine freiwillige Behandlung überhaupt ir-

Tabelle 9: Follow-up-Untersuchungen nach der Entzugsbehandlung von injizierenden Drogenabhängigen.

Autoren	Mißbrauchsart (CS = Cannabis, OP = Opiate)	Mißbrauchs- dauer	Anzahl (N)	Zeitspanne nach der Behand- lung	Prozent drogen- frei	Länge der Drogen- freiheit
Frykholm u. Gunne (1973)	82% CS 18% OP	durchschnittl. 4,3 Jahre	250 250 250	1 Jahr 2 Jahre 3 Jahre	22% 27% 29%	½ Jahr ½ Jahr ½ Jahr
Lindberg u. Ramström („226 Narko- maner") (1977)	73% CS 24% OP	durchschnittl. 6,3 Jahre	85 101	3 Jahre 5 Jahre	40% 67%	½ Jahr ½ Jahr
Andersson u. Tunving (1973)	Morphinisten	Pioniergruppe 5–6 Monate Ab- usus	36	1–1 ½ J.	50%	
Frykholm (1976)	CS u. OP	durchschnittl. 8 Jahre	17	1 Jahr	50%	?
Bjerke (1975)	CS	mehrere Jahre	58	3 Mo- nate–1 ½ Jahre	50%	?
Sells (1976)	¾ Heroinisten ¼ andere Suchtarten in USA	mehrere Jahre sehr gemischte Gruppe	1078	Ø 4 Jahre	66%	2 Monate
Collier u. Hi- jazi (1974)	Heroinisten in N.Y. I. abgeschl. Be- handlung II. abgebro- chene Behand- lung	mehrere Jahre	I: 272 II: 280	6 Monate 6 Monate	94% 53%	ständig nach der Behand- lung

Prozent mit Arbeit oder entsprechender Beschäftigung	im Arbeitsverhältnis Dauer	Therapieform	Anmerkungen
6% der Drogenreien	– – ?	Spezialstation im Krankenhaus drogenfreie Behandl. 1970–71	die gleiche Gruppe wurde zu drei unterschiedlichen Zeitpunkten untersucht.
4% 6%	½ Jahr ½ Jahr	milieutherapeut. Krankenhausabt. 1969–72	Verschiedene Gruppen in der gleichen Untersuchung
0%		Spezialabt. eines Krankenhauses drogenfreie Behandl.	
	–	drogenfreie Heilstätte	
5%	?	milieutherap. Heilstätte	
2%	2 Monate	verschiedene Behandl.-formen; therapeut. Wohngemeinschaft, Methadonbehandlung, Entgiftung	40% hatten vor der Behandlung eine Arbeit. Ein großer Anteil während der Methadonbehandl. miteinbezogen.
8% 7%	? ?	„amerikanische therap. Wohngemeinschaft" Day Top	I: Abbruch 66% II: Abbruch 61%

Autoren	Mißbrauchsart (CS = Cannabis, OP = Opiate)	Mißbrauchs-dauer	Anzahl (N)	Zeitspanne nach der Behandlung	Prozent drogen-frei	Länge der Drogen-freiheit
Follow-up-Untersuchungen von vorwiegend unbehandelten Drogenabhängigen (Spontanverlauf)						
Vaillant (1966)	Heroinisten in N.Y.	mehrere Jahre	100	5 Jahre 10 Jahre	25% 37%	1 Jahr 1 Jahr
Frej (1964)	77% CS 18% OP	I: 5 Jahre II: 4 Jahre oder > 1000 Inj.	74 66	3 Jahre 5 Jahre 3 Jahre 5 Jahre	35% 47% 19% 35%	½ Jahr ½ Jahr ½ Jahr ½ Jahr
Haastrup	dänische Morphinist.	gemischt leichter oder schwerer Mißbrauch (> 100 Inj.)	99	3 Jahre		–

gendeinen Effekt habe, beantworten zu können, sollte man eine Untersuchung, die den spontanen Verlauf beschreibt, mit einer Untersuchung vergleichen, die eine Nachbeobachtung nach erfolgter Behandlung durchführt. Davon ausgehend können wir feststellen, daß die Untersuchungsgruppe von Frej einerseits und die von Lindberg und Ramström andererseits in vielen Punkten vergleichbar erscheinen. Die Verteilung von Zentralstimulantien- und Opiatabhängigen ist ungefähr die gleiche. Ein Vergleich mit der Gruppe I aus Frejs Material zeigt, daß die Mißbrauchsdauer bei Lindberg und Ramström etwas länger ist. Die Nachbeobachtungszeiten sind ungefähr gleich, und die Drogenfreiheit beträgt bei beiden Studien ein halbes Jahr.

Wenn man die Gruppen Lindberg und Ramström, aus der alle zumindest Kontakt mit einer Behandlung in der Spezialabteilung für Suchtkranke am Långbro-Krankenhaus hatten (für einige bestand dieser Kontakt jedoch nur aus einer kurzen Entgiftung), mit der Gesamtgruppe von Frej vergleicht (von der einige jedoch an einer Behandlung teilgenommen hatten), kommt man zu dem Ergebnis, daß Drogensüchtige aus den behandelten Gruppen hinsichtlich Drogenfreiheit ein besseres Follow-up-Resultat aufweisen. In Prozentzahlen ausgedrückt: Nach drei Jahren 35% bzw. 45% und nach fünf Jahren 47% bzw. 67%. Vergleichen wir stattdessen mit der Gruppe schwe-

Prozent mit Arbeit oder entsprechender Beschäftigung	im Arbeitsverhältnis Dauer	Therapieform	Anmerkungen
(25 %) (37 %)			
5 %			

rer Konsumenten bei Frej (II in der Tabelle), wird der Unterschied noch markanter: 19 % bzw. 40 % nach drei Jahren, 35 % bzw. 67 % nach fünf Jahren.

Äußerst interessant ist vielleicht doch noch die Feststellung, wie man bei den drei Untersuchungen von Andersson und Tunving, Frykholm sowie Bjerke nach einer so kurzen Zeit von einem Jahr zu 50 % Drogenfreiheit kommt. Dieses Untersuchungsergebnis vermittelt überzeugende Indizien für die Wirksamkeit einer freiwilligen Behandlung.

Haben unterschiedliche Therapieformen unterschiedliche Effekte?

Auf dem Hintergrund der bereits erwähnten Schwierigkeiten, Auswertungen durchzuführen und die Auswertungsergebnisse zu deuten, ist es angebracht, Vorsicht bei Schlußfolgerungen über die Ursachen für die aus der Übersichtstabelle 9 auf S. 90 abzulesenden Unterschiede in der Drogenfreiheit walten zu lassen. Jedoch lassen sich gewisse Tendenzen herauslesen.

Die Drogensüchtigen, die Frykholm nach erfolgter Therapie in nicht-medizinischen Heilstätten untersucht hat, weisen eine durchschnittlich längere Mißbrauchsanamnese auf als diejenigen, die in einer klinischen Spezialstation behandelt wurden (die Gruppen von Frykholm und Gunne sowie Lind-

93

berg und Ramström). Das Ergebnis für die Drogenfreiheit sieht jedoch bereits nach einem Jahr bei den Heilstättengruppen noch besser aus als das Resultat der Krankenhausgruppe nach drei Jahren. Dieses Ergebnis stimmt auch mit dem allgemeinen Eindruck überein, daß Heilstätten effektivere Therapieeinrichtungen für die Langzeitbehandlung von Drogenabhängigen sind als Krankenhausstationen. Das Material von Lindberg und Ramström einerseits und das von Frykholm und Gunne andererseits erscheint hinsichtlich der Zusammensetzung als auch hinsichtlich des Behandlungszeitpunkts am besten miteinander vergleichbar zu sein. Es besteht der Verdacht, daß der Unterschied in der Drogenfreiheit mit den Unterschieden der Therapiekonzepte zu Beginn der siebziger Jahre zusammenhängt. Damals wurde im Långbro-Krankenhaus eine konsequente milieutherapeutische Arbeit betrieben. In Ulleråker hingegen herrschte eine mehr traditionelle Psychiatrie vor (Ulleråker = Psychiatrische Klinik in Uppsala, nördl. von Stockholm; Anm. d. Übers.). An dieser Stelle muß gleich ein Vorbehalt gemacht werden. Die Unterschiede in den Auswirkungen können auch darauf beruhen, daß bei der Gruppe von Lindberg und Ramström in größerem Ausmaß eine andere Art der Therapie – im Bereich der offenen Behandlung oder in anderen Einrichtungen – durchgeführt wurde.

„226 Drogenabhängige" („226 Narkomaner") – eine Studie

An dieser Stelle möchte ich einige Ergebnisse einer Interviewuntersuchung darstellen, die in der Fachklinik für Drogensüchtigenfürsorge des Långbro-Krankenhauses stattgefunden hat. Staffan Lindberg und ich haben diese Untersuchung in Zusammenarbeit mit den beiden Interviewern Aage Borgstedt und Hans Jakobsson durchgeführt. Die ersten Ergebnisse wurden in einem Bericht zusammengefaßt, der im Januar 1978 der staatlichen Sozialbehörde überreicht wurde.

Der Hintergrund und die Durchführung der Untersuchung

Im Jahre 1968 wurde in der Klinik 4 des Långbro-Krankenhauses der Beschluß gefaßt, in einer der Pflegestationen für Männer das Therapiekonzept zu verändern. Dieser Beschluß war ein Bestandteil der Bemühungen, auf eine zweckmäßige Weise dem anwachsenden Zustrom intravenös injizierender Drogenabhängiger zu begegnen. Die Veränderungen des Therapieprogramms hatten zum Ziel, die Abteilung für junge Drogensüchtige besser geeignet zu machen. Unter anderem wurde eine Reduzierung der Behandlungsplätze geplant und die allmähliche Einführung von milieutherapeutischen Momenten in die Behandlung vorgesehen.

94

Die Station nahm zum Jahreswechsel 1968/69 ihre Tätigkeit auf. Es wurden vorwiegend solche Klienten aus dem Stockholmer Raum aufgenommen, die aus eigenem Entschluß eine Behandlung beginnen wollten und seit vielen Jahren intravenös Drogen genommen hatten. Es wurde eine milieutherapeutische Behandlung durchgeführt, die sich hauptsächlich an den Prinzipien der klassischen therapeutischen Wohngemeinschaft (auf S. 124 beschrieben) orientierte. Allmählich entwickelte sich diese Spezialstation zu einer größeren Einheit (Fachklinik für Drogensüchtigenfürsorge des Långbro-Krankenhauses), die sich aus einer Akutstation, zwei Behandlungsabteilungen und einer Nachsorgeeinrichtung zusammensetzt.

Um den Erwartungen einer Behandlungsauswertung der zuerst geöffneten Abteilung (Abteilung M16) zu entsprechen, wurde eine umfangreiche Interviewuntersuchung durchgeführt. Diese Untersuchung fand während der zweiten Hälfte 1975 statt und galt allen Drogenabhängigen, die während des Vier-Jahres-Zeitraums von 1969 bis 1972 in der Abteilung M16 behandelt worden waren. Mit dieser Interviewuntersuchung wurde beabsichtigt, die Herkunft des Klienten, die Mißbrauchsentwicklung und die Situation zum Zeitpunkt der Erstaufnahme in die Abteilung zu beleuchten. Hinzu kommt die Beschreibung der Situation des Drogenabhängigen zur Zeit der Follow-up-Kontrolle mit Hinblick auf die Mißbrauchssituation, die Arbeitslage, eventuellen Alkoholmißbrauch, die sozialen Bindungen und das Ausmaß des erlebten Wohlbefindens. Die Untersuchung sah außerdem vor, mit zurückblickenden Fragen den Verlauf im Hinblick auf den Abusus und die bestehenden Arbeitsmöglichkeiten seit der Entlassung aus der Abteilung bis zum Untersuchungstermin zu verfolgen. Als Ergänzung zu den Interviews wurden auch einige Personalakten eingesehen und Krankengeschichten gesammelt, die Aufschluß über in Anspruch genommene psychiatrische Betreuung während des Zeitraums seit der Entlassung aus der Abteilung bis zum Interviewtermin geben konnten. Vorläufig liegen jedoch nur Ergebnisse des Interviewmaterials vor.

Wie aus der Darstellung der Ergebnisse über die Suchtbehandlung hervorgegangen sein dürfte, ist die Durchführung von Nachuntersuchungen, die die Effektivität einer therapeutischen Institution messen, eine äußerst schwierige Angelegenheit. Eine Reihe der bereits besprochenen Vorbehalte gelten auch für diese Untersuchungsart. Das heißt, daß die Zielsetzung in erster Linie nicht in der Beurteilung der auf der Station M16 durchgeführten Betreuung bestand, sondern es mehr um die Frage ging, was mit einer Gruppe starker Fixer aus Stockholm geschah, die für einen kürzeren oder längeren Zeitraum freiwillig auf dieser Station behandelt wurden.

Die Untersuchung galt 226 Patienten, die vom 1. 1. 1969 bis zum 31. 12. 1972 behandelt worden waren. Die Gruppe bestand zu 13 % aus Frauen und zu 87% aus Männern. Der Anteil der Frauen ist jedoch für die Stockholmer Drogenbevölkerung nicht repräsentativ, da die Station erst während der letzten zwei Jahre der Vier-Jahres-Periode Frauen aufnehmen konnte (dann stieg der Prozentanteil allerdings auf 20% an). Das Durchschnittsalter betrug 25 Jahre bei einer Altersspanne von 14 bis 49 Jahren. Opiatabhängige waren im Vergleich zu den Verwendern von Zentralstimulantien viel jünger. 74% waren von Zentralstimulantien abhängig und 21% von Opiaten. 3% konsumierten Cannabis, und 1% verwandten als dominierendes Rauschmittel Halluzinogene. Drei Klienten nahmen Sedativa/Hypnotika, ein Klient inhalierte Lösungsmittel. Die genannten drei Personen konsumierten jedoch auch sporadisch Zentralstimulantien. 92% der Abhängigen injizierten die Droge.

Der durchschnittliche zeitliche Abstand zwischen dem Behandlungszeitpunkt und der Nachbeobachtung betrug knapp vier Jahre (2–6½ Jahre); von den zwei Dritteln der zu Beginn der Interviewuntersuchung noch lebenden Patienten, konnte man zu 192 persönlichen Kontakt herstellen. Das bedeutet eine Abbruchsquote von 21 Patienten (9%), die nicht erreichbar waren oder sich weigerten, an dem Interview teilzunehmen.

Der soziale und psychische Hintergrund der Drogenabhängigkeit

Hin und wieder wurde die Auffassung vertreten, daß Institutionen, die freiwillige und hier vor allem milieutherapeutisch ausgerichtete Therapien anbieten, Klienten mit leichterer Problematik und dadurch besserer Prognose „auswählen", als es bei anderen therapeutischen Einrichtungen der Fall ist. Die Untersuchungsergebnisse widersprechen einer solchen Behauptung. Es stellte sich heraus, daß die Klienten von früher Kindheit an ernstlich sozial und psychologisch vorbelastet waren und auf eine mehrjährige Drogenabhängigkeit zurückblicken konnten.

Sozioökonomische Hintergrundfaktoren: Bei einem von der LNU (levnadsnivåundersökning = Untersuchung des Lebensstandards – Anm. d. Übers.) durchgeführten Vergleich zwischen der Untersuchungsgruppe und einer Gruppe aus der Normalbevölkerung stellte man eine Überrepräsentation der Sozialgruppe III fest. Wenn man die Hauptgruppe, d.h. die Zentralstimulantienabhängigen, herausgreift und gesondert betrachtet, wird der Unterschied sehr markant (siehe Tab. 10). Von den Cannabiskonsumenten kamen 62% aus der Sozialgruppe III im Vergleich zu 41% der Durchschnittsbevölkerung. Im Durchschnitt wiesen diese Klienten ebenfalls einen niedrigeren Ausbildungsstatus auf und waren in mehreren Fällen mit nur einem Elternteil aufgewachsen. Als wir die Opiatgruppe getrennt untersuchten und mit dem Normalmaterial verglichen, stellten wir ganz andere Verhältnisse fest. Bei den Opiatabhängigen fand man keine nennenswerten Unterschiede hinsichtlich der Verteilung zu den Sozialgruppen.

„Emotionale" Faktoren im Kindheitsmilieu: Im Vergleich mit der Normalbevölkerung waren mehr als doppelt so viele aus der Untersuchungsgruppe in gestörten Familienverhältnissen aufgewachsen; 27% lebten nach der Auflösung der Familie mit einem alleinstehenden Elternteil zusammen. 7% waren bei Pflegeeltern untergebracht. Die Väter der Hälfte der Befragten hatten Alkoholprobleme oder nervöse Beschwerden. Ein Drittel der Mütter litten unter nervösen Beschwerden. Im Vergleich mit dem Normalmaterial gaben viermal so viele Personen aus der Interviewgruppe eine schwere familiäre Zerrüttung während des Heranwachsens an (siehe Tabelle 4 und 5 S. 50).

Tabelle 10: Die soziale Gruppierung zum Therapiezeitpunkt mit Hinblick auf das Kindheitsmilieu der Patienten.
Beobachtete (B) und erwartete (E) Verteilung in Prozent.

Sozialgruppe	Cannabis-Abhängige n = 158		Opiat-Abhängige n = 54		Gesamtmaterial n = 218	
	B (%)	E (%)	B (%)	E (%)	B (%)	E (%)
I	9	18	13	20	11	20
II	29	41	50	45	34	41
III	62	41	37	35	55	39
Gesamt	100	100	100	100	100	100

Anzeichen für früh auftretende Verhaltensstörungen oder Reaktionen auf eine derartige Störung: 88% waren mit dem Jugendamt in Kontakt gekommen. 40% waren in eine Jugendfürsorgeschule, ein Jungen- oder Mädchenheim eingewiesen worden. Ein Alkoholproblem bestand für 88%, und 36% hatten vor Beginn des Drogenkonsums geschnüffelt.

Mißbrauch vor Einsetzen der Behandlung: Die durchschnittliche Mißbrauchsdauer vor dem Therapiezeitpunkt betrug 6,3 Jahre. Zählt man nur die Dauer des Injektionsmißbrauchs, so beläuft sich der Mittelwert auf 4,1 Jahre. 36% hatten vor dem Einstieg in den Drogenkonsum eine Schnüffelperiode durchlaufen. 88% hatten ein Alkoholproblem, und 32% konsumierten zuerst Cannabis, bevor sie auf harte Drogen umstiegen (d.h., daß 68% Cannabis *nicht* als Einstiegsdroge benutzt hatten).

Besondere soziale Verhältnisse während der Zeit unmittelbar vor der Aufnahme in die Station M16: Die Untersuchung zeigte, daß 50% zum Zeitpunkt der Aufnahme in die Station außerhalb der Drogenkreise keinerlei Kontakt hatte. Weitere 25% hielten sich vorwiegend in Gesellschaft von Drogensüchtigen auf. Folglich waren 75% so gut wie völlig von dem Kontakt mit der etablierten Gesellschaft abgeschnitten. 16% konnten zum Zeitpunkt dieser ersten therapeutischen Kontaktaufnahme eine Form von Erwerbstätigkeit nachweisen.

Der Verlauf nach der Behandlung und die Situation zum Zeitpunkt der Nachfolgeuntersuchungen: Indem wir den Klienten rückblickende Fragen stellten, versuchten wir Einsicht in die Suchtentwicklung und in die Arbeitssituation zu erhalten. Was den Mißbrauch an sich betraf, stellten wir fest, daß die Anzahl der Drogenfreien von Jahr zu Jahr größer wurde. Was die berufliche Seite betraf, so fanden wir für die gesamte Gruppe bei einer analogen Konstruktion einer nach zurückblickenden Angaben angefertigten Kurve heraus, daß diese Kurve während der Beobachtungszeit kaum angestiegen war, d.h., daß für die Gruppen während dieser Zeit keine nennenswerten Verbesserungen bezüglich der Arbeitsverhältnisse eingetreten waren.

Tabelle 11: Ergebnisse von Nachuntersuchungen hinsichtlich der Drogenfreiheit.

Nachbeobachtungszeitraum	N	drogenfrei	unklar	abhängig
24–35 Monate	28	50%	11%	39%
36–47 Monate	57	35%	21%	44%
48–59 Monate	49	61%	12%	27%
> 60 Monate	55	75%	12%	13%
insgesamt (24–80 Monate)	189	56%	14%	30%

Mißbrauch zum Zeitpunkt späterer Nachuntersuchungen: Das Material wurde in vier Untergruppen mit unterschiedlich langer Beobachtungszeit eingeteilt. Das durchgehende Ergebnis lautete: Je länger die Beobachtungszeit, desto höher ist die Prozentzahl „cleaner" Klienten. In der Tabelle 11 wird die prozentuale Häufigkeit der Drogenfreien, der unklaren Fälle bzw. der offenbar Drogensüchtigen zum Follow-up-Zeitpunkt angegeben. Dieser Prozentsatz wird im Hinblick auf die Dauer der Nachbeobachtungszeit in verschiedene Gruppen geteilt. Die Drogenfreiheit bezieht sich auf das letzte Halbjahr.

Auf S. 89 werden Vergleiche zwischen diesem Untersuchungsmaterial und ein paar anderen Untersuchungsergebnissen durchgeführt.

Übriger Mißbrauch: Bei den Opiatabhängigen trat bei den Jüngeren und den Frauen am häufigsten ein gleichzeitiger Cannabismißbrauch auf. 62%

der gesamten Gruppe konsumierten überhaupt kein Cannabis. Laut Befragung bestand bei 20 % der Drogenkonsumenten und bei 20 % der Drogenfreien ein Alkoholproblem.

Arbeitssituation: Zum Zeitpunkt der Interviews waren 55 % aller Klienten arbeitslos (siehe Tabelle 12). 35 % hatten eine Anstellung auf dem freien Markt, 7 % arbeiteten in einer „beschützenden" Werkstätte, ebenso viele studierten oder befanden sich in Ausbildung. Es lag kein nennenswerter Unterschied vor, ob die Nachbeobachtungszeit kurz oder lang war. Wenn man die verschiedenen Untergruppen näher untersucht, kommt man zu dem Ergebnis, daß knapp ein Drittel der drogenfreien Klienten im vorausgegangenen Jahr weniger als sechs Monate gearbeitet hatte. Nach unserer Auffassung deutet das auf eine merklich schlechte Übereinstimmung zwischen der Drogenfreiheit und der Arbeitssituation hin. Eine laufende Analyse sollte sich dieses Problem zum Gegenstand machen.

Tabelle 12: Mehr als 6monatige Erwerbstätigkeit, Studium oder Berufsausbildung während des vorausgegangenen Jahres vor Interviewbeginn, geordnet nach der Beobachtungsdauer.

Beobachtungsdauer	Anzahl (n)	Prozentanteil an Arbeit/Studium (mehr als sechs Monate)
24–35 Monate	28	39 %
36–47 Monate	58	47 %
48–59 Monate	49	45 %
> 60 Monate	58	46 %
Gesamt (24–80 Monate)	193	45 %

Einige wichtige Untersuchungsergebnisse

Folgende Untersuchungsergebnisse sind von besonderem Interesse:

- Die Untersuchungsgruppe in ihrer Gesamtheit und vor allem der sich aus Cannabis-Abhängigen rekrutierende Hauptteil weisen eine äußerst markante Überrepräsentation hinsichtlich der sozio-ökonomischen negativen Hintergrundsfaktoren auf.

- Im Hinblick auf die Daten, die gefühlsmäßig vorbelastende Faktoren im Kindesalter wiedergeben, weist auch hier wieder die gesamte Untersuchungsgruppe eine starke Überrepräsentation auf.

- Diese Untersuchung stützt in keiner Weise die Vermutung, daß die aus freiem Entschluß in milieutherapeutischen Institutionen behandelten Suchtkranken eine weniger belastete und dadurch leichter zu behandelnde Gruppe seien. Im Gegenteil, die Vorbelastung durch negative Hintergrundsfaktoren ist groß, und die Durchschnittsdauer des Suchtmittelkonsums sehr lang (6,3 Jahre).

- In folgenden Punkten weist die Untersuchung u. a. offensichtliche Unterschiede zwischen der Opiatgruppe und der Cannabisgruppe auf:
  Die Cannabisgruppe ist sozioökonomisch mehr belastet (emotionale Variablen zeigen keinen Unterschied).
  Bei der Follow-up-Kontrolle ist die Situation für die Opiatabhängigen hinsichtlich der Drogenfreiheit bedeutend schlechter als für die Cannabisgruppe.
  Opiatabhängige sind viel jünger.

- Es besteht eine hohe Mortalität für die in das Untersuchungsmaterial eingehenden injizierenden Drogenabhängigen.

- Bei den verschiedenen Follow-up-Terminen ist der Prozentanteil der Drogenfreien hoch.

- Ein beachtlich hoher Anteil der Drogenfreien ist weder beruflich noch ausbildungsmäßig rehabilitiert.

Literatur

1. Allgemeines

Alksne, H.; L. Lieberman; L. Brill: A conceptual model of the life cycle of addiction. The Int. J. of the Addict **2**, Nr. 2, 221–240 (1967).

Baden, Michael: Homicide, suicide, and accidental death among narcotic addicts. Human Pathology **3**, 91–95 (1972).

Ball, John: A test of the maturation hypothesis with respect to opiate addiction. Bulletin on Narcotics **21**, Nr. 4, 9–13 (1969).

Brill, Leon: The de-addiction process. Charles C. Thomas, Publisher, Springfield, Illinois, 1972.

Cullberg, Johan: Kris och utveckling. Natur & Kultur, Stockholm 1975.

Frej, Gunborg: Undersökning av narkotikamissbrukare vårdade för gulsot på Roslagstulls sjukhus, Stockholm, under år 1964. In: SOU 1969: 53 Narkotikaproblemet, del IV, S. 281–344.

Frykholm, Bo; et. al.: Prediction of outcome in drug dependence. Addictive Behaviours, **1**, 103–110 (1976).

Groth, Anders: Dødelighed og selvmordsførsog blandt statshospitalsinlagte unge stofbrugere. Ugeskrift for Laeger **137**, Nr. 39, 2295–2300 (1975).

Lindberg, Jakob: De „legala" narkomanerna. En studie av dr. S.E. Åhströms patientgrupp. In: SOU 1969: 53 Narkotikaproblemet, Teil IV, S. 345–403.

100

Lindberg, Staffan: Mortalitet och dödsorsaker hos en grupp frivilligt vårdsökande narkomaner. Examensarbeit in Psychol., Psychologisches Institut, Universität Stockholm 1975.

Mossberg, L.; E. Änggård: Missbrukskarriären – en litteraturstudie. Medizinische Forschungsgruppe für Forschungsarbeiten auf dem Gebiet der Abhängigkeit verursachenden Mittel. Pharmazeutische Abteilung des Karolinska-Instituts, Stockholm 1977.

Nurco, N.; et al: The natural history of narcotic addiction: A first report. Proceedings of the 37th Annual Scientific Meeting Committee on Problems of Drug Dependence. Washington DC. 1975, pp 196–211.

Pockettidningen R.: Vändpunkter, sex berättelser om att klara sig.

Pockettidningen R.: Nr. 6, Jahrgang 4, Stockholm 1974.

Robins, L.; D. Davis; D. Goodwin: Drug use by U.S. army enlisted men in Vietnam: A follow-up on their return home. Am. J. of Epidemiology **99**, Nr. 4, 235–249 (1974).

Robins, Lee; George Murphy: Drug use in a normal population of young negro men. Am. J. of Psychic Health **57**, Nr. 9, 1580–1596 (1967).

Special Action Office for Drug Abuse Prevention: The Vietnam drug user returns. Series A, Nr. 2, U.S. Government Printing Office, Washington 1974.

Stang, Hans I.: Ungdom på drift. Universitetsforlaget, Oslo 1976.

Stanton, Duncan: Drugs, Vietnam, and the Vietnam veteran: An overview, Am. J. Drug Alcohol Abuse **3**, Nr. 4, 557–570 (1976).

Thelander, Anna: Anpassad f.d. narkoman – En analys av anpassningsoch narkomanvårdforskning. Rapport Nr. 5 i forsksmingsprogrammet „Narkomaner i frivilliga behandlingsprogramm". Spezialklinik für Suchtkranke, Långbro-Krankenhaus, Älvsjö 1975.

Vaillant, George: A 20–year follow-up of New York narcotic addicts. Arch. Gen. Psychiatry **29**, 237–241 (1973).

Winick, Charles: Maturing out of narcotic addiction. Bulletin on Narcotics **14**, Jan.-March, 1–7 (1962).

Winick, Charles: Some aspects of careers of chronic heroin users. Drug use, epidemiological and sociological approaches. Washington 1974, pp 105–128.

2. Untersuchungen nach erfolgter Behandlung

Andersson, B.; Tunving, K.: Efterundersökning av morfinbasmissbrukare. Läkartidning **70**, Nr. 25, 2445–2448 (1973).

Andersson, S.-J.; L.-M. Gunne: Efterkontroll av amfetaminister, Läkartidningen **66**, Nr. 13, 1331–1334 (1969).

Bjerke, Ann-Charlott: Trollängen 1 år, tillkomst och utveckling av ett terapeutiskt samhälle. Examensarbeit in Psychologie, Psychologische Fakultät der Universität, Stockholm, 1975.

Collier, W.; Hijazi, Y.: follow-up study of former residents of a therapeutic community. The Int. J. of the Addictions **9**, Nr. 6, 805–826 (1974).

Frykholm, Bo: Deltagården – ett personalfritt narkomankollektiv. Läkartidningen **73**, Nr. 26–27, 2415–2420 (1976).

Frykholm, Bo; Gunne, L.-M., et al.: Prognosstudier i narkomanvård. Läkartidningen **70**, Nr. 28, 2579–2581 (1973).

Georing, F. R.: Evaluation of treatment programs. In: *Schecter, A. (ed.):* Rehabilitation aspects of drug dependence S. 137–162 CRC Press INC., New York. 1977, pp 137–162.

Lindberg, S.; Ramström, I.: 226 Narkomaner, En uppföljande intervjuundersökning av en grupp frivilligt vårdade injektionsnarkomaner. Byrå SN 4. Socialstryrelsen, Stockholm 1977.

Lindelius, R.; Salum, Inna: Fyrtiotvå narkomaner – en uppföljande undersökning. Läkartidningen **73**, Nr. 6, 411–416 (1976).

Petersen, E.: Stofmisbrugere – frivillig behandling. Mentalhygiejnisk Forlag, Kopenhagen 1973.

Sells, S. B.; et. al.: A national follow-up study to evaluate the effectiveness of drug abuse treatment: A Report on cohort 1 of the DARP five years later. Am. J. Drug Alcohol Abuse **3**, Nr. 4, 545–556 (1976).

Vaillant, George: The Natural history of narcotic drug addiction. Seminars in Psychiatry **2**, Nr. 4, 486–498 (1970).

Vaillant, George: A twelve-year follow-up of New York narcotic addicts: 1. The relation of treatment to outcome. Am. J. Psychiatry **122**, 727–737 (1966).

Die Behandlung der Drogenabhängigkeit

Das nun folgende Hauptkapitel ist der Behandlung der Drogenabhängigkeit gewidmet.

Das Hauptinteresse gilt, wie bereits im Vorausgegangenen, den intravenös injizierenden Fixern. Bei leichterer Drogenabhängigkeit ist die therapeutische Problematik oft nicht viel anders als bei den psychischen und sozialen Problemen junger Menschen.

Diagnose und Differenzierung

Die diagnostischen Überlegungen innerhalb der Psychiatrie waren nicht selten von einem sinnlosen Etikettieren gekennzeichnet. Das Erstellen einer Diagnose erhielt eine Art magischen Charakter, ja sie wurde zu einer Art von Beschwörung. Sobald man das Symptom beschrieben hatte und die Akte des Patienten katalogisiert war, konnte man sich getrost dem guten Gefühl überlassen, etwas erledigt zu haben. Derartige Beschwörungen verfolgten bei den Psychiatern und Psychologen häufig das Ziel, die Tatsache zu verschleiern, daß er oder sie dem Problem des Patienten hilflos gegenüberstanden.

Eine sinnvolle Diagnosestellung muß zwei Forderungen erfüllen. Zum einen darf die Diagnose sich nicht nur des äußeren Symtoms annehmen, sondern muß versuchen, die Hintergründe und Inhalte der Symptome zu ergründen.

Zum anderen wird das Stellen einer Diagnose erst dann sinnvoll, wenn die Diagnose an eine gewisse Maßnahme geknüpft werden kann. Die Diagnose hat die Aufgabe, das Individuum in einer *für die Therapie sinnvollen Weise* von der Gruppe zu trennen.

Wenn ich hier die Frage der Diagnosestellung aufgreife, geschieht dies unter anderem, um im Bereich der Suchtbekämpfung folgenden Punkt als bedeutend hervorzuheben. Innerhalb der Drogensuchtbekämpfung sollte man die vielen stereotypen gruppenorientierten Verhaltensweisen der Drogenabhängigen außer acht lassen. Jeder einzelne Suchtabhängige hat eine individuelle psychologische Vergangenheit, er weist eine individuelle und aktuelle psychologische Problematik auf und kommt aus einer individuellen sozialen Situation. Oft neigte man dazu, es zu vermeiden, den Drogensüchtigen ernsthaft als Individuum zu sehen. Dies liegt anfänglich auch ganz im Interesse des Süchtigen. Die Identität des Drogensüchtigen ist eine gruppenorientierte Identität. Der Versuch, die individuelle Persönlichkeit zu sehen, kann vom Klienten als bedrohlich aufgefaßt werden.

Während der initialen Kontaktaufnahme (die sich über einen längeren oder kürzeren Zeitraum erstrecken kann) sollte der Therapeut versuchen, sich ein Bild von der eigentlichen Situation des Süchtigen zu machen. Hierbei sollte man drei verschiedene Beurteilungsweisen vornehmen:

– Wie sieht die psychische Lage des Süchtigen aus?

– Wie ist die soziale Situation des Süchtigen beschaffen?

– Wie sieht die eigentliche Suchtproblematik des Drogenabhängigen aus?

Wenn wir die *psychische Lage* beurteilen möchten, können wir auf meine frühere Gruppierung zurückgreifen und die Frage stellen, welcher Typ von psychischer Problematik hinter der Drogenabhängigkeit steht. Handelt es sich bei dem Klienten um einen „Probierer" ohne tiefere psychologische Problematik, oder geht es um einen Klienten mit neurotischen Problemen? Hat der Drogensüchtige vielleicht vorwiegend auf aktuelle familiäre und soziale Probleme reagiert? Lassen sich aus der Anamnese und dem Verhalten Anzeichen für eine frühe Charakterstörung ablesen? Der geschulte und erfahrene Therapeut ist möglicherweise in der Lage, eine vollständige psychodynamische Diagnose zu erstellen.

Für die Beurteilung der *sozialen Situation des Süchtigen* gibt es drei verschiedene Aspekte. Zunächst geht es jedoch um den Versuch zu klären, ob sich die einzelnen Klienten in einem möglichen *Ausstoßungsprozeß* befinden:

– Wie asozial ist der Lebensstil des Klienten?

– Inwieweit hat er sich bereits asozialen Untergruppen assoziiert?

– Wird er häufiger als nur gelegentlich straffällig?

– Hat er asoziale Werturteile übernommen?

Ein zweiter Aspekt im Hinblick auf die soziale Situation, die manchmal, jedoch nicht notwendigerweise direkt mit der Laufbahn eines Ausstoßungsprozesses verbunden ist, gilt dem *Verhältnis* des Klienten *zu seinen Angehörigen:*

– Hat der Klient eine Familie?

104

- Besteht Kontakt zu der Familie?
- Wie sieht das Verhältnis zu den einzelnen Familienmitgliedern aus?.
- Hat der Klient einen Partner? Wenn ja, ist dieser drogensüchtig oder nicht?

Und drittens: Wie ist es mit der *sozialen Kompetenz* des Süchtigen beschaffen? Wir können zwei Arten von sozialer Kompetenz unterscheiden: Einerseits die formelle und andererseits die informelle Kompetenz. Absolvierte Studien mit einem Abschlußzeugnis, Berufsausbildung, längere Erfahrung in einem festen Beruf, Führerschein etc. sind Bestandteile der formellen sozialen Kompetenz. Mit informeller Kompetenz sind ganz einfach die Erfahrungen und Fertigkeiten gemeint, die man allmählich im Laufe des Lebens in einer etablierten Gesellschaft erwirbt. Hierzu zählen gewisse sehr elementare Schulkenntnisse. Es ist gar nicht so selten, daß wir auf Klienten stoßen, die weder lesen noch schreiben können. Beispiele für eine andere derartige alltägliche Kompetenz sind die Fähigkeiten, Angelegenheiten in einem Postamt oder auf einer Bank zu erledigen, fähig zu sein, eine Tageszeitung zu lesen, zu wissen, warum es eine Gewerkschaft gibt, der Aufgabe gewachsen sein, Behörden aufzusuchen, etc. Ein wichtiger Aspekt der informellen sozialen Kompetenz ist die Fähigkeit, mit gewöhnlichen (nicht drogensüchtigen, nicht asozialen) Menschen und nicht zuletzt mit dem anderen Geschlecht Kontakt aufzunehmen. Auch bei der Beurteilung der *Suchtproblematik des Drogenabhängigen* können wir zwei Ansätze unterscheiden. Der eine gilt der Information über die Art der Drogenabhängigkeit des Klienten. Diese Frage kann der Therapeut am leichtesten mit dem Klienten besprechen.

Welchen Drogentyp wendet der Klient an? Handelt es sich um leichtere Drogen oder um harte Suchtstoffe (Opiate oder Zentralstimulantien), die intravenös gespritzt werden? Injiziert der Drogenabhängige seit langer Zeit und regelmäßig? Häufig nur unzureichend geklärte Gegebenheiten, die unter Umständen mit sehr negativen Folgen für das spätere Rehabilitationsgeschehen verbunden sind, berühren die Frage der *Polytoxikomanie* (des Mehrfachgebrauchs von Drogen). Das Auftreten der Polytoxikomanie, d. h. der parallele Mißbrauch von mehr als einer Suchtmittelart, ist von entscheidender Bedeutung für die medizinische Stellungnahme im Hinblick auf die Entgiftung. Auch für die längerfristige Betreuung spielt sie eine wichtige Rolle. Wenn man beispielsweise bei einem Süchtigen keinen gleichzeitigen Alkoholabusus bemerkt, ist es durchaus möglich, daß der Therapeut, ohne sich dessen bewußt zu werden, mit dem Drogensüchtigen ein Bündnis eingeht. In diesem Fall unterstützt der Therapeut den Patienten in seinem Versuch, den Drogenkonsum zu beenden, bagatellisiert jedoch zur gleichen Zeit den Alkoholmißbrauch. Es scheint so, daß die Polytoxikomanie immer häufiger auftritt und ganz unterschiedliche Mißbrauchssituationen wider-spiegeln kann. Unter anderem lassen sich folgende vier Arten der Polytoxi-komanie unterscheiden:

1. Die Polytoxikomanie eines Süchtigen ist Ausdruck für dessen persönli-che Behandlung von gewissen Nebenwirkungen, die durch die Haupt-droge entstanden sind. Zum Beispiel kann jemand, der Zentralstimulan-tien einnimmt, Schlaf- und/oder Beruhigungsmittel anwenden, um vorübergehend eine Mißbrauchsperiode mit dem Ziel zu unterbrechen, wieder gut zu schlafen. Oder ein Heroinsüchtiger konsumiert beispiels-weise Alkohol oder Beruhigungsmittel, um Abstinenzerscheinungen zu mildern.

2. Aufgrund eines vorübergehend erschwerten Zugangs zur Hauptdroge wird parallel ein anderer Suchtstoff verwendet. Am verbreitetsten sind wahrscheinlich solche Fälle, wo der Konsument harter Drogen im Zu-sammenhang mit einer „Nachschubflaute" in der Stadt zum Alkohol greift.

3. Der Mehrfachgebrauch von Drogen kann aber auch Ausdruck für das frühe Experimentierstadium sein. Der Drogenkonsument hat noch nicht in einer bestimmten Drogenkultur Fuß gefaßt, sondern probiert verschie-dene Präparate und unterschiedliche Kombinationen aus. Bei den leich-teren Suchtformen kommt es besonders häufig vor, daß z.B. zunächst Bier mit der Einnahme von Tabletten kombiniert wird. Diese Kombination wird dann von Haschischrauchen oder von „thinner sniffing" (Schnüffeln von Verdünnungsmitteln) abgelöst.

4. Manchmal spiegelt die Polytoxikomanie bei einem Süchtigen mit schwe-rer Persönlichkeitsstörung (Borderline-Problematik oder Psychose) das unkontrollierte Einnehmen von Medikamenten (Selbstmedikation) wie-der. Der Süchtige ist ein „einsamer Fixer", ohne irgendeiner Subkultur anzugehören, und deshalb auch nicht an den Gebrauch eines bestimm-ten Präparats gebunden. Um das große Angstgefühl zu dämpfen, ver-sucht er eine Droge nach der anderen in der Hoffnung, auf ein Mittel zu stoßen, das seine Angst nimmt. In solchen Fällen kommt es häufig zu Überdosierungen.

Ein anderer Aspekt hinsichtlich des Konsumentenverhaltens gegenüber der Droge gilt der Frage, inwieweit sich der Einzelne bereits als Drogenab-hängiger identifiziert hat. Es ist offensichtlich, daß diese Frage sowohl mit dem psychischen Zustand als auch mit dem Grad des Ausgestoßenseins in engem Zusammenhang steht. Es geht hier nicht nur um das Verhältnis zur Droge an sich, sondern auch um die Einstellung zum gesamten Lebensstil eines Suchtabhängigen. Die Frage lautet: Ist der Fixer als Drogenabhängiger stigmatisiert? Empfindet er/sie sich selbst als Drogenabhängiger? Gehört er/sie einer Fixer-Subkultur an?

Wenn man von dem von Alksne und seinen Mitarbeitern angewandten behavioristisch orientierten Bezugssystem absieht, kann das auf Seite 71 abgebildete Schaubild für unsere Überlegungen von Nutzen sein. Wie wir uns erinnern, beschrieb dieses Schaubild den hypothetischen Spontanverlauf für den Mißbrauch harter Drogen (d. h., wenn er nicht bereits in früheren Phasen abgebrochen wurde). Dieses Modell läßt sich als eine schematische Zusammenfassung äußerer und innerer Suchtfaktoren während der verschiedenen Phasen verstehen. Das Modell spiegelt sowohl den subjektiven Zustand (die Entwicklung in und aus der Fixeridentität) wider als auch die Suchtintensität (vom Probierstadium bis hin zum gewohnheitsmäßigen Injizieren und seiner Abwicklung über den Rückfall) und den Grad der Integration in der Drogenkonsumentenkultur (von einer Annäherung an die Randgruppe bis zu einer vollständigen Teilnahme, gefolgt von einem langsamen Rückkehren in die etablierte Gesellschaft).

Natürlich sollte der Therapeut zusammen mit dem Süchtigen noch andere Fragen bei der ersten Kontaktaufnahme, bei der Aufnahme in eine Akutstation oder in der Sprechstunde zu klären versuchen. Es sind jedoch vor allem diese drei „Positionsbestimmungen", die für den Aufbau einer Behandlungskonzeption ausschlaggebend werden können. Hinzu kommen selbstverständlich alle die übrigen subjektiven Erlebnisse des Süchtigen, etwa welche Rolle der Drogenmißbrauch für ihn spielt, wie er seine eigenen Möglichkeiten einschätzt, seine Motivation beurteilt etc. Ich bin jedoch der Meinung, daß der Therapeut den Drogensüchtigen leichter motivieren kann, wenn er in der Lage ist festzustellen, auf welcher Stufe sich der Suchtkranke in verschiedenen Beziehungen befindet. Es soll hier betont werden, daß man bei all den übrigen erforderlichen Beurteilungen nicht den *physischen Zustand* des Süchtigen übersehen darf. Was in einer Krankenhausstation als selbstverständlich gilt, kann in der Sprechstunde eines Sozialarbeiters leicht vergessen werden. Das Leben eines Drogenabhängigen beinhaltet in vieler Hinsicht eine ständige Gefahr für die Gesundheit. Auf diesen Punkt werde ich noch auf Seite 192 näher eingehen. Diese Tatsache in Verbindung mit der gewöhnlich auftretenden Selbstzerstörung führt häufig dazu, daß dem Drogenabhängigen viel Schlechtes widerfährt. Nicht selten ist gerade deshalb die Sorge des Therapeuten um die physische Gesundheit des Suchtkranken der erste Schritt zur Herstellung eines persönlichen Kontakts.

Wie können wir nun die Diagnosestellung dazu einsetzen, die therapeutische Arbeit sinnvoller zu gestalten? Wenn ich etwas später in diesem Kapitel über den Behandlungsinhalt und die Wahl der verschiedenen Behandlungskonzepte sprechen werde, wird die Bedeutung für die Erwägung gewisser diagnostischer Überlegungen noch klarer hervortreten. Ich möchte schon hier Beispiele dafür geben, wie unter diesen Voraussetzungen gearbeitet worden ist. Für die psychologische Beurteilung gilt zunächst einmal, daß „die Experimentiergruppen" im allgemeinen von den speziell für Suchtkranke entworfenen Behandlungsprogrammen ausgeschlossen werden können. Diese Gruppe ist in der Regel für Information empfänglich, dazu sind keine Therapeuten notwendig. Auch ist es wichtig, die Umwelt zu stützen, damit *nicht* ein Ausstoßungs- und Identifizierungsprozeß in negativer Richtung in Gang kommt. Wenn es sich um einen Klienten mit neurotischer Problematik und aktuellen Familienproblemen handelt oder um einen Fall, der auf die sozialen Verhältnisse reagiert, kommt es darauf an zu erkennen, in welcher Phase sich der Suchtkranke in seiner Drogenkarriere befindet. Ist der Klient nicht als Drogenabhängiger identifiziert, läßt sich das Problem sicher im Rahmen der jugendpsychiatrischen oder allgemeinpsychiatrischen Beratung und Therapie behandeln. Wenn aber die Identifizierung als Drogenabhängiger bereits weiter fortgeschritten ist, wird unter Umständen eine Behandlung in einem anderen Ort und eventuell eine Institutionsbehandlung zusammen mit anderen Drogensüchtigen notwendig. Denkbar wäre auch ein kürzerer Klinikaufenthalt zwecks Entgiftung und Beurteilung, um dann später auf nicht spezialisierte Behandlungsformen überzugehen.

Andere Maßnahmen werden wichtig, wenn eine frühe Charakterstörung vorliegt, der Klient bereits seit langem harte Drogen injiziert hat und darüber hinaus als Drogenabhängiger identifiziert ist. In einem solchen Fall sieht eine realistische Planung eine stationäre Behandlung vor, die aufgrund der engen Verbindung zu der örtlichen Drogenszene unter Umständen nicht im Heimatort durchgeführt werden kann.

Ein Klient, der sich tief in einem Ausstoßungsprozeß befindet, gerät in ein asoziales Milieu und übernimmt asoziale Wertmaßstäbe. Wenn man ein Behandlungskonzept entwirft, darf man diesen Tatbestand nicht außer acht lassen. Ein intensiver Einfluß auf ein Milieu, in dem bekannt ist, wie man eine abweichende Karriere aufhält, kann erforderlich werden. Parallel zu der therapeutischen Arbeit muß die soziale Kompetenz aufgebaut werden oder besser gesagt: Sie muß ein Bestandteil der therapeutischen Arbeit sein. Andererseits darf ein Therapeut, der die Bedeutung einer vermehrten sozialen Kompetenz einsieht, sich nicht zu dem Glauben verleiten lassen, daß schon die Wohnungsbeschaffung allein, das Anmelden für einen Ausbildungskurs des Arbeitsamtes (oder für eine andere Ausbildung) eine realistische Chance für einen Drogensüchtigen mit schlechter informeller sozialer Kompetenz und tief verwurzelter Identifikation als Drogenabhängiger birgt. Anna Thelander hat dieses Problem wie folgt umschrieben:

„Eine geordnete soziale Situation an sich ist für den harten Fixer im allgemeinen kein ausreichendes Arrangement. Sie ist allerdings *eine Voraussetzung* für die Rehabilitation."

Als Therapeut steht man immer wieder vor der Aufgabe, die häufig miserablen sozialen Kompetenzen des Klienten definieren zu müssen. Dabei erscheint es als absolut notwendig, bereits während des Aufenthaltes in einer Institution oder während einer anderen Behandlung das Trainingsmoment in Form von geordneter Arbeit einzuplanen. Beim Verlassen der Institution wird ebenfalls eine auf lange Sicht vorgesehene Unterstützung wichtig.

Es ist auch von großer Bedeutung, eine Antwort auf die Frage zu erhalten, ob der Klient als Drogensüchtiger identifiziert ist. Ist der Klient noch nicht als drogensüchtig identifiziert, sollte man es vermeiden, ihm zu einer solchen Identifikation zu „verhelfen". Generell gilt, daß solche Drogensüchtige nicht in homogenen Gruppen oder in homogenen Institutionen behandelt werden dürfen. Gleichzeitig kann das Ausmaß der Identifizierung als Drogenabhängiger ein Behandlungskonzept beeinflussen, wenn es um die Wahl zwischen offener oder geschlossener Therapie geht, ob die Behandlung am Heimatort oder an einem anderen Ort durchgeführt werden kann, usw. Der Versuch, die Suchtphase des Klienten (nach Alksne) zu definieren, enthält möglicherweise auch einen Hinweis für die Intensität und Langfristigkeit des Behandlungskonzepts. Eine derartige Beurteilung kann auch für das Personal der Akutstation von großem Nutzen sein. Es ist wichtig zu wissen, warum der Drogenabhängige Hilfe zur Entgiftung sucht. Ein Überblick über die Familienverhältnisse ermöglicht natürlich auch eine Beurteilung, ob die Familie des Klienten einen für Behandlungszwecke brauchbaren Faktor darstellt.

Die anfänglichen Schwierigkeiten der Behandlung

Zu einem Erstkontakt mit Drogensüchtigen kann es in einer Entzugsstation im Krankenhaus, in einer Drogenberatungsstelle, in einem Sozialamt oder draußen in der Szene kommen. In diesem Kapitel möchte ich einige der spezifischen Probleme behandeln, auf die ein Therapeut bei den hier genannten initialen Kontakten stößt. Ein Therapeut, der den Klienten zum ersten Mal in einer Heilstätte oder in einer Wohngemeinschaft im späteren Rehabilitationsgeschehen kennenlernt, trifft hinsichtlich des Entzugsbedürfnisses, hinsichtlich der Labilität des Süchtigen etc. auf eine ganz andere Situation. Dennoch ähneln sich einige der auftretenden Schwierigkeiten für diese zwei Gruppen von Therapeuten. Handelt es sich doch in beiden Fällen um den Erstkontakt zwischen Therapeut und Suchtkrankem.

Mir sind nur wenige Aufgaben im Bereich der Suchtbekämpfung bekannt, die ebenso frustrierend sein können, wie eine längere Tätigkeit auf einer Akutstation für Suchtkranke. Oft ist man enttäuscht, und manchmal fühlt man sich regelrecht von dem Drogensüchtigen ausgenützt. Vor allem hat man häufig das Gefühl der Unzulänglichkeit. Es kommt nicht selten vor, daß Pfleger auf diesem Sektor über Erschöpfung klagen. Sie leiden darunter, daß sie der Anziehungskraft der Drogenkultur auf den Suchtkranken nichts Wirksames entgegenstellen können. Im Abschnitt „Die Arbeit in der Rauschgiftsüchtigenfürsorge" werde ich mehr auf die Probleme der Therapeuten in solchen und anderen Situationen eingehen.

Eine Möglichkeit, besser für die Behandlungssituationen gewappnet zu sein, besteht in der Formulierung einiger diagnostischer Kategorien, so wie wir es im vorausgegangenen Kapitel getan haben. Eine andere Möglichkeit, die Behandlungssituation in den Griff zu bekommen, liegt in dem Versuch, die Erwartungen des Klienten und seine in dieser Situation erlebten Bedürfnisse zu verstehen. Ich werde hier einige Behandlungsschwierigkeiten nennen und dabei von meiner persönlichen Auffassung zu den Erwartungen und Bedürfnissen des Klienten ausgehen. Zunächst möchte ich darauf hinweisen, daß ich von allen Behandlungsstellen im akuten Stadium die klinische Entzugsabteilung aus eigener Erfahrung am besten kenne. Bei anderen Behandlungseinrichtungen dürfte das Problem jedoch nicht viel anders aussehen.

Unterschiede zwischen den Opiatabhängigen und den Konsumenten von Zentralstimulantien

Die Unterschiede zwischen Opiat- und Zentralstimulantienabhängigen werden in zwei anderen Kapiteln behandelt. Einerseits habe ich auf Seite 66 die Forscher Wieder und Kaplan erwähnt, deren Studie einer Differenzierung hinsichtlich der psychodynamischen Bedeutung der Droge gilt, andererseits werden im medizinischen Kapitel die unterschiedlichen Drogeneffekte beschrieben.

Teilweise Unterschiede in der Wirkungsweise, die möglicherweise auch psychodynamische Unterschiede sind, können dazu beitragen, daß im Zusammenhang mit dem Entzug und anderen akuten Maßnahmen für Opiat- und Zentralstimulantienabhängige ein unterschiedliches Bild entsteht. Worin sich diese zwei Gruppen vor allem unterscheiden, ist deren Art und Weise, die Droge anzuwenden. Bei dem Versuch, mit dem Abusus aufzuhören, treten bei Opiatmißbrauch physische Abstinenzbeschwerden auf. Ein Abbruch der Opiateinnahme wird häufig als schwieriger angesehen. Opiatsüchtige finden sich nicht selten eher mit ihrer Situation ab. Der Unterschied zwischen dem Abbruch der beiden genannten Mißbrauchsformen läßt sich wie folgt beschreiben: Der Konsum zentralstimulierender Mittel geschieht gewöhnlich periodisch. Der Körper reagiert auf Zentralstimulantien letztlich mit physischer Ermüdung. Der Drogenkonsument schläft nicht oder nur wenig, er ißt und trinkt kaum. Allmählich – nach ein paar Tagen bis hin zu zwei Wochen – tritt eine physische Erschöpfung ein. Eine Unterbrechung der Drogenzufuhr ist dann die Folge. Der Abhängige nimmt dann Nahrung zu sich und schläft, um daraufhin den Mißbrauch wieder fortzusetzen. (Einige – vor allem ältere Zentralstimulantienabhängige – können jedoch die zentral stimulierenden Mittel derart dosieren, daß deren Zufuhr relativ kontinuierlich erfolgt.) Hingegen konsumiert ein eingefahrener Opiatabhängiger die Droge ständig – vorausgesetzt er hat Zugang zu ihr. Keine Reaktion des Körpers veranlaßt diesen Süchtigen dazu, wegen der Drogenwirkung den Mißbrauch abzubrechen. Auf diese Weise ist die chemische Abwehr des Opiatkonsumenten konstant. Die Abschirmung sowohl nach innen gegen die eigenen schmerzvollen Gefühle als auch nach außen gegenüber der Realität ist vollständiger. Im Gegensatz dazu muß der Konsument von zentral wirkenden Mitteln hin und wieder sich selbst und seine Umwelt im drogenfreien Zustand erleben.

Aus dem Gesagten geht hervor, daß der Opiatabhängige in Verbindung mit einem Entzug in eine ausgeprägtere Krisensituation gerät als ein Zentralstimulantiensüchtiger. Infolge des ständigen Mißbrauchs verfügt der Opiatsüchtige mehr als der Zentralstimulantienabhängige über eine vollständiger funktionierende Abwehr in seinem Mißbrauch und über eine vollständigere Abschirmung gegenüber der Realität. Wenn wir darüber hinaus den Forschern Wieder und Kaplan Glauben schenken wollen, so sind die Opiatabhängigen auf einer früheren Stufe fixiert, als es im allgemeinen die Konsumenten von Zentralstimulantien sind.

Unabhängig davon, ob dies zutrifft oder nicht, können wir feststellen, daß Opiatsüchtige im Vergleich zu Zentralstimulantienabhängigen gewöhnlich ein mehr infantil anhängliches Verhalten zeigen und überhaupt eine viel tiefergreifende Regression aufweisen. Die bestehenden Unterschiede werden darüber hinaus noch dadurch vergrößert, daß bei dem Opiatsüchtigen gewisse Abstinenzbeschwerden auftreten, die, auch wenn sie nur mäßig sind, aufgrund der schlechten Differenzierung an Angst gekoppelt werden und diese dann noch verstärken.

Physischer Schmerz und Angst sind verwandte Empfindungen, die sich gleichzeitig verstärken. Je mehr eine Person regrediert ist, um so schwerer fällt es ihr, zwischen Angst und physischem Schmerz zu unterscheiden.

Das Herstellen eines Kontakts

Die Begegnung mit den drei verschiedenen personellen Entwicklungsniveaus eines Süchtigen

Im Hinblick auf die Persönlichkeitsentwicklung befinden sich verschiedene Bereiche der Psyche eines typischen Konsumenten harter Drogen auf unterschiedlichen Stufen. Hinsichtlich der sogenannten *autonomen Ich-Funktionen,* wie Denkfähigkeit, Perzeption, Realitätsauffassung, Erinnerung etc. befindet sich der Abhängige im großen und ganzen auf altersadäquatem Niveau, d. h., er ist Jugendlicher oder Erwachsener. Wir haben aber auch festgestellt, daß charaktergestörte Menschen in ihrer *psychosexuellen Entwicklung* auf einer oralen Stufe fixiert sind, d. h. auf das erste bis zweite Lebensjahr. Außerdem haben wir gesagt, daß aufgrund dieser oralen Fixierung die *nicht autonomen Ich-Funktionen* des Drogensüchtigen unzureichend entwickelt sind. Hinsichtlich der Frustrationstoleranz, Angsttoleranz, Impulskontrolle u.a.m. befindet er sich auf einer höheren Stufe als hinsichtlich der psychosexuellen Entwicklung, aber gleichzeitig auf einer tieferen Stufe im Hinblick auf seine autonomen Ich-Funktionen. Eine Regression der Person kann durch die in Verbindung mit der Entzugssituation auftretenden Belastungen hinzukommen. Für den Drogenabhängigen kann es von Bedeutung sein, daß gewisse orale Bedürfnisse zufriedengestellt werden. Hierzu gehören beispielsweise sein Verlangen nach Betreuung und der Wunsch, liebevoll umsorgt zu werden, Nahrung zu erhalten und die Möglichkeit, Schlaf zu finden, etc. Gleichzeitig ist es aber auch für ihn entscheidend zu wissen, daß das Betreuungspersonal dem persönlichen Einsatz feste Grenzen setzt.

An eine der Grundverhaltensregeln im Umgang mit diesen Klienten soll bereits an dieser Stelle erinnert werden:

Versprechen Sie nie mehr, als Sie auch halten können!

Dieser Grundsatz mag als selbstverständlich erscheinen. Aber in der Praxis kommt es häufig vor, daß gegen diese Regel verstoßen wird. Was ich damit meine, ist, daß man einem Klienten heute weder durch Worte noch durch Taten mehr Kontakt, Nähe, Rücksicht, Vertraulichkeit, Zuneigung etc. versprechen darf, als man morgen zu geben in der Lage ist. Diese Klienten haben nicht nur ein sehr großes Bedürfnis betreut zu werden, sondern reagieren außerdem außerordentlich empfindsam auf Falschheit und Zurückweisung. Wenn man anfänglich mehr gegeben hat, als man im weiteren Verlauf verkraften kann, kommt es früher oder später unvermeidlich zu einem zurückweisenden Verhalten.

Gerade wegen des ich-schwachen Charakters des Suchtkranken sollte berücksichtigt werden, daß der Klient eine stabile Umwelt benötigt, in der nach Art der Erwachsenen Grenzen gesetzt werden. Abschließend gilt für den Therapeuten, daß er versuchen sollte, an die mehr erwachsenen Wesenszüge des Drogenabhängigen anzuknüpfen und die weiteren Behandlungsschritte zu planen.

Der Drogenabhängige im „fremden Land"

Der Erstkontakt eines Suchtkranken mit einem Therapeuten oder mit einer Institution läßt sich gut mit einem Menschen vergleichen, der in ein fremdes Land reist, um herauszufinden, ob er emigrieren und sich in diesem fremden Land niederlassen soll. Der Reisende stellt den Bewohnern des fremden Landes eine Reihe von Fragen. Oft sind es Fragen, die nicht offen formuliert werden, sondern wie unsichtbare Fühler vorhanden sind. Einige solcher Fragen könnten sein:

- Besteht für mich die Aussicht, einen Ersatz für meine jetzige Liebesverbindung (zur Droge) zu finden?

- Wird mir geholfen werden, meine Angst zu bewältigen, die darin besteht, nicht zu existieren?

- Gibt es für mich eine neue Rolle in der neuen Gemeinschaft?

- Werde ich Arbeit und eine Bleibe finden?

- Wird man mir helfen, meine Schuldgefühle abzubauen, die mich in dem Augenblick noch stärker belasten werden, wenn es für mich „gut zu laufen" beginnt?

- Kann mir jemand nahestehen, ohne sich von mir manipulieren oder verschlingen zu lassen?

- Wie steht es mit den anderen (den Therapeuten)? Haben sie ihrerseits Vertrauen und auch eigene Hoffnungen? Kann ich deren Hoffnung teilen?

Identitätsproblematik – Entgiftung als Lebenskrise

Eines der wichtigsten Momente für die Langzeitbehandlung ist das Verständnis der Identitätsproblematik eines Suchtkranken und deren richtige Handhabung. Doch schon in der initialen Behandlungsphase und nicht zuletzt in Verbindung mit dem Entzug wird die Identitätsproblematik aktuell. Dies trifft jedoch nicht für Drogenabhängige zu, die das Sozialamt aufsuchen, nur um ihre finanziellen Verhältnisse aufzubessern, auch nicht für solche, die sich in einer Entzugsstation lediglich mit der Absicht aufhalten, die Dosis herabzusetzen und sich auszuruhen.

Früher oder später taucht hingegen für denjenigen die Frage nach seiner Zugehörigkeit mit all ihrer Intensität auf, der aus eigener Kraft oder durch die motivierende Arbeit des Personals den Versuch unternimmt, mit dem Mißbrauch aufzuhören. Für den Drogensüchtigen gilt es, seine Identität zu wechseln. Oft geht es in erster Linie darum, eine Gruppenidentität als Dro-

113

genabhängiger aufzugeben, um eine neue Gruppenidentität anzunehmen, die in einer Therapiegruppe oder in Vergleichbarem verankert ist. Trotz der Aussicht, eine „Übergangsidentität" durchlaufen zu können, erlebt der Klient die Entzugsperiode und die Zeit unmittelbar danach unter Umständen als äußerst aufreibend.

Viele Suchtkranke geraten in eine ausgesprochene Lebenskrise. Dieser Umstand stellt große Anforderungen an die Umwelt, damit diese Situation nicht nur zu einem Rückfall oder – was manchmal eintritt – zu einem Suizidversuch führt.

Auch in anderer Form können Akutstationen mit der Identitätsproblematik in Berührung kommen. Beispielsweise wenn der Drogensüchtige im späteren Rehabilitationsverlauf rückfällig wird oder aufgrund seiner Schwierigkeiten, den sog. Marginalkonflikt zu lösen (siehe S. 75), Hilfe benötigt.

Eine Auswirkung der Identitätskrise ist u.a. eine auffallende Ambivalenz. Eine solche Ambivalenz besteht häufig von Anfang an und noch lange während des Rehabilitationsgeschehens. Der Therapeut hat dann die Aufgabe, dem Süchtigen diese Ambivalenz bewußt zu machen und ihn in dem Bemühen zu stützen, früher oder später, den angestrebten Lebensstil zu wählen.

Entzug und Akutbehandlung in den verschiedenen Stadien der Drogenkarriere

Die oben beschriebenen therapeutischen Probleme haben für die meisten initialen oder akuten Behandlungsmomente Gültigkeit. Vieles spricht jedoch dafür, daß das Behandlungsproblem dennoch ganz anders in Erscheinung treten kann, je nach dem augenblicklichen Suchtstadium, in dem der Suchtkranke sich um Entzug bemüht. Die Motivationsstärke kann variieren (und damit die Notwendigkeit einer Motivationsarbeit). Das Suizidrisiko und die Art der geeigneten weiterführenden Therapie können ebenfalls in den verschiedenen Phasen unterschiedlich erscheinen.

Wenn ich hier nun erneut einen an ein Schema geknüpften Gedankengang einführe, möchte ich daran erinnern, daß es sich um Vorschläge für gewisse Anhaltspunkte handelt. Solche dürfen aber niemals die persönliche Beurteilung eines Therapeuten ersetzen, die auf Kenntnissen, Erfahrungen und Empathie aufgebaut ist.

Hintergründe für ein freiwilliges Bemühen um Entgiftung sind im allgemeinen das Entzugsbedürfnis oder durch die Drogenabhängigkeit entstandene Komplikationen. Die medizinischen Aspekte hierzu werden auf Seite 173 beschrieben. An dieser Stelle sollen einige sozialpsychologische Gesichtspunkte für die Akutbehandlung während der unterschiedlichen Phasen genannt werden.

Je nach dem Stadium des Suchtgeschehens veranlassen verschiedene Beweggründe den Drogenabhängigen dazu, eine Entgiftungsstation aufzusuchen. (Ich möchte auf das Kapitel über den Verlauf des Drogenkonsums verweisen, in dem das Lebenszyklusmodell eines Süchtigen beschrieben und in der Tab. 7 auf Seite 71 dargestellt wird.)

Alksne und seine Mitarbeiter haben darauf hingewiesen, daß gerade der Entzug häufig eine völlig andere Bedeutung in den jeweils verschiedenen Phasen der Drogenkarriere hat. Unter teilweiser Übernahme der Theorie von Alksne kann man meiner Auffassung nach fünf verschiedene Phasen im Hinblick auf die Bedeutung eines Aufenthaltes in einer Entgiftungseinrichtung unterscheiden:

1. Entzug während der Phase 1 (Probierphase).
2. Entzug während der 1. Übergangsphase.
3. Entzug während der Phase 2.
4. Entzug während der 2. Übergangsphase.
5. Entzug während der Phase 3.

Natürlich können wir den Klienten nicht diagnostizieren und daraufhin mit Bestimmtheit sagen, daß für ihn die im folgenden beschriebene Psychodynamik gilt. Dieses Schema kann uns jedoch gewisse Anregungen geben.

Entzug in der Phase 1: Der Suchtgefährdete bemüht sich um Hilfe bei einem Entzug oder bei beängstigenden Komplikationen, die im Zusammenhang mit seinem beginnenden, aber zunehmenden Mißbrauch auftreten. Der Drogenkonsument ist zu diesem Zeitpunkt noch weit von einer identifizierten Drogenabhängigkeit entfernt. Häufig ist es ein echtes Hilfebedürfnis, das ihn den Weg zu der Entzugsabteilung einschlagen läßt. Er hat Angst und will dem Drogenkonsum ein Ende bereiten. Solche Umstände bergen für den Behandelnden gute Möglichkeiten, dem Suchtgefährdeten zu helfen. Gleichzeitig treffen wir hier häufig auf einen Menschen, der noch nicht so viele negative Seiten des Süchtigendaseins erlebt hat. Während dieses Stadiums besteht vermutlich die wichtigste Aufgabe des Behandelnden darin, eine Aufnahme des mutmaßlich Drogenabhängigen in eine Spezialeinheit für Suchtkranke zu verhindern. Man erweist dem Klienten einen schlechten Dienst, wenn man ihn als Suchtkranken behandelt – ihm quasi dazu verhilft, eine beginnende Drogenidentität aufzubauen. Falls ein solcher Drogenkonsument klinischer Betreuung bedarf, sollte diese z. B. eher in einer allgemeinpsychiatrischen Klinik als in einer Drogenklinik erfolgen. Der Drogenkonsument benötigt in diesem Stadium u. U. Information. Er oder sie sollte solchen Behandlungsmöglichkeiten „wieder zugeführt" werden, die im allgemeinen bereits eingeschaltet sind.

Für die 1. Übergangsphase gilt in vielem das gleiche. In ihr hat der Drogenabhängige seine „Toleranz für die mutmaßliche Drogensucht" erweitert (siehe Tab. 7, Seite 75) und nähert sich einer Fixeridentität. Doch auch solche Suchtkranke sollten nicht in eine Spezialklinik eingewiesen werden. Wird dies aber unvermeidlich, so sollte man sie so wenig wie nur möglich wie „eingefleischte" Drogenabhängige behandeln. Die fortlaufende Behandlung sollte auf jeden Fall innerhalb des Bereichs der Allgemeinpsychiatrie, der Sozialfürsorge oder der Jugendpsychiatrie erfolgen, je nach Alter des Klienten und der zugrunde liegenden Problematik. Die Verhaltensweise des Betreuungspersonals sollte eine Dramatisierung der Entzugssymptome oder anderer Kennzeichen, die auf die Zugehörigkeit zu einer Drogenkultur hindeuten, vermeiden.

Für diese beiden Gruppen ist der Entzug Ausdruck für den Versuch auszusteigen, Hilfestellung zu erhalten. Die gleichzeitig auftretende Ambivalenz des Drogenabhängigen, die sich in seinem betont mangelnden Interesse an einer Veränderung seiner bisherigen Situation manifestiert, vermittelt der behandelnden Person nicht selten einen widerspruchsvollen und verwirrenden Eindruck.

In der *Phase 2* begegnen wir einem bereits identifizierten und in der Subkultur fest verwurzelten Drogenabhängigen. Häufig bemühen sich diese Klienten um einen Entzug mit der Absicht, den Mißbrauch *aufrechtzuerhalten,* anstatt ihn beenden zu wollen. Für einen Opiatabhängigen wird es hin und wieder aus finanziellen Gründen notwendig, die Dosis herabzusetzen. Ein Cannabis-Konsument wiederum benötigt manchmal Ruhe und geregelte Nahrung. Auch gesetzlich und sozial bedingte „Störungen" im Fixerdasein können solche Drogensüchtige zu einem Aufenthalt in einer Entzugsstation bewegen. Auch psychische Komplikationen in Verbindung mit dem Cannabis-Abusus können hinter dem Behandlungsbedürfnis liegen. Bei dieser Gruppe müssen wir oft mehrere Aufenthalte auf einer Akutstation in Kauf nehmen, bevor es uns gelingt, sie für ein langfristigeres Therapieprogramm zu motivieren. Wenn die Motivationsbemühungen erfolgreich waren und diese Klienten für mehr als einen „abhängigkeitserhaltenden Entzug" gewonnen werden konnten, muß man bereit sein, dem Klienten in der akuten Krise zu begegnen, in die er gerade dann oft gerät. Der Therapeut trifft unter anderem gerade in diesem Augenblick auf das bereits beschriebene Behandlungsproblem in seiner ganzen Intensität.

In der zweiten Übergangsphase hat der Süchtige damit „begonnen aufzuhören". Vermutlich läßt sich der Fixer in diesem Stadium am leichtesten für ein langfristiges Behandlungsprogramm gewinnen. Er ist motiviert, seine Situation zu verändern, aber er fühlt sich hilflos und benötigt sehr stark eine Unterstützung. Hier gilt es natürlich, die positiven Momente der Situation zu nutzen. Allerdings sollte der Behandelnde die Schwierigkeiten nicht unterschätzen. Es geht nicht nur allein darum aufzuhören, sondern der gesamte Lebensstil und die Identität müssen verändert werden. Für diese Fixer wird nicht selten eine langfristige institutionelle Rehabilitation notwendig. Vermutlich geschehen in dieser Phase viele Selbstmorde. Der Drogenabhängige hat das Leben als Fixer satt und unternimmt mehrere Versuche auszusteigen, aber ohne Erfolg. Getrieben von dem Gefühl, weder das Leben als Fixer noch das Leben als Drogenfreier bewältigen zu können, gibt er schließlich auf.

In der letzten Phase, der Phase 3, haben wir es mit Suchtkranken zu tun, die auf dem besten Wege sind aufzuhören, aber noch Rückfälle oder andere Probleme haben. Was über das Suizidrisiko bereits gesagt wurde, gilt auch für diese Gruppe. Für den Drogensüchtigen, der dabei ist aufzuhören, tritt in dieser Phase das „Marginalsymptom" (siehe S. 75) verstärkt auf. Die Probleme hinsichtlich seiner sozialen Inkompetenzen treiben ihn zurück in die Drogenszene. Der Suchtkranke reagiert hier oft mit Verzweiflung und Mutlosigkeit. Bei einem Rückfall treten häufig starke Schuldgefühle ein, die sich nicht zuletzt gegen den Behandelnden richten, der dem Drogensüchtigen während einer langen Zeit Vertrauen geschenkt und ihn hilfreich unterstützt hat. Es gibt auch manchmal Fälle, bei denen die Selbstzerstörung des Drogensüchtigen so groß ist, daß ein Gelingen von vorneherein zum Scheitern verurteilt ist.

Die Rolle der Entzugseinrichtung im Rahmen der Therapiekette

Aus dem vorher Gesagten sollte klar und deutlich hervorgegangen sein, daß die Entzugseinrichtung – ungeachtet dessen, ob es sich um eine Sprechstunde oder eine Tag und Nacht arbeitende Institution handelt – gut in das langzeitige Rehabilitationsprogramm integriert sein muß. Eine Entgiftungsstation darf z.B. niemals eine rein mechanisch arbeitende Dienstleistungseinrichtung sein. Die Mitarbeiter sollen die Klienten motivieren und dafür sorgen, daß die Institution zu einem lebenswichtigen Treffpunkt für Therapeut und Klient wird. Die für das Langzeitbehandlungsprogramm verantwortlichen Therapeuten sollten täglich in der Entzugseinrichtung anwesend sein, um den Klienten in einem frühen Stadium „auffangen" zu können. Ideal ist es, wenn diese Entzugseinheiten eng mit den Langzeitbehandlungsinstitutionen verbunden sind. Die motivierende Kraft, die von dem Sog einer Institution mit Klienten in den unterschiedlichen Rehabilitationsphasen ausgeht, darf nicht unterschätzt werden. Bei einem Studienbesuch in New York galt mein besonderes Interesse der Anwerbungs- und Motivationsarbeit, die von den therapeutischen Wohngemeinschaften ausging. Diese war von imponierender Kraft und Effektivität, wenn sie von

Klienten ausgeführt wurde, die bereits weit im Therapieprogramm vorange-
schritten waren. Das Behandlungsbedürfnis muß stets mit dem Bedürfnis
nach dem Zugang zu gewissen medizinischen Mitteln während des Ent-
zugsgeschehens abgewogen werden. Es dürfte sicherlich nicht unmöglich
sein, diese beiden Bedürfnisse gleichzeitig zufriedenstellen zu können.

Der Inhalt der Langzeitbehandlung

Bisher haben wir die Diagnose, die Identifizierung des Behandlungspro-
blems und die Planung und Gestaltung der Akutbehandlung während der
unterschiedlichen Stadien der Abhängigkeitsentwicklung beschrieben. Im
Folgenden soll die Langzeitbehandlung in den Institutionen und in der offenen Therapie diskutiert werden. Am besten geht man so vor, zunächst einmal den Behandlungsinhalt zu definieren. Da – ungeachtet der Therapieform – eine ähnliche Zielsetzung vorliegt, ist der Prozeß, den das
Individuum zu durchlaufen hat, für die unterschiedlichen Behandlungsformen der gleiche. Daher müßte es auch möglich sein, ein für alle Behandlungsformen gemeinsames Therapiekonzept *schematisch* beschreiben zu
können.

Am einfachsten ist es, die Entwicklung während der Behandlung in einer
Zwei-Personen-Beziehung, d.h. in der Individualtherapie zu untersuchen.
Die Autoren Reiner und Kaufmann haben ein Behandlungsmodell für charaktergestörte Klienten mit der Individualtherapie formuliert. Hier treten die
zentralen Momente eines psychologischen Einflusses auf. Das Modell ist
jedoch nicht im Hinblick auf die spezielle Situation des Drogenkonsumenten entworfen. Für den Drogensüchtigen kann man einen zweifachen Bedarf annehmen:

*Auf der einen Seite muß er einen psychologischen Prozeß durchlaufen, der
die frühere intrapsychische Fehlentwicklung kompensiert. Auf der anderen
Seite muß er einen sozialen Prozeß nachvollziehen, der das Defizit an sozialen Kompetenzen aufholt, das durch seine Verwicklung mit dem Ausstø-
ßungsprozeß entstanden ist.*

Ich habe den vier Stufen, von denen Reiner und Kaufmann ausgehen (das
Herbeiführen einer Beziehung, die Ich-Entwicklung, die Identitätsentwicklung und die Einsichtsbearbeitung), eine weitere, nämlich die der Entwicklung sozialer Kompetenzen, hinzugefügt. Dieser wichtige Teil darf nicht als
eine Art Kurs verstanden werden, den der Klient am Ende der Behandlung
zu absolvieren hat, sondern muß ein integrierter Bestandteil des Behand-
lungsprozesses sein.

Wir erhalten folgende vier Phasen:

1. Das Herstellen einer Beziehung
2. Die Ich-Entwicklung ⎫
3. Die Identitätsentwicklung ⎬ + die Entwicklung der sozialen Kompetenz
4. Die Einsichtsbearbeitung ⎭

Die Entwicklung der sozialen Kompetenz erstreckt sich infolgedessen über drei Phasen. Gerade bei den Individualtherapien dürfte die Reihenfolge dem hier dargestellten Ablauf entsprechen. Bei der institutionellen Therapie entwickeln sich wahrscheinlich gewisse Phasen zumindest periodisch parallel.

Das Herstellen einer Beziehung: Es muß viel Verständnis aufgebracht werden, damit diese erste Phase zufriedenstellend durchgeführt werden kann. Verständnis einerseits für die gewaltige Angst, die beim Verlassen des Drogenmißbrauchs ausgelöst wird, Verständnis andererseits für die ambivalente Haltung des Individuums gegenüber der Herstellung dauerhafter Beziehungen. Hier gilt es vor allem nicht aufzugeben, sondern auszuhalten und beharrlich zu sein. Der Therapeut muß sich als wirkliches Objekt zur Verfügung stellen. Ein Teil der Zielsetzung besteht darin, eine Identifikation zustande zu bringen. Mit einer Bewältigung der bereits beschriebenen „Entzugskrise" ist in dieser Phase zu rechnen.

Ich-Entwicklung: Der Klient kann, indem er den im späteren Teil der Phase 1 beginnenden Identifikationsprozeß für sich in Anspruch nimmt, allmählich Ich-Funktionen des Therapeuten übernehmen. Mit anderen Worten, er kann, mit dem Therapeuten als Vorbild, eigene fehlende Ich-Funktionen aufbauen. Diese Mechanismen können sich auch in einer Institution entwickeln, in der eine starke Beziehungsintensität vorhanden ist, die ihrerseits mit einer Form von Konfrontation mit den Verhaltensweisen kombiniert ist.

Identitätsentwicklung: Während der Phasen 1 und 2 wird die Grundlage zu einer Identitätsentwicklung gelegt. Die Gestaltung der persönlichen Identität erfolgt in diesem Stadium durch Separation und Abgrenzung, d.h., der Therapeut arbeitet daran, sich von dem Klienten loszulösen, wieder ein eigenständiges Objekt zu werden. In dieser Phase wird vor allem bei der Individualtherapie häufig Enttäuschung und Aggressivität im Klienten hervorgerufen.

Hier stößt der Therapeut auch auf das Problem des Marginalsymptoms, das sich während des späteren Verlaufs der Behandlung geltend macht. Nicht selten tritt eine besondere Identitätsproblematik gerade in dem Moment auf, wenn der Klient die Institution verlassen soll, um draußen in der Gesellschaft zu leben. In diesem Augenblick gilt es, eine mehr gruppenorientierte Identität mit einer mehr persönlichen zu tauschen.

119

Einsichtsbearbeitung: Weil die Separation gelungen ist, hat sich eine reifere Beziehung zwischen Therapeut und Klient (zwischen Institution und Klient) entwickelt. Man kann sagen, daß diese Beziehung jetzt mehr von dem Ödipus-Komplex bestimmt wird (siehe S. 233). Hier kann eine gewisse Einsichtsbearbeitung stattfinden, die manchmal in eine regelrechte analytische Einsichtstherapie übergehen kann, vorausgesetzt, daß dafür ein geschulter Therapeut zur Verfügung steht.

Am Ende dieser Phase wird die endgültige Trennung zwischen Therapeut und Klient in Angriff genommen.

Entwicklung der sozialen Kompetenzen: In der Einzeltherapie kann diese teils als Ergebnis der Ich-Entwicklung betrachtet werden. Der Therapeut stützt dabei die eigenen sozialen Initiativen seines Klienten. Innerhalb einer Institution sollte diese Arbeit parallel erfolgen, unter anderem dadurch, daß der Klient in die sozialen Funktionen der Institution miteinbezogen wird.

Behandlung – Wiedereingliederung in die Gesellschaft

Die oben beschriebene Behandlungsgestaltung beabsichtigt, eine Grundlage herzustellen, die sowohl enge Beziehungen zu anderen Menschen als auch eine Wiedereingliederung in die Gesellschaft ermöglicht. Man sollte aber nicht vergessen, daß es Drogenabhängige gibt, die sich so weit von der etablierten Gesellschaft entfernt haben, daß nicht einmal mehr eine erfolgreiche, sowohl die Festigung der Ich-Funktionen als auch die Steigerung der sozialen Kompetenzen umfassende Therapie ausreicht. Während der ganzen Behandlungszeit müssen der Therapeut und der Klient auf die *Wiedereingliederung* des Klienten *in die Gesellschaft* hinarbeiten. Der wichtigste Moment ist die berufliche Rehabilitation. Damit diese Erfolg haben kann, wird oft eine organisierte Zusammenarbeit mit der beruflichen Rehabilitation, der Arbeitsvermittlung, mit den Gewerkschaften und den Arbeitsplätzen angestrebt.

Bei allen Behandlungsorganisationen – ungeachtet dessen, wie gut sie arbeiten – gibt es Komponenten, die einen *negativen Einfluß* auf die Klienten ausüben. Die wichtigste negative Komponente ist eine *Tendenz,* zu einer verstärkten sozialen Isolierung beizutragen. Die eindeutige Einstellung auf die soziale Rehabilitation ist wichtig, um dieser latenten Tendenz entgegenzuwirken.

Behandlungsformen im Bereich der Langzeitbehandlung

Die Behandlungsformen werden in Tag-und-Nacht-Behandlung und in externe offene Therapie eingeteilt. Zu den Tag-und-Nacht-Alternativen rechnet man verschiedene Institutionsarten, das Kollektiv und die Familienfürsorge. Zu den Behandlungsformen im Bereich der offenen Therapie habe ich die Individualtherapie, die Gruppentherapie und die Familienbehandlung gerechnet. Die sogenannte „Therapie zu Hause", die an und für sich eine Tag-und-Nacht-Therapie ist oder ihr am nächsten kommt, kann auch zu den Behandlungsformen der offenen Therapie gezählt werden.

Institutionen

Die traditionellen Institutionen

An dem einen Ende des Spektrums haben wir Institutionen für eine Zwangsunterbringung (Zwangshospitalisierung), deren Hauptzielsetzung aus Strafe, Schutz der Gesellschaft und Verwahrung besteht. Beispiele für solche Einrichtungen sind Strafvollzugsanstalten, einige Spezialabteilungen für besondere Pflegefälle in den Nervenheilanstalten, ein Teil der Jugendfürsorgeschulen. Am anderen Ende dieses Spektrums haben wir die traditionellen Institutionen mit mehr Schwergewicht auf der Rehabilitation als Zielsetzung und mit einer humaneren Einstellung den Klienten gegenüber. Zu diesem Institutionstyp lassen sich viele der Abteilungen unserer großen psychiatrischen Kliniken rechnen sowie ein Teil der Jugendfürsorgeschulen und der Trinkerheilanstalten.

Die als erstes hier aufgeführte Variante der traditionellen Institutionen hat, wie bereits erwähnt, oft gar keine therapeutische Zielsetzung. Deshalb ist auch der Versuch einer Analyse dieses Einrichtungstyps, die von dem bereits früher formulierten angestrebten Behandlungsinhalt ausgeht, gar nicht angebracht. Es schadet jedoch nicht, sich erneut daran zu erinnern, daß diese Institutionen ohne Behandlungsziel arbeiten. Manchmal spricht man freilich von Strafvollzugs*pflege*, Trinker*fürsorge* usw.

Solche traditionellen Zwangseinrichtungen sind nicht für Klienten des Typs, den wir hier behandeln (auch kaum für die anderen), geeignet. Der Einfluß dieser Einrichtungen auf die Psyche des Klienten und seine soziale Situation ist derart, daß das Gefühl, eine Außenseiterstellung einzunehmen, noch wesentlich vertieft wird. Mit anderen Worten, solche Institutionen tragen zu einer Verlängerung des Verstoßungsprozesses bei und verstärken darüber hinaus die negative Identität des Klienten. Die sozialen Kompetenzen nehmen ab.

Die andere, modifizierte Form der traditionellen Institutionen wird durch folgende Punkte gekennzeichnet:

– Es besteht eine hierarchische Personalorganisation, die über den Klienten rangiert, die sich ihrerseits demzufolge stellungsmäßig auf der untersten Stufe befinden.

- Das Beschlußsystem ist streng bis mild autoritär geprägt. Die Institution hat einen ausgeprägten Totalitätscharakter, d. h. alle Aspekte des Alltags wie Arbeit, Freizeit, Schlaf usw. finden innerhalb der Institution statt.
- Die Personalgruppen und die Patientengruppen leben distanziert voneinander.
- Als Klient wird man anonym behandelt. Dies wird mitunter dadurch unterstrichen, daß keine eigene Kleidung getragen werden darf. Es müssen Regelungen befolgt werden, die von den Klienten nicht ernsthaft in Frage gestellt werden können.
- Die Zielsetzung der Organisation besteht aus der Verwahrung mit einem Ansatz von Rehabilitationsgeschehen.

Dieser traditionelle Institutionstyp, in dem nicht die ausgesprochen feindlichen und persönlichkeitszerstörenden Mechanismen eingebaut sind, vermittelt Patienten mit Störungen in ihrer Ich-Entwicklung manchmal das Gefühl des Geborgenseins. (Dies gilt vor allem für psychotische Klienten, aber auch solche mit späteren Ich-Störungen.) Gründe hierfür sind die hochstrukturierte Organisation und die kontrollierende Arbeitsweise der Institution, die sich Ich-stärkend auf den Klienten auswirken kann. Für psychotische Patienten oder für solche, die eine große Angst davor haben, unkontrolliert impulsiv zu handeln, *kann* ein solches System durchaus angemessen sein. Auf lange Sicht jedoch ist diese Art der Ich-Unterstützung destruktiv. Vereinfacht ausgedrückt bedeutet das, daß die Institution in diesem Fall *Ich-übernehmend* und nicht ' Ich-aufbauend arbeitet. Das betreuende Moment herrscht derart stark vor, daß die individuellen Ich-Ressourcen des Klienten schwinden, anstatt gestärkt zu werden. Dieses System bietet dem Klienten Gelegenheit zur Regression, ohne daß seine Entwicklung unterstützt wird. Nach einer Weile hat dann die Institution die Grundlage für den klassischen Institutionsschaden geschaffen: den Hospitalismus. Wir können außerdem feststellen, daß die Identitätsentwicklung in dem traditionellen Anstaltssystem wenig Unterstützung erhält. Die Distanz zwischen den Klienten und dem Personal verhindert sowohl Kontakte untereinander als auch Separations- und Identifikationstendenzen. Gerade darin sieht man zentrale Prozesse für die Unterstützung einer Identitätsentwicklung. Eine eventuelle Einsichtsbearbeitung sollte solche Relationen als gegeben voraussetzen, so daß ein therapeutischer Kontakt hergestellt werden kann. In den traditionellen Institutionen hängt eine Einsichtsbearbeitung davon ab, ob ein Berater zur Verfügung steht. Es besteht aber immer die Gefahr, daß die Institution dieser Arbeitsform entgegenarbeitet oder sie sogar völlig sabotiert. Was schließlich die sozialen Kompetenzen betrifft, so läßt sich unter Umständen deren formelle Seite entwickeln, vorausgesetzt daß Möglichkeiten für eine organisierte Ausbildung oder für angeleitete

Studien gegeben sind. Die informellen sozialen Kompetenzen werden in den traditionellen Institutionen jedoch eher verkümmern. Dies geschieht aufgrund des hohen Ausmaßes an Betreuung, die dem Klienten jegliche Gelegenheit nimmt, sich im Lösen von Alltagsproblemen zu üben.

Zusammenfassend läßt sich festhalten, daß die traditionellen Institutionen kein geeignetes Milieu für die institutionelle Langzeitbehandlung für irgend-einen Typ von Drogenabhängigen anbieten. Allerdings ist es durchaus denkbar, daß diese Institutionen für eine kürzere Zeit ein akzeptables, si-cheres Milieu für solche Drogenabhängigen sind, die vorübergehend akutpsychiatrische Hilfe brauchen oder wegen der drohenden Gefahr un-kontrollierter Impulshandlungen unter starken Angstgefühlen leiden. Jede Verlängerung eines solchen kurzen Aufenthaltes bedeutet aber für den Klienten, daß er sich beginnenden Institutionsschäden aussetzt.

Klientenbetreuende („service minded")[1] Behandlungseinrichtung

Stationen moderner psychiatrischer Kliniken sind Beispiele eines solchen Institutionstyps. (Ich meine hier allerdings nicht die milieutherapeutisch or-ganisierten Abteilungen.) Auf diesen Stationen wird auf den Fürsorgebe-darf Wert gelegt, ohne jedoch den Klienten völlig in allen Bereichen zu be-treuen. Man verfolgt das sog. LEON-Prinzip (das Prinzip des „geringsten effektiven Betreuungsniveaus"; Anm. d. Übers.: Schwedisch: *l*ägsta, *e*ffek-tiva *o*mhändertagande*n*ivå). Die Behandlung besteht aus Pharmakothera-pie, anderen somatischen Behandlungsmethoden, vor allem Elektrothera-pie, und Psychotherapie. In manchen Fällen sind Möglichkeiten zur Arbeitstherapie gegeben und gute sozialkurative Ressourcen vorhanden.

Die Psychotherapie geschieht in Form von Einzel- oder Gruppengesprä-chen. Wenn der Therapeut über die dazu erforderliche Ausbildung verfügt, kann eine Psychotherapie durchaus von guter Qualität sein. Die Behand-lungsdauer erstreckt sich über Tage, Wochen, manchmal sogar über Mo-nate. Solche Institutionen sind für stark deprimierte Patienten geeignet, für solche, die sich in schweren Krisensituationen befinden und nicht polikli-nisch behandelt werden können. Auch für Patienten mit Psychosen bieten diese Einrichtungen eine Umgebung mit der Möglichkeit an, vorüberge-hend den Alltagsbelastungen auszuweichen, wobei gleichzeitig ihr Zustand behandelt werden kann. Der größte Nachteil dieser Kliniken ist gewöhnlich der, daß die an die Klinik angeschlossene offene Therapie sowohl quanti-tativ wie auch qualitativ zu wenig ausgebaut ist.

---

[1] Anm. d. Übers.: „Dienstleistungs"-

Die „service minded" geprägte Institution, die für den akut psychotischen oder deprimierten allgemeinpsychiatrischen Patienten eine gute Hilfe anbieten kann (vorausgesetzt die Symptome sind nicht gewalttätiger Natur oder von langanhaltender Art, so daß psychiatrische Krankenhäuser eingeschaltet werden müssen), hat oft nur eine geringe Toleranz für die bei Suchtkranken so verbreiteten Verhaltensweisen des „Sich-ausleben-Wollens". Dieser Toleranzmangel hängt mit dem Fehlen der traditionellen formellen Institutionskontrolle als auch mit dem Fehlen der sozialtherapeutischen institutionellen Gruppenkontrolle des Verhaltens zusammen. Der Klient wird gewöhnlich aus der Institution entlassen, wenn eine Erschwerung des Krankheitsbildes durch Abstinenzsymptome und einen möglichen Rückfall während des Anstaltsaufenthaltes vorliegt. In dieser Umgebung besteht für den Drogenabhängigen auch die Gefahr, daß er sogar innerhalb der Abteilung als Außenseiter behandelt wird. Ein solches Verhalten kann zur Verstärkung der Fixeridentität beitragen. Eine einsichtstherapeutische Arbeit könnte dann ermöglicht werden, wenn die psychiatrische Klinik über einen ausgebildeten Therapeuten verfügt. Die soziale Kompetenz wird möglicherweise manchmal gefördert werden, wenn das Personal an den Klienten die Forderung stellt, sich wie ein Erwachsener zu verhalten.

Zusammenfassend kann gesagt werden, daß eine Institution dieser Art für einen identifizierten Drogenabhängigen mit früher Störung nicht besonders geeignet ist. Andererseits bietet sie die beste Alternative für einen Drogenkonsumenten, der sich im frühen Stadium der Mißbrauchsentwicklung befindet, d. h. bevor er identifiziert und in Drogenkreisen integriert ist, vor allem dann, wenn seine Ich-Ressourcen einigermaßen gut sind. Eine psychiatrische Institution dieser Art kann für solche Drogensüchtige die geeignete Behandlungsstätte sein, die die Drogenszene verlassen haben und auf dem besten Weg zurück in die Gesellschaft sind und deren Problematik einen mehr neurotischen Einschlag angenommen hat.

Die klassische therapeutische Wohngemeinschaft

In Schweden ist diese Institutionsart in Heilstätten für Suchtkranke und in gewissen Trinkerheilanstalten üblich. In der Praxis sieht es so aus, daß jede Institution ihr eigenes Modell hat, das manchmal ganz erhebliche Modifikationen von der ursprünglichen Form aufweist. Der Einfachheit halber werde ich hier von einem erdachten Prototyp ausgehen.

Jenner und seine Mitarbeiter haben nach einer Studie des Heimes in Hindby (Anm. des Übersetzers: Hindby liegt in Südschweden. Das Heim behandelt vorwiegend Alkoholiker) und nach Durcharbeitung einschlägiger Literatur die therapeutische Wohngemeinschaft wie folgt beschrieben:

Die therapeutische Wohngemeinschaft ist eine Behandlungseinrichtung, in der bewußt das gesamte Milieu ausgenutzt wird. Man ist ständig bestrebt, eine Einfluß ausübende Situation zu schaffen und erneut herzustellen, die – neben Geborgenheit und Gemeinschaft – gekennzeichnet ist von:

– Freier Kommunikation. (Die Kommunikation soll in alle Richtungen uneingeschränkt sein. Die Institution darf nicht von der Umwelt abgeschirmt sein. Jeder soll jeden darüber informieren können, was geschicht, was geplant ist, was man denkt und fühlt.)

– Demokratie; Mitbestimmung und Mitverantwortung für alle. (Die Macht wird dezentralisiert. Beschlüsse und Stellungnahmen zur Behandlung und zur Institutionsführung erfolgen in gemeinsamen Diskussionen zwischen Personal und „Patienten", und alle teilen die Verantwortung für die gefaßten Beschlüsse.)

– Neuen Rollen im Vergleich zu den traditionellen Abteilungen. (Man erwartet von „den Patienten", daß sie eine Behandlung entgegennehmen und selbst erteilen. Das Personal übernimmt hierbei vor allem die Rolle des Lehrers.)

– Symptomtoleranz (man akzeptiert eine gewisse Handlung und stellt sich die Frage, warum die betreffende Person auf diese und jene Weise gehandelt hat).

– Ständiger Kontrolle – Konfrontation mit der Realität. (Alle alltäglichen Situationen werden genutzt, um das Problem „des Patienten" zu bearbeiten.)

– Von Freiwilligkeit. (Das Ein- und Ausschreiben geschieht auf freiwilliger Basis und erfolgt aufgrund der Therapiebereitschaft des „Patienten".)

– Von gemeinsamen Zielen. (Personal und Patienten arbeiten aktiv für ein gemeinsames Ziel; dies gilt für die Behandlung ebenso wie für den Verwaltungsbereich.)

– Von Kontakt nach außen. (Die Institution darf keine einsame Insel sein. Ihre Wirksamkeit muß in ständigem Kontakt mit der Gesellschaft und der Bevölkerung betrieben werden.)

Das Zustandekommen einer solchen einflußausübenden Situation wird ermöglicht durch:

– Ein System organisierter Gruppenaktivitäten (mit allgemeinen Vollversammlungen, Gesprächsgruppen, Arbeits- und Aktivitätsgruppen sowie Mitarbeitergruppen als Grundkonzept);

- organisierte Kontakte mit den sozialen Bezugsgruppen der „Patienten" außerhalb der Institution sowie

- ständigen Informationsfluß und eventuell auch durch politische Tätigkeit.

Ein Grundgedanke für die Entwicklung der therapeutischen Wohngemeinschaft war die Erkenntnis, daß der Klient, der sich in einer Institution aufhält, nicht allein von der ihm angebotenen Therapie beeinflußt wird (als da sind: medikamentöse Behandlung, Elektrotherapie, Gespräche usw.), sondern Tag und Nacht in hohem Ausmaß von den ihn umgebenden Menschen (von Patienten ebenso wie vom Personal) und von der Anstaltsatmosphäre geprägt wird. Die therapeutische Wohngemeinschaft wurde in erster Linie geschaffen, um Anstaltsschäden (Hospitalismus) vorzubeugen, und in zweiter Linie, um eine Psychotherapie zu erteilen. Die prinzipiellen Merkmale dieser milieutherapeutischen Organisation sind im Vorausgegangenen beschrieben worden.

Ich werde hier lediglich eine Beschreibung dessen hinzufügen, wie die Gestaltung des konkreten Lebensrahmens aussehen kann. Die Behandlungsabteilungen der Drogensüchtigenfürsorgeklinik des Långbro-Krankenhauses arbeiteten nach milieutherapeutischen Grundsätzen. Ein Wochenplan mit den Aktivitäten für Patienten und Betreuern konnte ungefähr so aussehen, wie in der Abbildung 4 dargestellt.

An den meisten Gruppenveranstaltungen nehmen die Klienten und das Personal teil. Individuelle Zusammenkünfte zwischen Klienten und Personal außerhalb des Wochenprogramms waren relativ selten. Sogar in der Freizeit fiel eine Gruppenorientierung auf. Einige Gruppenveranstaltungen sind auf die Institutionsverwaltung im weitesten Sinne, andere wiederum auf die reine Therapie ausgerichtet.

Charakteristisch für die therapeutische Wohngemeinschaft ist jedoch die Tatsache, daß alle Gelegenheiten dazu genutzt werden, um auf Verhalten und Einsicht des Klienten einzuwirken. Das bedeutet, daß die Art und Weise, wie die Klienten an der Abteilungs- und Institutionsführung teilnehmen respektive nicht teilnehmen, sich in den Gruppen widerspiegelt. Den gruppentherapeutischen Sitzungen stehen häufig spezielle Gruppenleiter vor, und es werden problemaufarbeitende Ziele verfolgt.

Es stellt sich nun die Frage, welche Möglichkeiten diesem Institutionstyp zur Verfügung stehen, um den Therapiebedarf der Drogensüchtigen zufriedenzustellen. Wir beschränken die Diskussion auf die homogene therapeutische Wohngemeinschaft, d. h. auf eine therapeutische Wohngemeinschaft, die ausschließlich für Suchtkranke bestimmt ist. Wenn wir uns die vier genannten Punkte ansehen und mit der 1. Phase, der „Errichtung einer Beziehung" beginnen, dann wird uns verständlich, daß diese Einrichtung viele Vorteile hat. Einer der Vorteile besteht darin, daß diese Institution nur Drogensüchtige aufnimmt. Dadurch wirkt sie auf den Behandlungssuchenden weniger abschreckend. Allerdings sollte die im Vergleich zu den früher erwähnten Institutionen völlig andersartige Beziehung des Personals zu den Klienten wichtiger sein. Bei den milieutherapeutischen Institutionen haben die Beziehungen teils kameradschaftlichen, teils freundschaftlichen Charakter.

Davon ausgehend ist es für den Behandelnden in diesen Institutionen oft leicht, Verbindungen zu den Klienten herzustellen. (Gleichzeitig birgt diese kameradschaftliche Umgangsform die Gefahr, daß der Therapeut seine berufliche Rolle nicht aufrechterhalten kann. Darauf werde ich noch in dem Kapitel „Die Arbeit in der Rauschgiftsüchtigenfürsorge" zurückkommen.)

Zeit	Montag	Dienstag	Mittwoch	Donnerstag	Freitag
8.00	Wecken – Frühstück				
8.30	Morgen-gruppe	Morgen-gruppe	Morgen-gruppe	Morgen-gruppe	Morgen-gruppe
12.00	soziale Planung	Gymnastik	Gymnastik	soziale Planung	Gymnastik
13.00	Mittagessen				
14.00	Vollversammlung				
15.30	Gruppen-therapie	Aufnahme-gruppe / Werk-statt	Gruppen-therapie	Aufnahme-gruppe / Werk-statt	Gruppen-therapie
16.00	Kaffeepause				
	Werkstatt	Werkstatt	Werkstatt	Werkstatt	Wochenrück-schau
17.00	Abendessen				

Abbildung 4: Beispiel für einen Wochenplan der Drogensüchtigenfürsorgeklinik des Långbro-Krankenhauses.

127

Der ich-stützende Inhalt dieser Behandlungsprogramme kann variieren. Dadurch, daß der gesamte Tagesablauf und vielleicht sogar die Abende vorprogrammiert sind, ist *„die Struktur"* ich-stützend. Indem das Verhalten der Einzelnen in den unterschiedlichen Hauptversammlungen, in den Gesprächsgruppen usw. reflektiert wird, erzielt man die gleiche Wirkung. Die häufig integrierte soziale Planung und die Teilnahme an allen Aktivitäten, die zur Aufrechterhaltung des Kollektivs erforderlich sind, erhöhen die soziale Kompetenz.

Gleichzeitig stellt die klassische therapeutische Wohngemeinschaft – die bereits zum Zeitpunkt der Aufnahme dem Klienten einen Platz innerhalb der demokratischen Gesellschaft zuweist – schon zu Beginn gewisse Anforderungen an die Ich-Ressourcen des Einzelnen. Für einige Drogensüchtige sind derartige Erwartungen zu hoch. Manchmal sind die Ich-Ressourcen des Rauschgiftabhängigen derart schwach, daß es ihm schwerfällt, eine für die demokratische Gesellschaftsform erwartete „erwachsene" Verhaltensweise zu erfüllen. Außerdem kommt er nicht selten von einer völlig chaotischen und strukturlosen Lebensführung. In diesem Punkte wird häufig die Tragweite der Problematik eines Drogensüchtigen unterschätzt.

Nicht immer ist die Integrierung in die Gesellschaft Bestandteil des Therapieprogramms. Folglich beschäftigt man sich oft mehr mit *Therapie* als mit der *Rehabilitation.* Die Identitätsentwicklung kann in einer solchen therapeutischen Wohngemeinschaft lang hinausgeschoben werden. Durch die Ich-Stärkung, durch eine starke Bindung an die Institution und durch die Widerspiegelung in den täglichen therapeutischen Wirksamkeiten kann sich bei dem Drogenabhängigen ein Selbstbild abzeichnen. Jedoch ist dieses Selbstbild in den späteren Phasen oft schwach. Durch den Anschluß an eine Institutionsgruppe wird oft eine neue gruppenorientierte Identität vermittelt. Es handelt sich um eine Art „Übergangsidentität", die im Idealfall später in dem Augenblick durch ein individuelles Identitätsgefühl ersetzt wird, wenn das Individuum draußen in der Gesellschaft eine neue Rolle gefunden hat. Wir haben bereits darüber gesprochen, daß die Trennung des Klienten von dem Therapeuten (der Institution) ein wichtiger Schritt in der Identitätsentwicklung ist. Um diesen Schritt zu vollziehen, braucht der Klient die Unterstützung eines Therapeuten. Wahrscheinlich benötigen die meisten Klienten, die eine stark involvierende Institution – und eine solche ist die therapeutische Wohngemeinschaft – verlassen, einen langanhaltenden individuellen Kontakt. Dies gilt besonders für die Zeit, in der sie an der Separation, an der Entwicklung einer persönlichen Identität und einer sozialen Rolle arbeiten. Man kann ohne zu übertreiben sagen, daß dieser Punkt das schwächste Glied in der Arbeitsweise einer solchen Institution ist. Eine derartige „Anleitung" für ein oder mehrere Jahre, wenn der Klient die Institution verläßt, könnte innerhalb der Gruppe durchgeführt werden.

Aller Wahrscheinlichkeit nach erfolgt sie jedoch am besten im individuellen Kontakt.

Die amerikanische therapeutische Wohngemeinschaft

Der Institutionstyp, den ich als „die amerikanische therapeutische Wohngemeinschaft" bezeichnen möchte, ist in Schweden noch nicht in seiner vollständigen Form eingeführt. Man hat aber damit begonnen, einige Wesenszüge dieser therapeutischen Wohngemeinschaft zu übernehmen, und sie in die klassische Wohngemeinschaft integriert. Es ist durchaus keine Übertreibung, wenn man behauptet, daß dieser Institutionstyp die freiwillige Suchtkrankentherapie in den USA völlig umgewälzt hat. Zur Zeit werden etwa 25000 Klienten in solchen Institutionen behandelt, und im allgemeinen äußern sich die Anhänger der drogenfreien Behandlung enthusiastisch. Ich gebe zu, daß auch ich bei meinem Studienbesuch in New York, Washington und auch bei dem Besuch einer solchen auf europäische Verhältnisse angepaßten Institution außerhalb der Stadt Haag in Holland sehr beeindruckt war. Über diesen Typ der therapeutischen Wohngemeinschaft gibt es bisher kaum Darstellungen in schwedischer Sprache. Die meiste Literatur über diese Behandlungseinheiten ist in englischer Sprache verfaßt. Monica Mörlid hat jedoch in einem Reisebericht ihren persönlichen Eindruck einer solchen Institution wiedergegeben. Der mißglückte Versuch, ein therapeutisches Modell dieses Typs zu errichten, wurde von Hellqvist und Ramberg beschrieben und liegt als Matrize vor. Das Buch von Bertil Sundin, „Individ, institution, ideologi" enthält auch eine kurzgefaßte Beschreibung. Da es aber nur wenige Darstellungen dieses Institutionstyps in schwedischer Sprache gibt, möchte ich auf diese Behandlungsform hier ausführlicher eingehen.

Charakteristisch für diese Institutionen ist deren für unsere Maßstäbe relative Größe. Als optimal wird die Zahl von 80 angegeben. (Ich selbst habe bei meinem Studienbesuch eine Institution mit knapp 200 Klienten und etwa 30 Angestellten kennengelernt.) Man legt großes Gewicht auf einen familiären oder eher stammesähnlichen Zusammenhalt. Über der Institution liegt ein totalitärer Zug. Die Klienten werden intensiv miteinbezogen, und die Grenzziehung zur Gesellschaft außerhalb ist markant. Diese Grenzziehung sieht jedoch bei der ursprünglichen Modellinstitution Synanon ganz anders aus als bei den kommunal und staatlich unterstützten Einrichtungen. Synanon strebt eine utopische Gesellschaftsform an, die kommunal und staatlich gestützten Institutionen setzen sich die Rückführung in die Gesellschaft zum Ziel.

Die Institution hat ähnlich wie die traditionelle Institution einen hierarchischen Aufbau. Dennoch sind beide Institutionstypen völlig unterschiedlich.

129

Während die Verwahrungsanstalt einen Stillstand bei Patienten und Angestellten „erstrebt", nutzt die therapeutische Wohngemeinschaft die Hierarchie für die Veränderung. Man erwartet von den Klienten, daß sie innerhalb der Hierarchie aufrücken. Die Klienten erhalten während ihres Anstaltsaufenthaltes immer mehr Privilegien und Verantwortung. Ein anderes Merkmal dieser therapeutischen Wohngemeinschaft besteht darin, daß häufig alle (zumindest die Hälfte) der Angestellten früher selbst einmal Drogenabhängige waren und ebenfalls eine therapeutische Wohngemeinschaft des gleichen Typs durchlaufen haben. Diese Menschen übernehmen nicht nur die Rolle des Therapeuten und der Administratoren, sondern gelten vor allem für den Neuankömmling im Behandlungsprogramm als Rollenmodelle. „Schau mich an. Ich war selbst ganz unten, in der Gosse, im Dreck wie Du. Aber es ist mir gelungen, ein glücklicher und verantwortungsbewußter Mitbürger zu werden. Was ich kann, das kannst Du auch!" Solche und ähnliche Worte bekommt derjenige oft von den Angestellten und ehemaligen Drogenkonsumenten zu hören, der an seinen Möglichkeiten, sich zu verändern, zweifelt.

Den Leitern in diesen therapeutischen Wohngemeinschaften (meistens frühere Drogenabhängige, die selbst das Programm durchlaufen haben) kommt in vielen Fällen eine große Bedeutung zu. Nicht selten handelt es sich um charismatische Persönlichkeiten, die sich das Behandlungsmilieu bestens zunutze gemacht haben. In vielen Fällen haben sie sich zu einer seltenen Mischung von äußerst geschickten Administratoren und dynamischen Therapeuten entwickelt. Sie spielen sicher eine wichtige Rolle als Elternersatz – Identifikationsobjekt. Das Personal und ältere Klienten machen sich keine Illusionen über das Leistungsvermögen eines gerade von der Drogenszene zu ihnen kommenden Suchtkranken. Sie sehen in ihm nur das verantwortungslose, destruktive Kind. Es wird ihm verwehrt, über eigene Mittel zu verfügen. Oft darf er nicht einmal eigene Kleidung tragen (vergleiche mit der totalen Verwahrungsanstalt!). Der Klient wird in einem Clan aufgenommen, wo die „Älteren" für jedes Privileg zu Rate gezogen werden müssen. Andererseits kümmern sich die Älteren um die Neueren im Programm und leiten sie (oft liebevoll) an. Vor allem wird ein diszipliniertes Verhalten abverlangt, mit Respekt für die Anstaltsregeln. Primär aber wird vom Drogensüchtigen erwartet, daß er seine manipulative Verhaltensweise ablegt und offen und ehrlich wird. Man stellt sich auch ausdrücklich darauf ein, den destruktiven Wesenszug des Drogenabhängigen zu rügen und zu verändern. Dies gilt sowohl für das destruktive Verhalten, das sich gegen den Klienten selbst richtet, als auch für die gegen andere gerichtete Destruktivität.

Eine klare und straffe Struktur und ein ununterbrochener ideologischer Einfluß binden die Klienten an diese Einrichtungen. Im allgemeinen ist eine

130

Ideologie an die Institution geknüpft, die bestimmt, was gutes und was schlechtes Verhalten ist. Sie fördert Offenheit, Redlichkeit, minutiöse Ehrlichkeit und Solidarität innerhalb der Institution. Die Ideologie verurteilt Destruktivität, lehnt Ehen jeglicher Form ab und wendet sich gegen Manipulationen, Unehrlichkeit und Schlamperei (die als eine selbstzerstörerische Handlung angesehen wird). Darüber hinaus werden sexuelle Verbindungen während der ersten Zeit auf der Institution untersagt. Erst später werden sexuelle Beziehungen zwischen Klienten zugelassen und dann auch nur, wenn sie ernst gemeint sind, d. h. nicht Ausdruck für Destruktivität, Frauenhaß usw. sind.

Wenn ein Individuum sich negativ verhält, wird daraus nicht gleich „eine Affäre gemacht", sondern alle Konfrontationen werden für besondere Gruppensitzungen aufgehoben (es geschieht genau das Gegenteil von dem, was in schwedischen therapeutischen Wohngemeinschaften üblich ist, deren Arbeit manchmal durch ständige Konfrontationen, Krisenversammlungen usw. lahmgelegt wird). Solche Gruppensitzungen haben besondere Bezeichnungen wie z. B. Encounter-Gruppen, Synanon-Games, Attack-Therapie usw. Die Sitzungen sind außerordentlich konfrontativ. Affekte dürfen in großem Ausmaß ausgelebt werden. Die verbale Aggressivität wird unterstützt. Während der Konfrontationen greift man häufig gerade die negativen Verhaltensweisen eines Klienten auf, die während der unmittelbar vorausgegangenen Tage Anstoß erregt haben. Nach einer im allgemeinen äußerst heftigen Konfrontation ist die Gruppe wieder zu einer betreuenden und liebevollen Wiederaufnahme bereit.

Neben diesen Konfrontationsgruppen werden auch eingreifendere Methoden angewandt, um unerwünschtes Benehmen zu korrigieren. Dem Klienten droht der sog. „hair-cut", falls ein negatives Verhalten wiederholt vorkommt. Diese Bezeichnung stammt noch von den Zeiten, als man in diesen Institutionen als Bestrafungsmethode eine Glatze scheren ließ (mitunter geschieht es immer noch). Heute versteht man allerdings unter „hair-cut" einen starken verbalen Verweis, der dem Klienten von einem oder mehreren der älteren Teilnehmer des Therapieprogramms erteilt wird. Wenn das nicht hilft, kann der Klient dazu verurteilt werden, ein Plakat mit sich herumzutragen, auf dem ein Text steht, der das unerwünschte Verhalten meistens ins Lächerliche zieht. Diese verschiedenen Verweise werden unter Umständen als abstoßend aufgefaßt. Hierbei dürfen wir nicht vergessen, daß damit das Ziel verfolgt wird, die letztmögliche Bestrafungsform, die Ausschreibung aus der Institution, nicht anwenden zu müssen. Neben den oben beschriebenen therapeutischen und sozialisierenden Momenten wird auf den Schulbesuch und die Berufsausbildung großer Wert gelegt. Beispielsweise gehört zu diesem Behandlungsprogramm im allgemeinen, daß man erst dann als „fertig" das Programm verlassen darf, wenn man wenigstens eine High school-Qualifikation erlangt, einen vernünftigen Beruf erlernt oder weiterführende Studien geplant hat. In manchen Wohngemeinschaften wird außerdem der Besitz eines Führerscheins verlangt. Im Therapieprogramm wird viel Zeit für interne Arbeit oder für die Arbeit in der internen Produktion aufgewandt.

In einem progressiveren Therapieprogramm dieser Art in New York konnte ich erleben, wieviel Arbeit für die sog. „reentry-Phase" aufgewendet wird. Mit „reentry-Phase" bezeichnet man die Phase, die eine Behandlung beendet und eine sukzessive Rückkehr in die Gesellschaft beinhaltet. Wenn die Teilnahme am Hauptprogramm 1–1½ Jahre in Anspruch nahm, so dauert diese Reentry-Phase mindestens ein halbes Jahr. In dieser Zeit werden die Klienten durch sehr zahlreiche Treffen unterstützt. Solche Zusammenkünfte sind im allgemeinen Gruppentreffen mit anderen Klienten in der gleichen Situation unter der Leitung eines älteren ehemaligen Drogenabhängigen. Hier handelt es sich um Therapiegruppen mit einer ganz anderen Planung und Gestaltung als die vorher dargestellten konfrontativen Behandlungsgruppen. Diese Gruppen beschäftigen sich direkt mit all den Problemen, auf die man stößt, wenn man sich um einen Platz in der etablierten Gesellschaft bemüht. Es wird nicht zuletzt viel mit den unterschiedlichen Möglichkeiten gearbeitet, Isolierungstendenzen abzubauen, die in vielen Fällen den ersten Schritt für einen Rückfall in sich bergen.

Diese therapeutischen Wohngemeinschaften haben gute Möglichkeiten, Kontakte mit dem Drogenabhängigen herzustellen. Ich konnte selbst sehen, wie ältere Klienten aus diesem Programm in New York hinaus in die Szene gingen und Drogensüchtige sehr erfolgreich motivierten. Das Hauptmerkmal der dabei angewandten Technik war, daß man auf sich selbst als Beispiel Bezug nahm, um zu zeigen, daß eine Veränderung möglich ist. „Wenn es mir gelingt, gelingt es Dir auch!" „Schau mich an!"

Diese therapeutischen Wohngemeinschaften entwickeln durch ihre straffe Struktur und ihre zunehmenden Forderungen an den Klienten während der im allgemeinen ziemlich langen Behandlungszeit vor allem die Ich-Kräfte. Ebenso deutlich tritt das identitätsstärkende Moment hervor, da die Beteiligung sowohl auf gefühlsmäßiger als auch auf ideologischer Ebene sehr groß ist. Im Rahmen dieser therapeutischen Wohngemeinschaften kann der Klient Schritt für Schritt auf oft klarere Weise eine soziale Rolle als in der klassischen therapeutischen Wohngemeinschaft entwickeln. Sowohl das Training der informellen sozialen Kompetenzen als auch die Stärkung der Identität werden in der Institution betrieben.

Auch das Einüben der formellen sozialen Kompetenzen ist bemerkenswert und in vielen Fällen ein gut integrierter Bestandteil. Hingegen wird oft für die Einsichtsbearbeitung wenig getan. Auch Klienten aus der amerikanischen therapeutischen Wohngemeinschaft werden leicht krisenanfällig, wenn sie diese totalen Institutionen verlassen müssen. In New York habe ich einige Klienten kennengelernt, die für sich eine Individualtherapie erforderlich hielten, obwohl ihnen mit Hilfe der beschriebenen Nachsorgegruppen der Weg nach draußen geebnet wurde.

Das Kollektiv

Ein Kollektiv kann auf die unterschiedlichste Weise organisiert sein. Es kann sich um ein vorübergehendes Sommerkollektiv handeln, das nur für 2 bis 3 Monate bestehen bleibt und eine begrenzte Zielsetzung verfolgt. Es gibt andererseits auch dauerhafte Kollektive, z. B. solche, die um eine Kernfamilie angelegt sind und für Jahre bestehen bleiben. Solche Kollektive nehmen Klienten für eine Langzeitbehandlung auf. Eine grundsätzliche Diskussion über das Kollektiv läßt sich deshalb kaum führen. Allgemein kann man aber wohl sagen, daß in einem Kollektiv die Risiken für Anstaltsschäden geringer sind als bei den eigentlichen Institutionen, zu denen auch die therapeutischen Wohngemeinschaften zählen. Die Notwendigkeit einer Struktur und Führung des Kollektivs wird umso größer, je chaotischer und Ich-schwacher die dort lebenden Klienten sind. Wenn gute Ich-Ressourcen vorhanden sind und nicht allzu große soziale Abweichungen in der Vergangenheit vorliegen, werden die Klienten auch mit einer weniger durchstrukturierten Organisation fertig.

Wie in Institutionen, so ist es auch im Kollektiv wichtig, daß den Klienten die Möglichkeit gegeben wird, sich ständig mit der Bearbeitung täglich anfallender Probleme auseinandersetzen zu können. Hinzu kommt, daß ihnen eine richtige Ausbildung zuteil wird und ihre beruflichen Fähigkeiten geübt werden können. Die Notwendigkeit, daß Leiter eines Kollektivs über die Suchtproblematik Bescheid wissen und Kenntnisse über den therapeutischen Einfluß haben sollten, darf man nicht unterschätzen. Vielleicht kommen gewisse „Naturtalente" auf diesem Gebiet gerade in solchen Kollektiv- oder Familientherapieformen zu ihrem Recht. Erwachsene und gut integrierte Menschen, vor allem solche mit Erfahrung in der Kindererziehung können manchmal rein intuitiv oder mit Hilfe einer professionellen Anleitung fähig sein, auf hervorragende Weise eine Ich-stärkende und identitätsentwickelnde Psychotherapie anzuwenden. Daß dies dann nicht immer Psychotherapie genannt wird, ist eine andere Sache.

Während der letzten Jahre sind in Schweden eine Reihe wie es scheint gut funktionierende Kollektive entstanden, unter anderem im Rahmen des RFHL (Riksförbundet för Hjälp åt Läkemedelsmissbrukare; Anm. d. Übers.:

„Landesverband für Hilfe bei Arzneimittelmißbrauch"). Viele dieser Kollektive legen besonderen Wert darauf, daß man während des Aufenthaltes im Kollektiv an der Verbandsarbeit des RFHL teilnimmt. Diese Aktivität in Verbindung mit den Bemühungen, einen Arbeitsplatz am Ort zu finden, sind wichtige Momente für die Integrierung des Klienten in die Gesellschaft.

Hassela (eine schwedische Gemeinde südwestlich von Sundsvall; Anm. d. Übers.) kann als Beispiel für ein anderes Kollektiv genannt werden, das viele gute Eigenschaften in sich vereint zu haben scheint. Das gesamte Kollektiv baut sich um eine Kernfamilie auf und besteht nun schon seit mehreren Jahren. Man stellt sich hier auf jüngere Drogenabhängige und ihre spezifische Behandlungsproblematik ein. Dieses Behandlungskollektiv setzt lange Zeiträume für die Behandlung an und sieht eine mehrjährige Nachbeobachtung vor, während der die Jugendlichen die Volkshochschule besuchen und das Kollektiv regelmäßig aufsuchen. Die Jugendlichen sind aktiv am Behandlungsgeschehen beteiligt. Das soziale Training erfolgt allmählich im Laufe der Behandlung durch die Teilnahme an der täglichen Besorgung des Gartens und des Haushalts. Eine starke und ständig betonte Ideologie unterscheidet diese Institution von einer Reihe anderer Einrichtungen. Trotz aller übrigen Unterschiede besitzt dieses Behandlungskollektiv mehrere Wesenszüge, die an die amerikanische therapeutische Wohngemeinschaft erinnern. In diesem Behandlungskollektiv wird „indirekter" Zwang ausgeübt. Unter anderem aus ideologischen Gründen zieht man es vor, die Arbeit als Pädagogik anstatt als Therapie zu bezeichnen.

Familienfürsorge

Familienfürsorge ist eine Bezeichnung, die im Bereich der Erwachsenenfürsorge als Analogiebegriff für Pflegeelternfürsorge angewendet wird. Die Familienfürsorge ist immer freiwillig. Ebenso wie in der Kollektivbehandlung treten auch hier wechselnde Strukturen auf. Allem Anschein nach werden in der Familienfürsorge manchmal erstaunlich gute Erfolge erzielt. Allerdings ist man sich noch im Unklaren darüber, welche Kliententypen in ihrer Entwicklung am besten für diese Hilfe geeignet sind.

Wir sind uns aber einig darüber, daß die Familien mit der gleichen Sorgfalt ausgewählt werden müssen wie die Pflegeeltern für gestörte Kinder. Darüber hinaus wissen wir, daß solche Familien während der Behandlung häufig Anleitung und andere konkrete Unterstützung benötigen. Man muß hier vor romantischen Vorstellungen warnen, daß z.B. reine Landluft bereits therapeutische Erfolge erzielen kann. Der bereits beschriebene Behandlungsinhalt gilt auch hier, selbst wenn die einzelnen Familienmitglieder sich nicht in der gebräuchlichen Terminologie ausdrücken.

Institution und Ideologie

Im Frühling 1977 hatte ich während eines Monats die Gelegenheit, einige therapeutische Wohngemeinschaften in New York und Washington kennenzulernen. Meine Besuche erfolgten anläßlich eines früheren Studienaufenthaltes in nordischen Institutionen und mit dem Hintergrund eigener Erfahrungen auf dem Gebiet der milieutherapeutischen Therapie. Charakteristisch für die amerikanische therapeutische Wohngemeinschaft war unter anderem eine übergeordnete Ideologie mit Schwergewicht auf Zusammenhalt und Beteiligung am Programm. Obwohl diese Ideologie meistens sehr kraftvoll war, blieb sie im allgemeinen ganz „intern". Sie richtete sich vor allem an die Loyalität gegenüber der eigenen Behandlungsinstitution und an die Verhaltensweisen untereinander. Selbstverständlich hatte man sich auch ein Bild vom Leben außerhalb der Behandlungsinstitution gemacht. Doch diese Lebensauffassung orientierte sich im wesentlichen an den herrschenden Idealen der amerikanischen Mittelklasse mit einer liberalen Prägung.

Ganz anders verhielt es sich bei einer therapeutischen Wohngemeinschaft mit ausschließlich schwarzen Klienten, die in einem Slumviertel am Rande von Washington gelegen war. Hier hatte man die gesamte therapeutische Konzeption, die auch den anderen Einrichtungen zugrunde lag. Darüber hinaus arbeitete man mit einer starken übergeordneten Ideologie. Deren Ziel bestand darin, den schwarzen Klienten ihre afrikanische Herkunft und ihre Rolle in den derzeitigen kapitalistischen USA bewußt zu machen. Man feierte sowohl ihre toten als auch ihre lebenden militanten Führer und wandte für Seminare und Vorlesungen über afrokulturelle und politische Fragen viel Zeit auf.

Diese therapeutische Wohngemeinschaft war außerdem in der Gesellschaft, in der sie gelegen war, integriert. Sie verfügte über Kindertagesstätten und Speisesäle für die Armenverpflegung. Es wurden Vorlesungen gehalten und Seminararbeit betrieben. Die Teilnahme an den kommunalen Problemen des Stadtteils war rege.

Ich kann nicht beurteilen, ob dieses Therapieprogramm bessere Ergebnisse als die anderen erzielte, aber die ganze Atmosphäre war andersartig. Die Programmleiter machten einen reiferen und erwachseneren Eindruck. Man hatte das Gefühl, daß den Klienten etwas zuteil wurde, auf das sie sich stützen konnten, auch wenn sie die therapeutische Wohngemeinschaft verlassen hatten.

Im Kapitel über die Ursachen bin ich darauf eingegangen, welche bedeutende Rolle die Übernahme von Werten für die Identitätsbildung spielt. In dem Kapitel über die Prävention werde ich auf die gleiche Frage zurückkommen. In diesem Zusammenhang werde ich kritisch unsere derzeitige Gesellschaft beschreiben, die ohne Ideologie heranwächst. Angesichts dieser Verhältnisse muß es für Therapeuten und Institutionen, in denen Abhängige behandelt werden, notwendig sein, ihre Arbeit auf einer so fundierten Ideologie wie nur möglich aufzubauen. Mit anderen Worten, nicht nur der Wunsch zu helfen und die entsprechende Methode dazu sind wichtig, sondern eine Ideologie, die Grundeinstellungen und Wertungen über die Gesellschaft und die Lebensbedingungen des Menschen formuliert.

Die „Institutionen", die gegenwärtig in Schweden das Hauptgewicht auf eine Integration von Ideologie und Therapie legen, sind gewisse Kollektive. Bei den erwähnten RFHL-Kollektiven spielen eine allgemeinpolitische und vor allem eine behandlungspolitische Ideologie in der Behandlungsarbeit eine entscheidende Rolle. Die Leitung des Behandlungskollektivs „Hassela" legt ebenfalls großen Wert darauf, daß die Klienten ihre politische Anschauung äußern. Eine politische Analyse, sowohl der Rolle des Drogenabhängigen in der Gesellschaft als auch der Bedeutung des Suchtgeschehens für die Gesellschaft, wird als ein zentraler Bestandteil der Therapie betont.

Therapieformen im Bereich der ambulanten (offenen) Behandlung

Individualtherapie

Die langzeitige Individualtherapie hat den gleichen Inhalt wie die bereits beschriebenen anderen Therapieformen. Das Einüben der sozialen Kompetenz muß aber oft als Ergebnis des Ich-stärkenden Behandlungsteils gesehen und sollte nicht in der eigentlichen Therapiesituation trainiert werden. Eine Ich-aufbauende Einzelpsychotherapie ist unter Umständen sehr kompliziert und für den Klienten sowie für den Therapeuten anstrengend. *Der Klient* kann die Individualtherapie aufgrund der früher oder später entstehenden Beziehungsnähe als bedrohlich empfinden.

Das bedrohliche Moment für den Klienten ist die Angst vor der großen Enttäuschung, die er im Falle eines Abbruchs der Beziehung zu dem Therapeuten erleben wird.

Die Angst vor der eigenen Aggressivität kann eine andere Usache für das beklemmende Gefühl des Klienten sein, d.h. den Klienten beunruhigt die Vorstellung, daß der Kontakt mit dem Therapeuten angestaute Aggressivität freisetzen kann. Er fürchtet, daß dann seine Impulskontrolle nicht ausreicht, um eine handgreifliche Auseinandersetzung zu verhindern.

Aber auch an den *Therapeuten* kann die Individualtherapie große Anforderungen stellen. Abgesehen von den oben erwähnten erforderlichen Fähig-

136

keiten oder wenigstens der Notwendigkeit einer Anleitung und persönlicher Reife, können für den Therapeuten bei der Individualtherapie folgende besondere Schwierigkeiten auftreten:

– Die meisten Therapeuten mit irgendeiner Ausbildung haben eine Ausbildung in der sog. Einsichtstherapie. Einer Ich-entwickelnden Therapie liegt häufig eine andere Art und Weise zugrunde, wie mit den Klienten eine Beziehung herzustellen ist. Zunächst muß sich der Therapeut dem Klienten als Ersatzobjekt zur Verfügung stellen können (als Liebesobjekt im platonischen Sinne) und dann als Identifikationsobjekt wirksam sein. Das bedeutet für die Therapie eine größere Bereitschaft des Therapeuten zur Transparenz seiner eigenen Persönlichkeit.

Demzufolge muß man in größerem Ausmaß eine echte Beziehung aufbauen. Später sollte dann der Einklang mit der Notwendigkeit der Berufsausübung hergestellt werden, die hier ebenso wichtig ist wie für die Einsichtstherapie. Da die Therapie mit Ich-gestörten Patienten im Vergleich zu der strikten Behandlungsstruktur der Einsichtstherapie flexibler bleiben muß, wird dem Therapeuten durch die Struktur weniger Unterstützung zuteil als bei der Einsichtstherapie. Demzufolge werden an die Fähigkeiten des Therapeuten, Grenzen zu setzen, und an die Aufrechterhaltung seiner von innen gesteuerten Rollenkonstanz größere Ansprüche gestellt. Die Fähigkeit, Grenzen zu setzen, wird von dem Patienten immer wieder erneut auf die Probe gestellt.

– Bereits zu Beginn dieser Therapien ist es äußerst wichtig zu beachten, daß ein langer Zeitraum notwendig wird. Das hat zur Folge, daß man in vielen Fällen keine Individualtherapie durchführen kann, weil es zu personellem Wechsel in den Institutionen und Dienstbereichen kommt. Wenn man nicht sicher sein kann, eine Therapie über mindestens zwei Jahre (oft 5–10 Jahre) zu verfolgen, ist es sehr fraglich, ob man überhaupt mit einer Therapie beginnen sollte.

Gerade auf Trennungen reagieren diese Klienten sehr empfindlich. Auch wenn es noch so viele plausible Gründe für den Abbruch einer Therapie seitens eines Therapeuten geben kann, der Klient wird ihn immer gleich als eine weitere Bestätigung seines schlechten Charakters auffassen und glauben, daß er nicht geliebt wird. Jeder Therapieabbruch kann Verschlimmerungen des Zustandes auslösen (und im allgemeinen ist dies auch der Fall). Unter Umständen gerät der Klient auch in eine ernsthafte Risikosituation, gekennzeichnet durch einen Rückfall, andere Formen einer Reaktion und Selbstmordrisiko. Eine Institution oder ein ambulantes Betreuungsteam, wo sich der Klient einer Gruppe anschließen kann, gewährleisten eine größere Garantie, daß die Beziehungen nicht abgebrochen werden.

– Manchmal ist für den Therapeuten die therapeutische Beziehung zwischen dem Drogenabhängigen und ihm selbst derart aufreibend. Aus der Beziehung erwachsen sehr hohe Anforderungen und Provokationen seitens des Klienten, sie fordert eine große Bereitschaft zu geben und gibt ihrerseits so wenig, so daß sich der Therapeut von seinem Klienten buchstäblich ausgelaugt fühlt. Wenn der Therapeut keine Möglichkeiten hat, neue Kräfte aus persönlichen und guten Beziehungen außerhalb der Institution zu schöpfen, dann zehrt dieses ständige Geben in Verbindung mit den Provokationen, denen er ausgesetzt ist, unter Umständen so sehr an seinen Kräften, daß er einfach der Lage nicht mehr gewachsen ist.

Auf jeden Fall soll hier daran erinnert werden, wie wichtig es für einen Therapeuten ist, daß er einen festen Platz in einer Institution oder in einer Therapiegruppe hat. Durch sie wird er während der aktuellen Therapie gestützt. Eine Institution bzw. eine Therapiegruppe wird ihm sogar dabei helfen, nicht mehr Therapien des Langzeittyps zu übernehmen, als er verkraften kann.

Gruppentherapie

Innerhalb der offenen Therapie unterscheidet man zwischen verschiedenen Arten von Gruppen. *„Aktivitätsgruppe"* ist die Bezeichnung für eine Gruppe mit ganz geringen Ambitionen. Sie kann den Drogenabhängigen die Möglichkeit geben, sich zu treffen und die soziale Isolierung zu durchbrechen, in der so viele leben. Gleichzeitig bietet sie dem Therapeuten die Gelegenheit, Schritt für Schritt den erforderlichen Kontakt zu dem Abhängigen herzustellen, der den Weg für eine ambitiösere Therapie in irgendeiner Form vorbereitet.

Auf die Notwendigkeit einer ergänzenden Behandlung in Form von *Nachsorgegruppen* wurde bereits hingewiesen, und da vor allem im Sinne einer Ergänzung zur Institutionsbehandlung. Diese Gruppen sollten es sich zur Aufgabe machen, an der gefühlsmäßigen Trennung von der Institution und an der Verwirklichung einer sozialen Rolle und der persönlichen Identität zu arbeiten. Die Tätigkeit wird sich sowohl auf die Bearbeitung der Gruppenbeziehungen als auch auf die konkrete soziale Situation außerhalb der Gruppen ausrichten müssen.

Gruppentherapie als primäre Behandlungsform. Es ist ganz natürlich, daß man mit Drogenabhängigen in Gruppen arbeitet. Der Abhängige hat sein Identitätsproblem ja gerade durch die Annahme einer negativen Gruppenidentität gelöst. Ein natürliches therapeutisches Bestreben liegt in dem Versuch, den Klienten dazu zu bewegen, eine positiv gruppenorientierte

Identität als Glied einer Gruppe ehemaliger Drogenabhängiger anzunehmen – gerade das geschieht in den milieutherapeutischen Institutionen. Im eigentlichen Sinne ist die milieutherapeutische Arbeit eine Form von intensiver Gruppentherapie. Darüber hinaus wird der Drogenabhängige die Annäherung an eine Gruppe weniger bedrohlich empfinden als eine Einzelpsychotherapie.

Es ist viel über die institutionelle Gruppentherapie geschrieben worden, aber nur sehr wenig über die Gruppentherapie innerhalb der offenen Betreuung Drogenabhängiger. Auch sind die Erfahrungen, die aus Schweden über die Anwendung der Gruppentherapie in der offenen Behandlung als der primären Behandlungsform vorliegen, nicht sehr umfangreich. Die Autoren Mullan und Sanguiliano haben eingehend die Gruppentherapie mit Alkoholikern beschrieben. Nach meiner Meinung gilt viel von dem, was diese Autoren anführen, auch für Gruppentherapie mit Drogenabhängigen.

Nach Auffassung der Autoren wäre es wünschenswert, wenn der Drogenkonsument allmählich so in einer heterogenen Gruppe aufgenommen würde (eine Gruppe, die sich aus Drogenabhängigen und Nicht-Drogenabhängigen zusammensetzt). *Zu Beginn* kann es aber für den Klienten durchaus besser sein, wenn er einer homogenen Gruppe angehört. In diesem Fall wäre es gut, wenn man eine Gruppe mit Drogenabhängigen aus den unterschiedlichen Rehabilitationsphasen zusammenstellen kann, vorzugsweise sogar mit einigen, die den Drogenkonsum schon gänzlich überwunden haben.

Anfänglich entwickelt sich ein Gruppenzusammenhalt, der auf dem Drogenmißbrauch als das für alle gemeinsame Element aufbaut. Diese Gemeinschaft, die dahin tendiert, den Gruppentherapeuten auszuschließen, ist keine echte Gemeinschaft. Im Laufe der Zeit macht sie dem Interesse für die individuelle Eigenart der einzelnen Gruppenmitglieder Platz. Dieses langsame Sich-Herauskristallisieren der Individuen ist sowohl ein Ich-stärkender als auch ein identitätsentwickelnder Prozeß. Gleichzeitig muß der Gruppenleiter ein klares und ausdrucksstarkes Bild seiner Person vermitteln und sich bemühen, zu jedem einzelnen aus der Gruppe eine beständige Beziehung herzustellen. Eine solche Beziehung sollte während eines bestimmten Zeitraums das Verhältnis zwischen der Droge und dem Drogensüchtigen ersetzen. Die Gruppenarbeit geht hauptsächlich von einer „Hier-und-heute"-Perspektive aus und hält keine Rückschau. Der Drogenabhängige soll die Problematik des Rückfalls und des Ausagierens hier ausleben können. Es ist entscheidend, daß der Therapeut diesem sich Ausleben nicht in der gleichen Art und Weise begegnet, wie dies in der Umwelt der Fall ist. Mit anderen Worten, der Therapeut darf den Abhängigen nicht von sich weisen, sondern sollte ihm mit Hilfe von Erklärungen die wesentlichen Merkmale des ausgelebten Konflikts verständlich machen. Parallel hierzu wird der Klient darin unterstützt, seine soziale Kompetenz innerhalb und außerhalb der Gruppe aufzubauen.

Wie aus dem oben Gesagten hervorgeht, setzt die Teilnahme an einer Gruppentherapie eine gewisse Ich-Stärke, eine zu einem gewissen Grad geordnete soziale Stellung und eine relativ gute Motivation voraus. Hinzu kommt, daß der Therapeut mehrere wöchentliche Zusammenkünfte in Erwägung ziehen sollte.

Das *Psychodrama* ist eine besondere Form der Gruppentherapie. Die Zielsetzung ist auch hier die gleiche wie bei den oben beschriebenen Gruppenmethoden. Aber die spezifischen psychodramatischen Techniken ermöglichen darüber hinaus das Üben und Vorbereiten konkreter Situationen draußen in der Gesellschaft. Man kann sagen, daß das Psychodrama größere Möglichkeiten als die gewöhnliche Gruppentherapie bietet, solche Momente in die Gruppenarbeit aufzunehmen, die die informelle soziale Kompetenz fördern.

Familientherapie und Familiendynamik

Psychotherapeutische Arbeit mit der Familie

Die therapeutische Arbeit mit den Familien kann auf verschiedene Weise betrieben werden. Am häufigsten kommt die Familientherapie vor. Dabei treffen ein oder zwei Therapeuten im Verlauf mehrerer Sitzungen eine Familie in ihrer Sprechstunde oder in der Wohnung der betreffenden Familie. Bei einer „Haustherapie" verstärkt sich der therapeutische Einsatz. Der Therapeut verbringt täglich mehrere Stunden, manchmal sogar die Nächte in der Wohnung einer Familie.

Die therapeutischen Interventionen sind bei der Therapie in der Wohnung der Betroffenen teilweise die gleichen wie bei der Familientherapie. Allerdings hat die Haustherapie eher einen milieutherapeutischen Charakter, weil man bei der Therapie oder der Pädagogik von den Alltagsereignissen ausgeht. Die Arbeit im häuslichen Milieu stellt an die Fähigkeiten, an die Reife und an die Aufrechterhaltung der Rollenkonstanz eines Therapeuten große Anforderungen. Eine andere, offensichtlich erfolgreiche Familienbehandlung ist die in Skå praktizierte Therapieform, bei der ganze Familien zwecks Milieutherapie in der Institution aufgenommen werden. (Anm. des Übersetzers: Skå ist ursprünglich ein Kinderdorf, das 1947 vom Stockholmer Jugendamt zur Behandlung von verhaltensgestörten Kindern im schulpflichtigen Alter gegründet wurde. Seit 1972 werden dort neue Behandlungsformen erprobt.)

Im weiteren Verlauf der Darstellung möchte ich einige Gesichtspunkte hinsichtlich der Familiendynamik in Familien von Drogenabhängigen erläutern und einige Hauptkriterien für die Familientherapie nennen.

Während der vergangenen Jahre hat das Interesse für die Familientherapie in Schweden explosionsartig zugenommen. Es werden Kurse über unterschiedliche familientherapeutische Vorgehensweisen angeboten. Wenn wir die Familientherapie zu den eigentlichen Psychotherapieformen hinzurechnen (was allerdings etwas fraglich ist, aber auf dieses Problem soll hier nicht eingegangen werden), werden in Kürze mehr Menschen in dieser Therapieform ausgebildet sein als in allen anderen Therapieformen zusammen.

Uns interessiert die Frage, welche Rolle die Familientherapie innerhalb der Drogenabhängigenfürsorge spielt. Um diese Frage beantworten zu können, müssen wir erst einmal untersuchen, ob die Familien von Drogensüchtigen durch eine besondere Art von Familiendynamik gekennzeichnet sind. 1972 untersuchte N. Selldyn 35 Studien, die sich mit der Konstellation in Familien Drogenabhängiger befaßten. Seine Untersuchungsergebnisse hat er wie folgt zusammengefaßt:

> „Verschiedene Wissenschaftszweige haben in ihren Beiträgen über den männlichen Drogenabhängigen dessen unreife Persönlichkeitsentwicklung betont. Die Familie spielt eine zentrale Rolle für die Persönlichkeitsentwicklung, ungeachtet dessen, ob der Betrachter von einem lerntheoretischen oder einem psychoanalytischen Bezugsrahmen ausgeht.
>
> Im typischen Fall stellt die Familie des Suchtkranken ein labiles Milieu für die emotionale Entwicklung dar. Vor allem das Verhalten der Mutter gegenüber dem Drogensüchtigen ist riskant. Der Vater steht am Rande und ist gefühlsmäßig unbeteiligt. Die dominierende Mutter hingegen gilt als gefühlsmäßig unreif, konfliktbeladen und ambivalent gegenüber ihrer Rolle innerhalb der Familie. Folglich werden für den Suchtkranken schlechte Voraussetzungen geschaffen, eine eigene Rolle als Ehemann und Vater zu entwickeln. Es besteht die Wahrscheinlichkeit, daß sich in seiner Ehe die ursprüngliche Familiendynamik wiederholt – das Verhalten einer dominierenden, psychosexuell ambivalenten Ehefrau hält die unreifen Verhaltensmuster ihres Ehemannes aufrecht."

1966 untersuchten Ganger und Shugart Heroinsüchtige und deren Familien. Sie kamen zu der Schlußfolgerung, daß

1. eine starke symbiotische Bindung zwischen der Mutter und dem drogensüchtigen Kind besteht;

2. die Sucht eines der Familienmitglieder in den Familien eine seit langem unterdrückte Bitterkeit und Wut auslöste;

3. die Drogenabhängigkeit sozusagen einer versteckten Feindseligkeit, Bitterkeit und Frustration in der Familie zum Ausdruck verhalf. Es kam zu einem dramatischen und destruktiven Ausagieren der Gefühle, das sich gegen die eigene Person als auch gegen die Familie an sich richtete;

4. die Familienmitglieder ihre von Qual und maßlosem Zorn erfüllten Gefühle zueinander zum Ausdruck bringen konnten, indem sie um den Drogenmißbrauch kreisende Konflikte zum Vorwand nahmen;

5. der Vater des Drogensüchtigen offen seine Feindseligkeit dem Süchtigen gegenüber zeigen konnte. Bei dieser Feindseligkeit handelte es sich ursprünglich um einen versteckten Wettkampf um die Aufmerksamkeit der Mutter.

Ich habe nur wenig Erfahrung mit der Familientherapie in Familien von Drogensüchtigen, aber auffällig oft stellte ich eine starke Bindung zwischen dem männlichen Drogenabhängigen und seiner Mutter fest.

Leider ist es oft nicht möglich, bei starken Fixern zu Beginn der Behandlung Familienarbeit zu betreiben. Aufgrund der außerordentlich schlechten Beziehungen zwischen dem Drogensüchtigen und seiner Familie ist es nicht möglich, die Familie zusammenzubringen. Während einer langfristigen Institutionsbehandlung ist es aber von größter Bedeutung, daß die Familiendynamik bearbeitet wird.

Dies gilt besonders, wenn die Familie und der Abhängige noch irgendeinen Kontakt zueinander pflegen. Familien von Drogensüchtigen neigen nämlich unbewußt dazu, den Süchtigen als Sündenbock „auszunutzen" (siehe unten!). Ein solches Verhalten kann eine ansonsten erfolgreiche Behandlung gefährden. Nach meiner Erfahrung wird häufig eine solche Bearbeitung der Familienproblematik nicht berücksichtigt, was später bei Therapieende zum Rückfall beitragen kann.

In diesem Zusammenhang möchte ich daran erinnern, daß es im Verlauf einer längeren Behandlung wichtig ist, dem Klienten wiederholt die Gelegenheit zu bieten, seine Familienproblematik zu bearbeiten, auch dann, wenn die Familie nicht zu einer regelrechten Familientherapie zusammengeführt werden kann. In Institutionen und in der Gruppentherapie erweist sich das *Psychodrama* für eine derartige Bearbeitung als vielversprechendste Methode.

Bei anfänglichem und jugendlichen Drogenmißbrauch sollte man es immer mit der Familientherapie versuchen. Manchmal ist eine langfristige Familientherapie die einzig mögliche Behandlung, aber *häufig ist es so, daß die Familienarbeit die übrige Therapie ergänzt.*

1977 haben Distasio und Harben eine vernünftige und sachkundige Übersicht über einige Formen festgefahrener Konstellationen in Familien von Drogensüchtigen verfaßt, für die eine Familientherapie von großem Wert sein kann. Die Autoren betonen, daß eine Familientherapie niemals die einzige Behandlungsform für gewohnheitsmäßigen Drogenmißbrauch sein darf.

Sie unterstreichen außerdem, daß die pathologischen Familienkonstellationen nicht vorwiegend aus dem Grund bearbeitet werden sollten, weil sie den Mißbrauch verursacht haben. Es handelt sich eher (besonders im Falle von „scape goating" = Schaffung eines Sündenbocks) um die Anpassung und Aufrechterhaltung der Situation von Seiten der betroffenen Familie. Dieses Anpassungsmuster muß durchbrochen werden. Geschieht das nicht, werden weitere Behandlungsschritte und die Entwicklung des Drogensüchtigen verhindert.

Distasio und Harben gehen näher auf drei häufige Arten einer pathologischen Familienkonstellation ein: Der Drogensüchtige als Sündenbock, der parentifizierte (s. unten) Drogenabhängige und der Suchtkranke in der „in sich verstrickten" Familie.

In den *„scape goating"*-Familien ist der Drogenabhängige der Sündenbock. Damit gibt er der Familie zum einen die Möglichkeit, Spannungen, die sich zwischen den Familienmitgliedern angestaut haben, abzureagieren; zum anderen kann ein „Sündenbock" speziell der elterlichen Beziehung einen neuen Zusammenhalt und Sinn geben. Die Familie lehnt sich unbewußt gegen den identifizierten Patienten auf, wenn dieser versucht, seine Rolle zu verändern. Der Versuch, aus seiner Rolle auszubrechen, ruft gewöhnlich bei dem identifizierten Patienten Schuldgefühle hervor.

In einigen Fällen liegt auch eine der Ursachen zum Drogenmißbrauch einfach in dem unbewußten Verlangen des Drogenabhängigen, in der Familie eine Krise heraufzubeschwören, damit die Eltern endlich zusammengeführt werden.

Unter *Parentifizierung* versteht man das Unvermögen eines oder beider Elternteile, das Kind als das kleine, hilflose Wesen zu sehen, das es nun einmal ist. Getrieben von einer starken Familienübertragung (siehe hierzu Göran Schedins Darstellung dieses Prozesses) oder aufgrund einer tatsächlichen Schwäche, die durch Krankheit, Alkoholismus u.a.m. verursacht sein kann, wendet sich beispielsweise die Mutter an ihr kleines Kind in der Er-

143

wartung, von ihm Hilfe und gefühlsmäßige Unterstützung wie von einem Erwachsenen zu erhalten. Ein solches Verhalten der Mutter stellt an das Kind ungeheure Anforderungen. Hinzu kommt, daß dem Kind nicht die für seine Entwicklung notwendige emotionale Zuwendung zuteil wird. Möglicherweise entsteht eine frühkindliche Störung (Psychose oder Charakterstörung), die im späteren Verlauf ausgeglichen oder auch verstärkt werden kann, je nach dem weiteren Entwicklungsgeschehen innerhalb der Familie. Eine Parentifizierung kann auch erst später einsetzen und Teil einer weniger tiefgehenden Familienpathologie werden.

Für einen Jugendlichen ist der Drogenmißbrauch eine (von mehreren) Möglichkeiten, der Umwelt verständlich zu machen, daß er oder sie die Erwartungen, die von parentifizierenden Eltern ausgehen, nicht verkraften kann.

Wie entscheidend es ist, dieses Muster zu durchbrechen, wird verständlich, wenn man an die Gefahr denkt, die für ein parentifiziertes Kind besteht. Selbst wenn an ihm keine Symptome erkennbar sind, besteht das Risiko, daß sich in seiner eigenen Ehe einmal die gleiche Familiendynamik wiederholen wird.

In einer „in sich verstrickten" Familie sind die einzelnen Familienmitglieder sehr stark mit- und untereinander involviert. Folglich herrscht Unklarheit darüber, wie die Rollen innerhalb der Familie verteilt sind und wo die Grenzen zueinander verlaufen. Jedes Familienmitglied besitzt einen geringen Grad an Autonomie. Der Versuch, sich nach außen hin zu orientieren, scheitert am System. Das Mißbrauchsverhalten eines Jugendlichen aus einer solchen Familie spiegelt die Art und Weise wider, mit der er mit seinen massiven Schuldgefühlen fertig zu werden versucht, die bei dem Versuch entstehen, sich von der Familie zu lösen.

Minuchins struktureller Ansatz scheint die brauchbarste Methode zu sein, wenn es darum geht, diesen Familienkonstellationen und anderen Familien von Drogensüchtigen näher zu kommen. Seine Therapiekonzeption ist aus der Arbeit mit unterprivilegierten Familien hervorgegangen. Sie legt im Vergleich zu anderen amerikanischen Familientherapien weniger Gewicht auf die Fähigkeit, Gefühle zu verbalisieren und zum Ausdruck zu bringen.

L. Cancrini und seine Mitarbeiter gingen von Minuchins Theorie aus und haben drei grundlegende Elemente für die Struktur einer familientherapeutischen Arbeit mit jugendlichen Drogensüchtigen und deren Familien beschrieben:

1. Es geht darum, innerhalb der Familie Status, Rolle und Einstellung zugunsten des identifizierten Patienten zu verändern. Dies ist möglich, wenn man sich dem Familienmythos widersetzt, der die Krankheit als

Teil des Patienten darstellt. Ein Therapeut erleichtert es den Familienmitgliedern, die Krankheit als Ausdruck für die innerfamiliären Konflikte zu sehen, und nicht als ein Attribut des Patienten. Das bedeutet, daß der Therapeut Situationen herbeiführt, in denen es möglich wird, die Patientenrolle zu einer Situation umzugestalten, in der eine Person in der Familie im Konflikt mit einem anderen Familienmitglied steht.

2. Die Suchtproblematik muß umformuliert werden. Sie ist in Verbindung mit den Beziehungen der Individuen untereinander zu sehen. Das bedeutet für den Therapeuten, daß er, anstatt das Symptom direkt zu behandeln, den Schwerpunkt der Behandlung darauf legt, den Status eines identifizierten Patienten mit interpersonellen Termini umzuformulieren. Auf diese Weise ist der Drogensüchtige nicht mehr der Jugendliche, der „den Drogen verfallen" ist, sondern eher ein aufsässiger junger Mensch, der unfähig ist, mit seinen Eltern und anderen Personen zu kommunizieren.

Während der Behandlung kann eine derartige Intervention eine Krisensituation zwischen dem Drogenabhängigen und seinen/ihren Eltern herbeiführen. Die Familienmitglieder erleben auf diese Weise unmittelbar, daß sie a) an einem Konflikt mitbeteiligt sind und b) die Drogensucht nur ein Symptom für komplexere zwischenmenschliche Probleme ist.

3. Es geht darum, die Eltern dahin zu bewegen, das Verhalten ihres Kindes nicht als eine Ausweichmöglichkeit für eigene Konflikte zu nutzen: Eine der grundlegenden Annahmen der familientherapeutischen Theorie und Praxis besagt, daß eine der Hauptfunktionen des Symptoms darin besteht, die Beziehungen innerhalb der Familienorganisation zu stabilisieren. Eine pathologische Familienorganisation kreist um das Symptom, das die Möglichkeit bietet, ungelöste interpersonelle Konflikte zwischen den Eltern zu vermeiden. Das führt wiederum dazu, daß das Symptom durch eine Reihe von Maßnahmen seitens der Eltern verstärkt wird.

Cancrini und seine Mitarbeiter sehen eine der wichtigsten Aufgaben der Familientherapie darin, die Eltern daran zu hindern, sich dem Symptom des Sohnes/der Tochter nur in der Absicht zu widmen, um dadurch eigenen Konflikten aus dem Wege gehen zu können. Das Kind wird nur dann das Symptom aufgeben, wenn den Eltern zur Einsicht verholfen werden kann, direktere und effektivere Wege zu finden, ihre wechselseitigen Konflikte zu lösen.

Bei der Debatte um die Familienkonstellationen als Ursache für die Drogensucht handelt es sich, wie bei allen anderen Diskussionen über die Entstehung psychischer Störungen, um ein heikles Kapitel. Sehr schnell taucht die Frage nach der Schuld auf. Dies gilt sowohl für die allgemeine Debatte als auch für die konkrete Familientherapiesituation. Nehmen wir zum Beispiel das oben beschriebene Phänomen der Parentifizierung. Die parentifizierende Behandlung eines Kindes durch einen Elternteil kann je nach den übrigen Umständen alles verursachen, von einer früheren Charakterstörung bis hin zu einer vorübergehenden unbedeutenderen Pubertätskrise. Tragen da nicht die Eltern an dem Entstehen des Problems Schuld?

In seinem Buch „Ungdomsutveckling och ungdomsterapi" (Anm. d. Übers.: Jugendentwicklung und Jugendtherapie) wandte sich Göran Schedin ausdrücklich gegen jede Form einer Auseinandersetzung, welche Begriffe wie „Urteilsvollstrecker" und „Opfer" verwendet. Gewöhnlich sind alle in der Familie Opfer; Opfer der sozialen Verhältnisse, die nicht beeinflußt werden können, oder aber vor allen Dingen Opfer unbewußter Übertragungen, die „für das bewußte Wollen dieser Eltern genauso unkontrollierbar sind wie die Ereignisse im Erdmittelpunkt".

Gerade der junge Therapeut, der vielleicht dazu neigt, sich mit dem Abhängigen zu identifizieren und sich mit ihm gegen die Eltern zu stellen, sollte sich dieses Phänomens bewußt sein. Wenn ein Therapeut Sympathiegefühle zum Ausdruck bringt, kann er den Drogenabhängigen damit möglicherweise vorübergehend unterstützen. (Aber ebensogut kann er dadurch zu einer Verstärkung seiner Schuldgefühle beitragen.) Mit einem derartigen Verhalten verzichtet der Therapeut allerdings auf jede Möglichkeit, irgendeine Veränderung in der krankheitserhaltenden Familienkonstellation zu erreichen. Jeder Eingriff, der dazu beiträgt, die Schuldgefühle eines Familienmitgliedes zu vertiefen, birgt die Gefahr in sich, das pathologische Muster noch mehr zu festigen.

Einige Fragestellungen zur Langzeitbehandlung

Im folgenden Kapitel werde ich auf drei Fragestellungen bezüglich der Langzeitbehandlung eingehen. Zunächst werde ich die Frage behandeln, die dem Problem getrennte oder integrierte Behandlung (Sonder- oder Gruppenbehandlung) gilt. Im Anschluß daran wird die Frage Einsichts- oder ich-stützende Therapie behandelt. Die dritte Fragestellung gilt dem Problem, ob der Drogenabhängige in einer Institution oder im Rahmen der offenen Fürsorge behandelt werden soll.

Getrennte oder integrierte Behandlung?

Die Überschrift zu diesem Kapitel knüpft an eine Diskussion an, die seit der Mitte der sechziger Jahre geführt wird. Sollen die Drogenabhängigen in speziell für sie vorgesehenen Anstalten behandelt werden? Mit anderen

Worten, sollen wir besondere Sprechstunden, Krankenhausabteilungen, Heilstätten usw. einrichten, die nur Drogensuchtkranke aufnehmen, während die Sozial- und Krankenfürsorge ihre allgemeinen Einrichtungen für Drogenabhängige schließt?

In der von der Staatlichen Sozialbehörde veröffentlichten Schrift „Behandling av narkotikamissbrukare" (Anm. d. Übers.: Behandlung Drogensüchtiger) wird die Forderung gestellt, daß das Ziel eine Integration zwischen Süchtigenfürsorge und der übrigen Kranken- und Sozialfürsorge innerhalb der Gesellschaft sein muß. Man wendet sich gegen eine gesonderte Betreuungsorganisation. Gleichzeitig sieht man jedoch ein, daß es in vielen Fällen vorübergehend wichtig ist, spezielle Behandlungsvorkehrungen für Drogensüchtige zu treffen.

Aus der Zielsetzung der staatlichen Sozialbehörde einerseits und dem Versuch der Gemeinden andererseits, für den konkreten Bedarf eine Lösung bereitzuhalten, entstand ein Kompromiß, der nicht selten beides, sowohl getrennte als auch integrierte Behandlung ermöglicht. Ich glaube, es ist wichtig, daß es die Möglichkeit der Wahl gibt, und zwar aus folgendem Grund: Eine Behandlung im Rahmen einer getrennten speziellen Therapieeinrichtung unterstützt die Identifizierung des Süchtigen als Drogenabhängiger. Dies gilt besonders für Jugendliche. Schließt man die Drogenabhängigen von regulären Behandlungsorganisationen aus, könnte das unter Umständen zum Verstoßungsprozeß beitragen. Für die harten Fixer lassen sich allerdings die Nachteile einer getrennten Behandlung mit den Möglichkeiten einer speziellen Behandlung aufwiegen, über die Therapieeinrichtungen verfügen, die besonders für Drogenbehandlung konzipiert sind. Spezialeinrichtungen für Suchtkranke verfügen auch über ganz andere Möglichkeiten, harte Fixer für eine Therapie zu motivieren.

Einerseits erweitern solche Spezialeinheiten ihre Kenntnisse über die Suchtproblematik und verbessern die Methoden, wie mit Drogenabhängigen umzugehen ist, andererseits sind solche Institutionen und Beratungsstellen für den Suchtkranken nicht so furchterregend. Der Drogensüchtige weiß, daß er in solchen Institutionen noch andere Drogensüchtige trifft. Er hat dadurch das Gefühl, daß seine Fixeridentität nicht in gleichem Maße bedroht ist wie bei dem Besuch einer integrierten Institution.

Bei neuen, noch nicht stigmatisierten Süchtigen und dem Großteil der von leichteren Drogen Abhängigen ist es von entscheidender Bedeutung, daß Zugang zu den integrierten Behandlungsinstitutionen besteht. Man sollte in solchen Fällen eine Behandlungsform vermeiden, die das Gefühl noch verstärkt, anders als die anderen, etwas Außergewöhnliches, ein Fixer usw., zu sein. In großen Zügen sieht die Behandlungsproblematik für diese Drogenabhängigen nicht viel anders aus als für andere junge Menschen mit psychischen und sozialen Problemen.

Institutionelle Tag-und-Nacht-Behandlung oder ambulante Behandlung?

Im Kapitel 6 wurden einige Formen der Tag-und-Nacht-Behandlung beschrieben. Man kann die Alternativen für die Tag-und-Nacht-Behandlung grob in drei Gruppen unterteilen:

Kollektiv- und Familienbehandlung. Diese Aufteilung schränkt die Fragestellung etwas ein. Es besteht demnach keine Wahl zwischen ambulanter Therapie und Tag-und-Nacht-Betreuung, sondern zwischen offener (ambulanter) Behandlung einerseits und den verschiedenen Formen der Tag-und-Nacht-Betreuung andererseits. Diese Unterscheidung ist wichtig, wenn wir die negativen Aspekte der Tag-und-Nacht-Betreuung in Betracht ziehen. Jedes Mal, wenn wir zu entscheiden haben, ob wir einer Person eine Institutionsbehandlung empfehlen oder sie zwangsweise einliefern, müssen wir uns folgende Frage stellen: *„Ist es wahrscheinlich, daß die negativen Auswirkungen einer Institutionsbehandlung geringer als die positiven sind?"*

Was bereits über die Gefahr einer Verstärkung der negativen Identität innerhalb der getrennten Behandlung gesagt worden ist, trifft für die Tag-und-Nacht-Betreuung in noch stärkerem Maße zu als für die offene Behandlung; davon abgesehen, sind die Überlegungen die gleichen.

Besonders im Falle einer Institutionsbehandlung muß man außerdem die Möglichkeit von Anstaltsschäden (Hospitalismus) berücksichtigen. Bei der Behandlung in der Familie kommen solche Schäden nicht vor oder sind unbedeutend. Im Rahmen einer Betreuung im Kollektiv treten sie meist begrenzt auf.

Für die Institutionen habe ich eine grobe Aufteilung in traditionelle, „service-minded"[1] und sozialtherapeutische Institutionen vorgenommen. Ab Seite 120 wurde der psychodynamische Inhalt der verschiedenen Institutionen behandelt. An dieser Stelle soll nur darauf hingewiesen werden, daß das Risiko für das klassische Institutionssyndrom – Hospitalismus mit Regression, Isolierung und Teilnahmslosigkeit – bei den traditionellen Institutionen am größten und bei den sozialtherapeutischen Einrichtungen am geringsten ist. Alle Institutionen sind allerdings durch eine gewisse Isolierungstendenz gegenüber der Umwelt und durch ein gewisses Maß an Betreuung und Anonymität gekennzeichnet.

---

[1] Anm. d. Übers.: „Dienstleistungs"-

Bei der Beurteilung, ob eine institutionelle Behandlung in Frage kommt oder nicht, sollte die Notwendigkeit geprüft werden, ob der Klient vom Fixermilieu abgeschirmt werden muß oder nicht. Es sollte untersucht werden, inwieweit der Klient in der Subkultur verankert ist. Darüber hinaus sollte man sich die Frage stellen, ob es für den Klienten erforderlich ist, ihn dem intensiven Einfluß z. B. einer sozialtherapeutischen Institution auszusetzen, oder ob für ihn unter Umständen eine langfristige Therapie im Rahmen der ambulanten Betreuung (offenen Stationsbetreuung) ausreicht.

In der offenen Therapie treten die Risiken nicht so offensichtlich hervor. Auf keinen Fall sollte man die Möglichkeiten überschätzen, daß man mit einem ambulanten Fürsorgekontakt einem massiv drogensüchtigen und früh gestörten Abhängigen, der noch dazu tief in Drogenkreisen verwurzelt ist, helfen kann.

Einsichtstherapie oder ich-stärkende Therapie?

Einsichtstherapie bedeutet in diesem Zusammenhang eine in der psychoanalytischen Theorie begründete Behandlungsweise, deren Kerngehalt im Bewußtmachen unterbewußter Konflikte besteht. Mit der ich-stärkenden Therapie (man sollte sie eigentlich ich-entwickelnd nennen) bezieht man sich ebenfalls auf eine auf der psychoanalytischen Theorie aufbauenden Behandlungsmethode, deren Kern die Entwicklungsunterstützung der Ich-Funktionen eines Menschen sowie der Aufbau einer beständigen positiven Identität ist.

Manchmal wird scharf zwischen Einsichtstherapie einerseits und ich-aufbauender Theorie andererseits unterschieden. In Wirklichkeit weisen die meisten Psychotherapien sowohl Merkmale der Einsichtstherapie als auch der ich-aufbauenden Therapie auf. Sogar die orthodoxe Analyse betreibt eine gewisse Form der Ich-Stärkung. Auch in einer ausgesprochenen ich-stützenden Therapie kommen einsichtsbearbeitende Momente vor. Dies wird besonders deutlich, wenn zu der Einsichtstherapie das Bewußtmachen vorbewußter Prozesse hinzutritt.

Dennoch geht jegliche Psychotherapieausbildung von der Einsichtstherapie aus. Die Einsichtstherapie/Psychoanalyse ist auch bei weitem die am häufigsten beschriebene und theoretisch strukturierteste Therapie. Bei schwedischen Therapeuten trifft man manchmal auf die mehr oder minder deutlich zum Ausdruck kommende Vorstellung, daß die Einsichtstherapie schwer und wissenschaftlich, die ich-stützende Therapie hingegen leicht und weniger wissenschaftlich sei.

Bei der Diskussion über Einsichts- und ich-aufbauende Therapie muß man sich klar vor Augen halten, daß diese Therapien in ihrer ursprünglichen reinen Form völlig unterschiedliche Strukturen aufweisen.

Beide Theorien setzen sich aber eine tiefgreifende Veränderung der psychischen Struktur zum Ziel. Infolge ihrer ambitionierten Zielsetzungen sind daher beide Therapieformen für den Therapeuten und den Klienten langwierig und fordernd.

Bei Klienten mit frühen Charakterstörungen kommt im allgemeinen primär eine ich-stützende Therapie in Frage. Der Anteil der Einsichtstherapie ist jedoch nicht unbedeutend. Besonders im späteren Verlauf der Therapie kann die ich-aufbauende Therapie in eine mehr oder weniger reine Einsichtstherapie übergehen. Dies gilt auch für die institutionelle Behandlung. Dabei kommt es häufig vor, daß die verschiedenen Momente auf unterschiedliche Instanzen verteilt werden. Die Milieutherapie an sich ist dann ich-stärkend, und gewiese gruppentherapeutische Aktivitäten haben einen mehr einsichtsbearbeitenden Charakter. Wahrscheinlich verhält es sich so, daß die übrigen Therapieabschnitte in größerem Ausmaß einsichtsbetont sein können, je intensiver sich die ich-stärkenden Momente auswirken.

Bei Jugendlichen darf die Psychotherapie niemals nur auf die Einsichtsbearbeitung ausgerichtet sein, auch dann nicht, wenn neurotische Probleme vorliegen. Die ich-stärkende Therapie gehört näher in den Bereich von Pädagogik und Erziehung als die Einsichtstherapie. Zum großen Teil geht es ja gerade darum, eine Entwicklung nachzuvollziehen, die aufgrund fehlender Ressourcen eines oder beider Elternteile im frühen Kindesalter fehlgelaufen war.

Die schlechten Beziehungen zwischen Kind und Eltern führen dazu, daß der Sozialisationsprozeß nicht funktioniert hat. Mit anderen Worten, es gelingt nicht, gesellschaftliche Wertungen und Grundeinstellungen der Eltern, was richtig und was falsch ist, d.h. die Moral, auf das Kind zu übertragen.

Bei der Behandlung starker Fixer, die sich niemals solche Wertsetzungen angeeignet haben, ist es daher unvermeidlich, daß in die Therapie Arbeitsweisen mit Merkmalen dieses Sozialisationsprozesses miteinbezogen werden. Der zentrale Mechanismus eines solchen Prozesses besteht nicht aus Zwang, Drohung oder „Erziehung" durch neutrale oder feindliche „Behandelnde" vom Typ Gefängniswärter, Pfleger im Behandlungsvollzug, patriarchalischer Ärzte oder traditioneller Vollzugsbediensteter. Der Kerngehalt eines solchen Prozesses besteht gerade aus der Identifikation, für die ein grundlegender, positiver Kontakt erforderlich ist.

Voraussetzung für die Durchführung einer erfolgreichen Einsichtstherapie sind immer umfangreiche Kenntnisse der Techniken. Auch für die ich-stützende Therapie ist eine Technik erforderlich. Vermutlich läßt sich aber eine ich-stützende Behandlung auch mit weniger umfangreichen theoretischen Vorkenntnissen mit Erfolg durchführen, wenn die behandelnden Personen erwachsen und in der Gesellschaft gut integriert sind und nach *erteilter Anleitung arbeiten.* Bei der Einsichtstherapie dürfte die soziale Gruppenzugehörigkeit eines Therapeuten keine so große Rolle spielen. Seine soziale Gruppenzugehörigkeit kann aber in der ich-stärkenden Therapie sehr wichtig sein. Viele Drogenabhängige stammen aus Familien, die der unterprivilegierten Sozialgruppe III angehören.

In solchen Fällen ist es für einen Klienten schwer und frustrierend, sich mit einem gutbezahlten Akademiker zu identifizieren. Für einen Therapeuten, der ich-aufbauend und identitätsstärkend arbeitet, ist es jedoch entscheidend, daß er/sie sich über die eigene Identität und die darin enthaltene Bewertungsgrundlage völlig im klaren ist. Die klare, politische oder religiöse Ideologie eines Therapeuten mag so manchen zurückstoßen, für die Therapie drogenabhängender Jugendlicher ist sie jedoch von großem Vorteil. Eine feste ideologische Haltung des Therapeuten hilft gerade solchen Jugendlichen, die versuchen Ordnung in ihrer Identitätsverwirrung herzustellen.

Die Behandlung von Fixern mit psychotischer oder Borderline-Symptomatik

Die grundlegenden Behandlungsprinzipien, die bereits beschrieben worden sind, gelten im Großen und Ganzen auch in den Fällen, wo eine Psychose- oder Borderline-Symptomatik in der psychologischen Problematik dominant ist. Manchmal muß man jedoch den praktischen Teil der Behandlung beträchtlich modifizieren. Vor allem hinsichtlich der folgenden vier Bereiche sollte der Therapeut Abweichungen von der Struktur *in Erwägung ziehen,* die für die meisten der harten Fixer anwendbar sind:

1. Medikamentöse Behandlung
2. Typ der Behandlungseinrichtung
3. Zeitperspektive
4. Zielsetzung.

Medikamentöse Behandlung

Allem Anschein nach verwenden vor allem opiatabhängige psychotische Patienten das Präparat buchstäblich zur reinen Selbstmedikation. Schon allein wegen dieses Phänomens ist es oft angebracht, daß bei psychotischen Zuständen die psychosoziale Therapie mit einer psychopharmazeutischen Behandlung kombiniert wird. Ich habe selbst die Erfahrung gemacht, daß Medikamente bei der Behandlung dieser Patienten durchaus berechtigt sind. Natürlich darf eine medikamentöse Behandlung den Abhängigen nicht von einer Therapie fernhalten, die einen langsichtigen Aufbau der Ich-Funktionen und der sozialen Kompetenz verfolgt.

Im Falle der Borderline-Problematik (siehe S. 245) hat eine antipsychotische medikamentöse Behandlung im allgemeinen keine positive Wirkung. Manchmal erscheint es jedoch angezeigt, für einen kürzeren Zeitraum angstdämpfende Präparate zu verordnen.

Eine *Entgiftung* dieser beiden Klientengruppen kann besondere Probleme aufwerfen. Im allgemeinen werden die psychotischen Symptome durch die Einnahme von Zentralstimulantien verstärkt (Ausnahmen gibt es aber). Oft bleiben die Symptome in dieser Phase längere Zeit bestehen als die „üblichen" paranoiden Zustände, in die der Zentralstimulantienabhängige häufig gerät. Hier kann besonders eine antipsychotische medikamentöse Behandlung angezeigt sein, wobei die Entgiftungsperiode eine bedeutend längere Zeit als bei dem nicht psychotischen Klienten beanspruchen kann.

Bei Opiatmißbrauch können sich die psychotischen Symptome in Verbindung mit der Entgiftung verschlimmern. Es können Angstvorstellungen und manchmal auch Selbstmordhandlungen ausgelöst werden. Ein Rückfall des Klienten ist jedoch der Normalfall. Einsicht und Verständnis in die Entgiftungsproblematik, die auf Seite 113 beschrieben wurde, sollten die Verhaltensweise des Betreuenden bestimmen; aber auch hier kann eine spezifische antipsychotische medikamentöse Behandlung eine Stütze sein.

Institutionstyp

Sehr häufig erfordert die Behandlung von Fixern einen stationären Aufenthalt in einer Institution. Im vorausgehenden Kapitel wurde auf einige Kategorien therapeutischer Wohngemeinschaften hingewiesen, die ein adäquates Behandlungsmilieu anbieten.

Bei diesen Behandlungskonzepten wären vor allem zwei Aspekte zu nennen, die für Klienten mit einer Psychose oder Borderline-Problematik die Anpassung erschweren können: Teils die *Gruppenorientierung,* teils der *konfrontative Charakter* der Behandlung.

Eine Gruppenorientierung an sich stellt nicht notwendigerweise ein Hindernis für die Anpassung dar. Allerdings ist eine therapeutische Wohngemeinschaft dieses Typs so strukturiert (oder sollte es sein), daß die Klienten ein wichtiges Glied in der Kette des tätigen Kollektivs sind. Hinzu kommt, daß die Art und Weise, wie die einzelnen Mißbraucher dieser Mindestforderung nachkommen, in Gruppensitzungen sehr genau begutachtet und kritisiert werden. Für die Welt des Klienten bedeutet das unter Umständen einen unerträglichen Eingriff. Im allgemeinen verfügen therapeutische Wohngemeinschaften dieser Art über gute Möglichkeiten, sowohl dem unkontrollierten

Ausagieren von Emotionen wie der manipulativen Zurückhaltung zu begegnen. Allerdings bestehen Schwierigkeiten, auf autistische Tendenzen (siehe S. 244) anders als mit der Ausstoßung zu reagieren. Das konfrontative Moment kann dazu beitragen, daß sich der psychotische Klient noch mehr in sich zurückzieht und bei Borderline-Patienten vorübergehend eine Psychose ausgelöst wird.

Für beide Patientengruppen besteht mit anderen Worten das Risiko, von diesen Behandlungseinrichtungen ausgestoßen zu werden, genauso wie sie in den Fixerkreisen oft Außenseiter gewesen sind. Die Klienten erleben in vielen Fällen ihr Versagen innerhalb der Institution als eine weitere (vielleicht sogar endgültige) Bestätigung dessen, daß sie nirgends hingehören. Das stimmt sie traurig und hoffnungslos; das Selbstmordrisiko tritt offener hervor.

Meiner Meinung nach kann man dieses Problem nur dann lösen, wenn man bereits bei dem initialen Kontakt in der ambulanten Betreuung oder in der Entzugsstation überlegt, ob für diese Klienten nicht allgemeinpsychiatrische Einrichtungen der geeignetere Behandlungsort sein könnten. Diese Entscheidung ist für solche Klienten nicht einfach zu treffen, die bereits als Fixer stigmatisiert sind und schon lange in einem asozialen Milieu leben. Für solche Klienten müßte es wenigstens eine Heilstätte im Land geben, die sich auf die Kombination Psychose oder Borderline-Problematik und Drogensucht eingerichtet hat.

Zeitliche Prognose

Im Vergleich zu anderen Klienten muß sich die Arbeit mit psychotischen Patienten und Klienten mit Borderline-Problematik über einen sehr viel längeren Zeitraum erstrecken. Siehe hierzu auch die Ausführungen unter dem Titel „Zielsetzung"!

Zielsetzung

Für die meisten Drogenabhängigen ist eine vollständige Rehabilitation als Ziel durchaus angemessen. Ich glaube allerdings nicht, daß diese Zielsetzung für eine Gruppe mit schweren Störungen vom Typ Psychose oder Borderline-Problematik realistisch ist. Sehr oft kann man diese Klienten dazu bewegen, den Drogenmißbrauch einzustellen, solange sie sich in einer Institution befinden. Sobald sie aber herauskommen, werden sie sogleich wieder rückfällig. In einigen Fällen reichen nicht einmal eine langwierige Psychotherapie und ein soziales Training aus, um die Klienten für den „Schritt" aus der Institution hinaus in die Gesellschaft zu rüsten. Hier scheint es erfolgversprechender zu sein, nach einigen Behandlungsjahren eine stützende Lebensgemeinschaft zustande zu bringen, anstatt sich nur auf das initiale Behandlungsziel festzulegen. Beispiele für solche stützenden Lebenskreise sind kleinere Pensionsheime. Der dort tätige kleine Personalstab arbeitet in größerem Maße auf die Gestaltung eines familienähnlichen, unterstützenden Milieus hin als eine antreibende Behandlungseinrichtung. Johan Norman und Ragnar Schultze haben in ihrem Buch „Hemlöse män i Stockholm" (Anm. d. Übers.: „Obdachlose Männer in Stockholm") Beispiele für einen solchen Lebensrahmen in Form kleinerer Pensionsheime mit beschützenden Werkstätten gegeben. Diese Alternative schließt nicht aus, daß die dort lebenden Klienten heranreifen und das Pensionsheim nach fünf, zehn oder fünfzehn Jahren verlassen.

Zwangstherapie oder freiwillige Behandlung?

Bei der Diskussion über die Konzeption der Drogensuchtbekämpfung stand die Debatte über die Frage Zwang oder Freiwilligkeit bei der Drogensüchtigenfürsorge im Vordergrund. Zeitweise war diese Diskussion sehr bewegt, und die Gegensätze derer, die „für Zwang" und derer, die „gegen Zwang" waren, traten immer deutlicher hervor. Obwohl diese Debatte zeitweise durchaus sehr interessant und wichtig war, entfernte sie sich meiner Auffassung nach zu weit von der Frage nach dem *Behandlungsinhalt*. Dieser Hang zur Isolierung der Zwangsfrage war vor allem für solche Diskussionsteilnehmer kennzeichnend, die erweiterte Zwangsmaßnahmen befürworteten.

Welche Risiken sind mit Zwang verbunden? Auf die Tatsache, daß Zwang den Einzelnen einer Reihe von Gefahren aussetzt, ist oft genug hingewiesen worden. Aber manchmal besteht keine einheitliche Auffassung darüber, inwieweit Zwang die Betreuungs- und Behandlungsorganisationen beeinflußt. Man kann die negativen Effekte des Zwangs in drei Kategorien einteilen:

1. Auswirkungen auf die Sozialpolitik und Politik im allgemeinen.

2. Auswirkungen auf die Behandlungsorganisation einschließlich des darin arbeitenden Personals.

3. Auswirkungen auf die Klienten.

Sozialpolitische und allgemeinpolitische Auswirkungen

Die Zwangsgesetze für den Sozial- und Krankenfürsorgebereich waren nicht nur in vergangenen Zeiten ausgesprochene Klassengesetze, sondern sie treffen auch heute noch die soziale Unterschicht einer Gesellschaft.

Der Zwang in der Sozialfürsorge steht darüber hinaus in krassem Gegensatz zu den solidarischen Grundeinstellungen, die für Sozialfürsorgeeinrichtungen und die Sozialpolitik im großen und ganzen als Basis gelten.

Auswirkungen auf die Behandlungsorganisationen und das dort tätige Personal

Seit langem haben die Erfahrungen gezeigt, daß mit Zwang verbundene Institutionen sehr häufig entstellt werden. Dies gilt auch für die Menschen, die in den Organisationen arbeiten. Die Institutionen entwickeln sich in der Richtung, die bereits für konventionelle Institutionen mit Zwangscharakter als kennzeichnend dargestellt wurde (siehe S. 121). Ein Beispiel für diese Entwicklung sind die Jugendfürsorgeschulen. Sie waren als rettende und helfende Institutionen gedacht, entwickelten sich aber zu Strafanstalten.

Die geschlossene Pflegeanstalt für Alkoholiker ist ein Beispiel einer Organisation, die ihren Angestellten Rollen zuwies, die sie von den Patienten entfernten, anstatt sie ihnen durch ihre geleistete Hilfe näherzubringen. Nur wenige Alkoholiker sehen in der geschlossenen Trinkerheilanstalt eine Möglichkeit, vom Mißbrauch loszukommen.

Auswirkungen auf den Klienten

Zunächst wird die Beziehung zwischen dem Behandelnden und dem Klienten negativ beeinflußt. Zwang ist ein sehr schlechter Ausgangspunkt, um therapeutische Beziehungen herzustellen, ganz zu schweigen vom menschlichen Kontakt überhaupt. Wenn man nicht in der Lage ist, einen positiven Kontakt aufzubauen, ist es fraglich, ob man überhaupt einen positiven Einfluß ausüben kann. Aber die Zwangssituation übt auch einen unmittelbaren Einfluß auf die Klienten aus.

Das vorrangigste Merkmal eines Drogenabhängigen ist seine unklare Identitätsauffassung. Die negative Fixeridentität ist ein Versuch, diesen Mangel zu kompeniseren. Zu der unklaren Identitätsauffassung gehört immer ein schwaches Selbstbild. Den Abhängigen kennzeichnet häufig das starke Gefühl der Machtlosigkeit, eine Unfähigkeit, seine Situation zu ändern. Wird er nun noch Zwangsmaßnahmen ausgesetzt, verstärkt sich dieses Gefühl, und der Bedarf einer negativen Identitätslösung nimmt zu.

Wir haben bereits erwähnt, daß die konventionelle Institution mit Zwangscharakter einen negativen Einfluß ausübt und rasch zu Anstaltsschäden (= Hospitalismus) führt. Dieser Prozeß ist im Wesentlichen für den Drogenabhängigen ein negativer Vorgang, der den Ausstoßungsprozeß beschleunigt und die psychologische Problematik vertieft.

Es besteht die große Gefahr, daß der Drogenabhängige sein Vertrauen in die gesamte Behandlungsorganisation verliert und sich sogar von den offenen Beratungsstellen „fernhält", wenn Zwang über den Ausnahmefall hinaus angewendet wird.

Wann aber ist Zwang berechtigt? Zunächst möchte ich einen Überblick über die heute möglichen Zwangsmaßnahmen geben:

1. *LSPV – Lagen om sluten psykiatrisk vård i vissa fall* (Anm. d. Übers: *Gesetzliche Bestimmungen für eine geschlossene stationäre psychiatrische Behandlung in bestimmten Fällen*): 1969 erhielt dieses Gesetz eine Zusatzklausel. Dieser Zusatz betonte, daß sowohl die Aufnahme als auch das bloße Verwahren stark Drogenabhängiger nach diesem Gesetz möglich waren. Die Absicht bestand darin, daß dieser Zusatz die bereits früher angewandte Praxis beeinflussen sollte.

   Eine andere Gruppe als die gewöhnlich akut eingewiesenen Abhängigen besteht aus Fällen, die durch Gerichtsbeschluß laut LSPV-Gesetz zur Therapie übergeben werden. Diese Gruppe wird als besonders therapiebedürftig bezeichnet. Drogenabhängige dieser Gruppe werden in vielen unserer geschlossenen Nervenheilanstalten, aber auch in Spezialkrankenhäusern und Spezialabteilungen behandelt.

2. *Strafgesetz:* Die meisten Drogenabhängigen begehen früher oder später Rauschgiftstraftaten. Laut Strafgesetz werden sie zu Freiheitsstrafen oder Bewährungsaufsicht verurteilt.

3. *Jugendfürsorgegesetz:* Laut BvL (Barnavårdslagen = Jugendfürsorgegesetz; Anm. d. Übers.) können Jugendliche bis zu achtzehn Jahren (eine Verlängerung bis zu zwanzig Jahren ist möglich) gegen ihren Willen während der Bewährungszeit überwacht, bei Pflegeeltern untergebracht oder in eine Institution eingewiesen werden.

Es scheint, als werde das LSPV-Gesetz trotz des Zusatzes von 1969 nur in geringem Ausmaß angewendet, um, gestützt auf ein Behandlungsattest, Abhängige zwangsbehandeln zu können. Eine beträchtlich große Anzahl zwangsbehandelter Drogenabhängiger befindet sich jedoch in unseren Nervenkliniken, in die sie durch richterliche Auflage überwiesen wurden. Auch hinsichtlich des Jugendfürsorgegesetzes folgt man im allgemeinen einer restriktiven Linie, wenn es um die Zwangsbehandlung geht. Dies geschieht parallel mit einem verstärkten Einsatz anderer Maßnahmen. 1977 schätzte man die Zahl der Abhängigen in den geschlossenen Strafvollzugsanstalten auf 1150. Hier lebt demnach die große Zahl der zwangsbehandelten Suchtkranken.

Wenn wir uns die Frage stellen, für welche Fälle Zwangsmaßnahmen berechtigt sind, erhebt sich sogleich die Gegenfrage: Welche Art von Zwang

156

ist gemeint? Zwang wozu? Die Stellungnahme zu der Frage Zwang oder Freiwilligkeit im Bereich der Suchtbekämpfung kann nach meiner Auffassung erleichtert werden, wenn man berücksichtigt, daß es so viele unterschiedliche Arten von Zwang gibt.

Unter anderem kann man fünf Unterscheidungen vornehmen:

1. *Zwang gegen jugendliche bzw. gegen erwachsene Drogenkonsumenten:* Zwang innerhalb der Langzeitbehandlung hat für den erwachsenen Drogenabhängigen meist nur negative Aspekte. Bei den jüngeren Drogenkonsumenten liegt eine ganz andere sozialpsychologische Situation vor. Es gehört zur Entwicklung vom Kindes- bis zum Erwachsenenalter, daß Unterstützung in Form von Grenzziehungen und äußerer Kontrolle gegeben wird. Natürlich ist diese Kontrolle vorwiegend Aufgabe der Eltern. Aber auch andere Erwachsene und Gesellschaftseinrichtungen spielen für die Entwicklung normaler Jugendlicher eine wichtige Rolle. Wenn die Sozialisation in der Familie nicht geglückt ist, benötigt der Klient für alle Fälle weiterhin noch die Unterstützung durch diese Kontrolle und die Grenzsetzung. Risiken für Schäden gibt es auch bei der Zwangsbehandlung der Jugendlichen. Daneben gibt es aber noch ganz andere *Chancen.* Erstens besteht mitunter die Möglichkeit, den Jugendlichen Pflegeeltern zu übergeben. Diese Form der Zwangsunterbringung sollte bei Jugendlichen immer als erste in Erwägung gezogen werden.

Zweitens gibt es innerhalb der Kinder- und Jugendfürsorge einige Einrichtungen, die besser funktionieren als die Behandlungsorganisationen für Erwachsene. Hierbei muß unterstrichen werden, daß es ein großer Vorteil ist, wenn der Zwang nicht anonym, sondern so persönlich wie nur möglich ist. Bei den Erwachsenen ist es wahrscheinlich genau umgekehrt. Werden Zwangsmaßnahmen erforderlich, erscheint es am besten, wenn sie so weit wie nur möglich außerhalb der Behandlungseinrichtung eingesetzt werden (siehe auch weiter unten unter „indirekter Zwang").

2. *Vorübergehende und langzeitige Zwangsbehandlung:* Eine kurzfristige Betreuung wird im allgemeinen als weniger riskant angesehen als die Langzeitbehandlung. Untersuchungen (Erikson und Frykholm) scheinen zu belegen, daß es für den Verlauf einer langfristigen Behandlung keine Rolle spielt, ob der Klient anfänglich zwangsweise eingeliefert wurde, oder ob er sich freiwillig zur Entgiftung entschlossen hat.

Die Anwendung des LSPV setzt allerdings den Zugang zu Ärzten voraus. Sozialarbeiter, die Drogenabhängige in schlechtem Zustand antreffen, verfügen nicht immer über diese Möglichkeit. Dies mag *eine* der Ursachen sein, warum das LSPV-Gesetz nicht häufiger bei Fällen einer akuten Behandlung angewendet wird.

3. *Zwangsbehandlung aufgrund von Drogenabhängigkeit bzw. aufgrund schwerwiegender Komplikationen:* Diese Art von Zwang wird vom Drogenabhängigen meistens ganz gut verkraftet. Er faßt die Zwangsbehandlung als eine Hilfe auf, die ihn aus einer gefährlichen Lage befreit. Beispiele auftretender Komplikationen sind physische Insuffizienz mit starkem Selbstmordrisiko, schwerer Verwirrungszustand oder Psychosen.

4. *Direkter und indirekter Zwang:* Direkter Zwang bedeutet, daß sich der Klient in einer Institution oder einer Behandlungsorganisation befindet, in der es die Aufgabe des Behandelnden ist, Zwangsmaßnahmen zu treffen. Das ist beispielsweise in Nervenheilanstalten oder in Strafanstalten der Fall. Die Situation ist anders, wenn der Patient sich z. B. laut § 34[1] des Strafvollzugsgesetzes in einer Heilstätte aufhält. Die Zwangsmaßnahme bleibt Aufgabe des Strafvollzugs, während sich die Verpflichtungen des Heilstättenpersonals darauf beschränken, Meldung zu machen, wenn der Klient für längere Zeit von der Einrichtung fernbleibt. Die deformierende Wirkung auf die Institutionen und der negative Einfluß auf die Klienten scheint bei dieser Konstruktion geringer zu sein. Bei der Anwendung dieser Art von Zwang stößt man allerdings auf andere Schwierigkeiten, unter anderem auf das ethische Dilemma, Strafe und Therapie anwenden zu müssen.

5. *Zwang zu institutioneller Betreuung und Zwangsüberwachung (mit dem Risiko einer Anstaltseinweisung bei einem Rückfall):* Die destruktiven Effekte der Zwangstherapie sind bei der institutionellen Behandlung größer als bei den unterschiedlichen Arten der offenen Betreuung. Das bedeutet jedoch nicht, daß man von den Gefahren einer Zwangsbehandlung im Rahmen der offenen Therapie absehen kann.

Im Laufe meiner klinischen Tätigkeit wurde meine Auffassung bekräftigt, daß eine erweiterte Zwangsgesetzgebung keine Vorteile, hingegen gewisse Gefahrenmomente für die Suchtbekämpfung bedeuten würde. Meiner Meinung nach sollte man jedoch – trotz des bestehenden ethischen Dilemmas – in größerem Ausmaß erwägen, dem Drogensüchtigen im geschlossenen Strafvollzug die Anwendung des § 34 oder einer ihr entsprechenden Konstruktion anzubieten, damit die Strafzeit sinnvoller wird und weniger destruktiv verläuft. Die Erweiterung dieses Entwurfs eines indirekten Zwanges in Verbindung mit dem Verbüßen einer Strafe erfordert allerdings eine genaue Überwachung der gerichtlichen Praxis. Diese Kontrolle wird notwendig, damit das vermehrte Therapieangebot nicht zu einem häufigeren Verhängen von Freiheitsstrafen führt.

---

[1] § 34. Nach diesem Paragraphen kann ein zu Haft verurteilter Drogensüchtiger seine Strafe – oder einen Teil davon – in therapeutischen Drogenfürsorgeeinrichtungen außerhalb der Haftanstalt verbüßen.

Darüber hinaus müßte geprüft werden, ob Sozialarbeiter, die – vor allem in Großstädten – mit Drogenabhängigen arbeiten, Kontakt zu Ärzten haben, damit in einer ausgesprochenen Notlage nach dem LSPV-Gesetz eine Akutaufnahme im erforderlichen Ausmaß angeordnet werden kann.

Die Arbeit in der Rauschgiftsüchtigenfürsorge

Im Januar 1976 hielt die neugegründete Organisation TCA (Therapeutic Communities of America) ihre erste Konferenz ab. Eines der auf dieser Konferenz behandelten Themen, das sich den unterschiedlichen Problemkreisen einer therapeutischen Wohngemeinschaft für Drogensüchtige widmete, war das „Staff Burn Out Syndrome". Damit wurde eine Art Erschöpfungssyndrom umschrieben, von dem Mitarbeiter des Personalstabs in therapeutischen Wohngemeinschaften betroffen sind; dies gilt sowohl für sog. „professionals" als auch für „ex-addicts". Man vertrat die Ansicht, daß zwischen gewissen Persönlichkeitstypen unterschieden werden könne, die besonders anfällig für dieses Syndrom des „völligen psychischen und physischen Ausgebrannt-Seins" seien:

1. Der sich aufopfernde Mensch, der für ein sehr geringes Entgelt arbeitet, zu viel auf sich nimmt und dabei nicht merkt, welche Bürden auf ihm lasten. In seiner idealistischen Verfassung glaubt er, immer mehr geben, seine Anstrengungen verdoppeln und höheren Erwartungen begegnen zu können. Ein solcher Mensch ist unfähig, sich zu entspannen.

2. Der Ex-User, der sich und anderen beweisen muß, daß er jemand ist. Sein Wesen wird von einer gewissen Überheblichkeit gekennzeichnet. Ständig muß er zeigen, daß er nicht mehr so schlecht wie früher ist. Für den Übergang von der Aufnahme bis hin zum Status als Mitglied des Personalteams wird meistens kaum etwas zur Vorbereitung getan. Folglich fehlen diesen neu angestellten Mitarbeitern des Personalstabs häufig die richtigen Anpassungsmechanismen.

3. Der Mensch, der in der therapeutischen Wohngemeinschaft die einzige Quelle der Befriedigung sieht. Wenn es sich um einen Ex-User handelt, ist er für seine Rückkehr in die Gesellschaft schlecht ausgerüstet. Es fehlt ihm an Ressourcen, eigenen Interessen, Aktivitäten oder Freunden, kurz gesagt, an einer Identität außerhalb der therapeutischen Wohngemeinschaft.

4. Die autoritäre Persönlichkeit; einer der glaubt, nur er allein könne etwas Vernünftiges leisten. Ein solcher Mensch ist unfähig, Verantwortung zu delegieren. Er versucht alles selbst unter Kontrolle zu halten. Dieser

Menschenschlag ist isoliert, und folglich hat er niemanden, an den er sich wenden kann, wenn er einmal Hilfe und Unterstützung braucht.

5. Angestellte, die nicht ehemalige Abhängige sind, aber dennoch „alles wissen". Solche Menschen errichten zwischen sich selbst und der Einrichtung häufig eine unzureichende Verständigung.

6. Angestellte, (keine Ex-User), die ihre Identität verlieren. Sie übernehmen ganz und gar Sprache, Kleidung und Lebensstil der Klienten. Sie geben sich selbst auf und verlieren gegenüber der Administration, der Institutionsleitung und den Klienten an Glaubwürdigkeit.

7. Angestellte (keine Ex-User), die von Schuldgefühlen motiviert werden. Diese Menschen sind in ihrem Verhalten zu den Klienten unaufrichtig.

Für das Erschöpfungssyndrom werden unter anderem folgende Merkmale aufgeführt:

Resignation, ein Gefühl der Hoffnungslosigkeit.

Konstante physische Erschöpfung.

Der Angestellte wird gelangweilt, alles erscheint ihm monoton.

Mangel an Flexibilität.

Schlechte Urteilsfähigkeit.

Alkoholgenuß/Drogenabhängigkeit.

Distanzierung von anderen Mitarbeitern, vom Therapieprogramm und von der Behandlungsphilosophie.

Viele schwedische Helfer im Bereiche der Drogensüchtigenfürsorge werden sicher einen Teil der in der Liste angeführten Punkte wiedererkennen. Die genannten Merkmale gelten nicht nur innerhalb der Institutionen, sondern auch in der offenen Drogensüchtigenfürsorge. Es handelt sich hierbei natürlich um Probleme, die auch an anderen Arbeitsplätzen und auf jeden Fall innerhalb anderer Fürsorgebereiche auftreten können. Nach meiner Erfahrung ist es jedoch frappierend, wie anstrengend für so viele die Arbeit innerhalb der Drogensüchtigenfürsorge geworden ist.

Die Drogensüchtigenfürsorge ist in Schweden noch immer eine ziemlich junge Erscheinung, die in ihren Anfangsjahren mit Enthusiasmus und Engagement vorangetrieben wurde. Dieser Enthusiasmus hat den natürlichen Mangel an Methodik und nötiger Erfahrung kompensieren müssen. Doch sicherlich sind auch Intensität und Engagement Voraussetzungen, um als Behandelnder in diesem Bereich erfolgreich sein zu können.

Es scheint jedoch so, als ob dieselben Mechanismen, die in übertriebener Weise Kraft für das Engagement spenden, den Behandelnden der Gefahr aussetzen, dabei psychisch und physisch auszubrennen. Aber woran liegt es, daß man gerade im Bereich der Drogensüchtigenfürsorge so oft in diese Situation gerät? Ich glaube, es liegt an einer Kombination von Faktoren bei dem Behandelnden selbst, Faktoren, die mit der speziellen Situation des Klienten zu tun haben und solchen, die mit Mängeln innerhalb der Organisation in Zusammenhang stehen.

1. Der Behandelnde engagiert sich sehr stark gefühlsmäßig bei seiner Arbeit mit dem Abhängigen.

2. Es gelingt dem Behandelnden nicht, Grenzen für sein Leistungsvermögen zu setzen. Ebenso wenig schafft er es, zwischen Arbeit und Freizeit, zwischen beruflicher und privater Rolle zu trennen.

3. Aufgrund der organisatorischen Seite der therapeutischen Arbeit erhält der Behandelnde am Arbeitsplatz kaum ausreichende Hilfe beim Abstecken der Grenzen. Ebensowenig wird er bei der Bearbeitung gefühlsmäßiger Probleme unterstützt, die aus der Behandlungssituation erwachsen. Häufig wird nicht einmal die Möglichkeit zu „einer gefühlsmäßigen Erholungspause" in einem kleinen Arbeitsteam bereitgehalten.

Das starke Engagement

Die Lebensweise eines Drogenabhängigen ist eine gewaltige Herausforderung an alle und natürlich auch an die Therapeuten. Exzessiver Drogenmißbrauch gilt als äußerst schwer zu behandeln und wird manchmal als „chronische Krankheit" bezeichnet, die darüber hinaus äußerst destruktiv ist. Dies führt in Verbindung mit der Tatsache, daß oft junge Menschen harte Drogen mißbrauchen, dazu, daß die Drogensucht eine Herausforderung an die Kapazität des Therapeuten darstellt. Die Arbeit im Bereich des Suchtgeschehens kann auch eine politische Herausforderung bedeuten. Man kommt bald zu dem Schluß, daß hinter dem Drogenmißbrauch bedeutende sozio-ökonomische Faktoren liegen.

Oft habe ich den Eindruck, daß man sich in einer Behandlungssituation viel leichter mit einem Drogenabhängigen identifiziert als mit irgend einem der vielen anderen Kliententypen. Das mag teilweise damit zusammenhängen, daß viele Drogenabhängige sowie viele Suchthelfer noch ganz jung sind. Es liegt nahe, „sich selbst in der Person des Abhängigen" zu sehen. Der Behandelnde erkennt vielleicht in dem einsamen, ausgestoßenen und heruntergekommenen Suchtkranken den lieblos behandelten, verlassenen und ausgestoßenen Teil seiner selbst. Er sieht das in seinem Inneren unglückliche Kind in vergrößerter und verschärfter Form.

Darin liegt natürlich auch ein enormer Gewinn. Die Fähigkeit, sich in die Situation eines Klienten einzufühlen, sie verstehen zu können, muß immer die Grundlage für die Möglichkeit sein, ihm oder ihr psychotherapeutisch helfen zu können. Eine Überidentifizierung birgt jedoch eine Gefahr. Es ist entscheidend, die Grenzen zwischen sich selbst und dem anderen zu sehen. Es kann leicht so weit kommen, daß man sich dem Glauben hingibt, Engagement an sich sei schon eine Hilfe. In einigen wenigen Fällen mag das wohl zutreffen. Doch in den meisten Fällen sind diese Klienten auf eine sehr konkrete Anleitung, Psychotherapie und Unterstützung angewiesen, wenn sie versuchen, ihre soziale Situation zu verändern. Und nicht zuletzt sind für sie Menschen wichtig, die sich über sich selbst im klaren sind und die wissen, wo die Grenze zwischen ihnen und den anderen verläuft.

Eine andere Variante der Identifikation mit dem Drogensüchtigen ist die, wenn wir unbewußt eine gewisse Genugtuung dabei empfinden, daß der Drogenabhängige einen Teil der ungehemmten Sensualität und Aggressivität auslebt, den wir selbst gerne ausagieren würden, aber unter Kontrolle halten müssen. Diese Form der Identifikation kann sogar so dominant werden, daß der Therapeut unbewußt eine schlechte Arbeit leistet. Das Unbewußte im Therapeuten will nicht, daß der Süchtige sich verbessert, sondern sieht es gern, wenn er weiterhin der Stellvertreter des Behandelnden bleibt. Auf ähnliche Mechanismen kann man auch innerhalb der Familien Drogenabhängiger stoßen.

Besonders ermüdend und deprimierend kann es werden, wenn trotz dieses starken Engagements der Klient dem Therapeuten mit Provokation und Manipulation begegnet. Diese verbreitete Verhaltensweise der Klienten (besonders zu Beginn des Kontakts) ist teils Ausdruck der zugrunde liegenden psychologischen Problematik (der Patient beansprucht den Therapeuten durch seine aggressive Ausdrucksweise), teils Ausdruck für den Lebensstil eines Suchtabhängigen. Der aktive Drogenkonsument versucht ja ständig, seine Umwelt zu täuschen und zu bestehlen, um seinen Mißbrauch zu erhalten. Das Verhalten kann aber auch das tiefe (und manchmal berechtigte) Mißtrauen gegenüber allen Repräsentanten der etablierten Gesellschaft widerspiegeln.

Die Schwierigkeit, Grenzen zu setzen

Das oben beschriebene starke Engagement ist natürlich ein Vorteil und in vielen Fällen eine der Voraussetzungen für eine gute Arbeit. Die Problematik besteht eher darin, daß ein Teil der Therapeuten nicht in der Lage ist, Grenzen zu setzen und an sich selbst zu denken sowie gleichzeitig fähig zu sein, eine gute Arbeit zu leisten. In der Liste der TCA werden solche Professionelle aufgeführt, die sich aus Schuldgefühlen heraus engagieren.

Meiner Meinung nach trifft das für viele schwedische Therapeuten zu. Viele haben aus ihrer Kindheit unbewußte Überreste omnipotenter Vorstellungen bewahrt, wie man strafen und anderen Menschen schaden kann. Vermischen sich nun solche unbewußten Vorstellungen mit Einsichten in politische Zusammenhänge, beispielsweise Klassengegensätze und soziale Ungerechtigkeiten wie die sozialen Ausstoßungsmechanismen, dann könnnen unbewußt starke Schuldgefühle gegenüber den Unterprivilegierten und Außenseitern aufgebaut werden. Der Drogenabhängige wird so zum unglücklichen Bruder, auf dessen Kosten der Therapeut sein Leben gemeistert hat.

Schuldgefühle können zu einer treibenden Kraft werden, mehr auf sich zu nehmen, als man eigentlich vermag, niemals nein sagen zu können usw. Aber sie fördern auch die Tendenz, die private Rolle nicht von der beruflichen trennen zu können. Man möchte den Abhängigen nicht aus dem privaten Bereich „ausschließen". Manchmal glaube ich, daß man den Alkoholkonsum bzw. -mißbrauch eines Therapeuten als Ausdruck einer magischen Solidaritätsbehandlung mit dem Lebensstil des Abhängigen entlarven kann.

Der Therapeut ist bei seiner Grenzsetzung auf emotionale Unterstützung und Hilfe angewiesen

Die oben erwähnten Verhaltensweisen werden dadurch bestimmt, wie klar und deutlich die Identität eines Therapeuten ist und inwieweit er sich über seine eigenen Bedürfnisse und die Möglichkeiten, diese außerhalb des Arbeitsplatzes zufriedenzustellen, im klaren ist. Es ist unmöglich, für alle Therapeuten ein inhaltsreiches Privatleben zu arrangieren. Es lassen sich aber organisatorische Vorkehrungen treffen, die für alle Therapeuten sowohl *professionelle Unterstützung* als auch *gefühlsmäßiges Kräftesammeln* am Arbeitsplatz ermöglichen. Rein organisatorisch würde das Folgendes bedeuten:

– Daß die Therapeuten in kleinen überschaubaren Teams arbeiten.

– Daß genügend Zeit für die Bearbeitung gefühlsmäßiger Reaktionen, die in der Behandlungssituation entstanden sind, zur Verfügung gestellt wird.

– Daß eine kompetente Anleitung immer ein Bestandteil der therapeutischen Arbeit ist.

– Daß der Arbeit in der Drogensüchtigenfürsorge immer eine Ausbildung vorausgeht. Diese Ausbildung sollte über die Bedeutung psychologischer und sozialer Faktoren für die Mißbrauchsentstehung informieren, eine Methodik lehren, die befähigt, die Klienten in ihrer psychologischen Entwicklung und Verbesserung ihrer sozialen Kompetenz zu stützen sowie Kenntnisse über medizinische Aspekte der Drogenpräparate und ihren Auswirkungen vermitteln.

- Daß innerhalb der Behandlungsorganisation für das Personal reelle Möglichkeiten bestehen, nach mehrjähriger Tätigkeit mit Drogensüchtigen in einen anderen Arbeitsbereich innerhalb der Organisation überwechseln zu können.

Schließlich sollte man vielleicht zu vermeiden suchen, daß allzu unfertige und in ihrer eigenen persönlichen Identität und sozialen Rolle unsichere Menschen den verführerischen Strömungen ausgesetzt werden, die bei jeder Form psychosozialer Arbeit, vor allem innerhalb der Drogensuchtbekämpfung, unterschwellig vorhanden sind.

Medizinische Behandlungsmethoden

Bereits an anderer Stelle wurde der Einsatz medizinischer Behandlungsmethoden für den Entzug und bei Komplikationen durch Drogenmißbrauch beschrieben. Es gibt jedoch noch einige andere medizinische Behandlungsmethoden, die für eine Langzeittherapie gedacht sind. Derartige Methoden gelten der Behandlung Abhängiger aus den Opiatgruppen.

Antagonistenbehandlung mit Cyclazocin

Cyclazocin blockiert (neben dem kürzer wirksamen Naloxon) die Wirkung eines Präparats aus der Opiatgruppe für 30 bis 40 Stunden (Gunne, 1975). Man kann mit einer solchen Behandlung beginnen, wenn der Drogenabhängige entgiftet ist. Nimmt der Abhängige daraufhin ein Präparat des Opiattyps, bleibt der gewünschte Effekt aus. Deshalb kann für einen Abhängigen, der mit Hilfe einer psychosozialen Therapie den Abusus überwinden möchte, Cyclazocin eine Stütze sein. Da Cyclazocin ebensowenig wie andere Arzneimittel die zugrundeliegende soziale und psychologische Problematik beeinflussen kann, wird dieses Präparat bei der Behandlung der Drogensucht nur eine marginale Bedeutung haben.

Substitutionstherapie mit Methadon

Die Ärzte Dole und Nyswander entwickelten Mitte der sechziger Jahre eine neue Behandlungsform für Heroinabhängige mit Methadon als Substitut für Heroin. Die Patienten erhielten eine starke Dosis Methadon, die ein- bis zweimal täglich eingenommen wurde. Aufgrund einer legalen Verordnung

164

dieses lange wirksamen Drogenmittels wurde der Abhängige vom Zwang der Drogenbeschaffung befreit; der Gebrauch unsteriler Injektionsinstrumente wurde dadurch vermieden, und der Drogenabhängige konnte oft seine Lebensweise stabilisieren, unter Umständen sogar wieder arbeitsfähig werden, eine Familie gründen und so weiter.

Es ist wichtig, daß Methadon oral und regelmäßig einmal am Tage eingenommen wird. Da Methadon eine lange Wirksamkeit besitzt, bleibt die Konzentration im Blut relativ gleichförmig und somit auch der Einfluß auf die Psyche relativ konstant. Der Abhängige muß auf den „Kick" verzichten, den er sonst beim Injizieren empfindet. Stattdessen wird sein Gemütszustand in eine neutralere Lage versetzt, die es ihm eher ermöglicht, seine soziale Situation in Ordnung zu bringen.

Dole und Nyswander betonen, daß für dieses Programm nur harte Fixer in Frage kommen sollten, und zwar solche, die ohne Erfolg bereits andere Therapiemethoden versucht haben. Weiterhin sei es wichtig, daß die eigentliche Methadongabe nur Teil eines umfangreichen Rehabilitationsprogramms sein soll.

Nach mehrjähriger primär experimenteller Anwendung hat sich die Methadonbehandlung Ende der sechziger Jahre und Anfang der siebziger Jahre sehr schnell verbreitet. 1968 wurden in den USA 1000 Klienten mit Methadon behandelt. Mitte der siebziger Jahre stieg dann die Zahl derer, die am Methadonprogramm teilnahmen, auf 100000 an. Zum jetzigen Zeitpunkt dürfte es sich um 80000 bis 90000 Klienten handeln.

Seit einigen Jahren wird eine mit Methadon verwandte Substanz getestet (Laevo-alpha-acetyl-Methadol [LAAM]). Dieser Wirkstoff unterscheidet sich von Methadon vor allem durch seine längere Wirkungsdauer. Mit LAAM behandelte Klienten nehmen das Präparat nur jeden zweiten Tag, was sowohl praktische Vorteile mit sich bringt, als auch eine gleichförmigere Blutkonzentration garantiert.

Der theoretische Hintergrund für diese Behandlungsmethode ist die sogenannte Metabolismustheorie. Diese Theorie besagt in Kürze, daß chronischer Heroin- oder anderer Opiatmißbrauch zu metabolischen Störungen führt, so daß der Drogenabhängige schließlich auf eine regelmäßige Opiatzufuhr angewiesen ist. Verfechter des Methadon-Erhaltungsprogramms vergleichen diese Theorie gewöhnlich mit der Insulinbehandlung des Diabetikers.

In Schweden wurde die Methadonbehandlung nach Dole und Nyswander nur in der Forschungsklinik Ulleråker betrieben (Anm. des Übers.: Ulleråker ist ein psychiatrisches Krankenhaus in Uppsala, Mittelschweden). Das Programm ist relativ eingeschränkt. Als Gründe hierfür lassen sich die bis vor einigen Jahren geringe Anzahl Opiatabhängiger und zum anderen die sehr restriktive Haltung der staatlichen Sozialbehörde und der Programmleitung anführen. Für die Teilnahme an der Methadon-Behandlung wird vorausgesetzt, daß der Patient das Alter von zwanzig Jahren erreicht, sich freiwillig für die Behandlung entschieden und mindestens vier Jahre lang Opiate intravenös gespritzt haben muß. Hinzu kommt, daß er den Nachweis früherer mißglückter Therapieversuche zu erbringen hat.

1974 wurde eine prospektive Untersuchung sämtlicher 81 Patienten durchgeführt, die bis dahin aus der Methadon-Klinik ausgeschrieben worden waren (Grönblad und Holmstrand, 1975). Da diese Behandlung erst nach einer sehr strengen Auswahl der Klienten einsetzt, lassen sich die Follow-up-Werte nicht mit den Daten der Haupttabelle auf Seite 90 vergleichen. Dennoch sind diese Zahlenangaben von Interesse.

Laut Untersuchungsergebnis waren von den 81 Klienten noch 46 im Programm, d. h. sie erhielten weiterhin Methadon. 17 hatten die Methadonbehandlung freiwillig abgebrochen, und 18 wurden von dem Programm auf Grund von Inhaftierung oder Polytoxikomanie ausgeschlossen. Drei Klienten waren gestorben. Von den restlichen Patienten befanden sich 59 % im Studium oder in Arbeit. Eine interessante Beobachtung war, daß die Arbeitsanpassung in der Gruppe, die sich weiterhin im Methadon-Erhaltungsprogramm befand, und in der Gruppe, die freiwillig das Therapieprogramm verlassen hatte, etwa gleich war.

In den USA stieß die Methadonbehandlung auf heftige Kritik. Teils weil man diese Therapieform mit großer Intensität einsetzt, teils auch wegen der Art und Weise, wie viele dieser Programme geführt werden. Es besteht kein Zweifel, daß viele der amerikanischen Methadon-Erhaltungsprogramme schlecht geführt wurden. Die ursprünglichen Empfehlungen von Dole und Nyswander wurden nicht befolgt. Oft haben die Behandlungseinrichtungen Methadon lediglich verschrieben, ohne irgendeine parallele Rehabilitation zu verfolgen. Dem Umgang mit Methadon wurde freier Lauf gegeben, so daß sich ein umfangreicher illegaler Methadonkonsum entwickeln konnte.

In gewissen Perioden überstieg die Anzahl der durch Methadon verursachten Todesfälle in New York die Heroinmortalität. Indessen richtete sich die Kritik am Methadonprogramm auch gegen gut geführte Programme. Man vertrat die Auffassung, daß die drogenfreien Programme kaum mit den Methadonvergabestellen konkurrieren könnten. Ein anderer Angriffspunkt für Kritik ist die kommerzielle Nutzung des Programms. Auf der einen Seite ist eine Methadonerhaltungsbehandlung wesentlich billiger als die drogenfreien Entwöhnungsprogramme, auf der anderen Seite liegt darin für einzelne Ärzte eine gute Verdienstmöglichkeit. Das Methadon-Programm wurde auch kritisiert, weil man damit große Gruppen „schwieriger" Menschen politisch unter Kontrolle halten kann. Man glaubt auch, daß die Einführung dieser groß angelegten Programme für die Einstellung des amerikanischen Volkes zum Drogenproblem überhaupt von großer Bedeutung sein mußte. Anstatt die Lösung der sozialen Probleme, die den Drogenmißbrauch verursachen, in Angriff zu nehmen, hat man resigniert und nährt eine ständig wachsende Gruppe gefügiger Marginalexistenzen mit legalen Drogen.

Auch in Schweden wurde eine heftige Debatte über die Methadonbehandlung geführt. Das gleiche gilt für Dänemark. Dort war diese Therapieform aktueller als in Schweden, da in Dänemark der Großteil der harten Fixer Opiatabhängige sind.

Mir ist aufgefallen, wie beängstigend leicht man bei der Lektüre von – vor allem amerikanischer – Fachliteratur und in der Diskussion mit amerikanischen Ärzten vergißt, worum es sich bei der Methadon-Behandlung eigentlich handelt. Man ertappt sich plötzlich dabei, daß man Methadon wie jedes andere Medikament und die Methadontherapie wie jede andere Behandlung betrachtet.

Es ist wichtig, daß man wieder „klar sieht", sich daran erinnert, worum es eigentlich geht: Methadon ist und bleibt ein Narkotikum! Eine Methadontherapie ist demnach eine besondere Behandlungsform, bei der der Drogenabhängige ein legales Rauschgift erhält. Außer der längeren Wirkungsdauer hat Methadon genau die gleichen Eigenschaften wie Heroin und Morphium. Das Abhängigkeitspotential von Methadon ist folglich genauso hoch. Es kommt zu den gleichen Entzugsbeschwerden und ebenso schnell zu einer Überdosierung!

Da mit einer Ausbreitung des Opiatmißbrauchs zu rechnen ist, kann eine vermehrte Methadonausgabe aktuell werden. Nach meiner Auffassung ist es wichtig, daß man in Schweden weiterhin eine sehr restriktive Haltung gegenüber der Verbreitung der Methadonverordnung beibehält. Die wichtigsten Gründe hierfür sind meiner Meinung nach folgende:

1. Ein erweitertes Methadonprogramm kan bei den Abhängigen zu der Vorstellung führen, daß sie verhältnismäßig leicht zu der legalen Verschreibung von Suchtstoffen übergehen können. Diese Möglichkeit unterdrückt ihre Motivationsbereitschaft, ihre Situation mit Hilfe drogenfreier Entwöhnungprogramme ändern zu wollen.

2. Schon allein die Existenz eines in großem Rahmen angelegten Methadonprogramms kann auch das Risiko für einen bedenkenloseren Einstieg in den Heroinkonsum bei gewissen Randgruppen erhöhen. „Wenn ich vom Heroin nicht mehr loskommen sollte, gibt es ja immer noch das Methadonprogramm als Ausweg!"

3. Eine Ausbreitung des Methadonprogramms über die rein experimentellen Grenzen hinaus leistet allein durch dessen bloße Existenz einen nicht unbedeutenden und meiner Meinung nach destruktiven Beitrag für unsere Einstellung zu menschlichen Problemen und für unsere Art, sie zu lösen.

Methadonerhaltungsprogramme in der Bundesrepublik Deutschland

Trotz der beängstigenden Zunahme des Heroinmißbrauchs in der Bundesrepublik Deutschland nimmt man gegenüber den Methadonerhaltungsprogrammen eine abwartende Haltung ein. 1980 unternahm Günther Krauthan am Max-Planck-Institut für Psychiatrie eine kritische Durchsicht besonders der amerikanischen Literatur über die Methadonerhaltungstherapie. Das Ergebnis dieser kritischen Literaturübersicht schloß mit der Empfehlung, daß die Methadonerhaltungsprogramme in der Bundesrepublik nicht eingeführt werden sollten. Die Vorteile dieser Therapieform schienen nicht die Nachteile zu überwiegen, die mit einer solchen Behandlung verknüpft sind.

Literatur

Psychotherapie mit Drogenabhängigen – Übersichten

De Angelis, G. G.: Theoretical and clinical approaches to the treatment of drug addiction. J. of Psychedelic Drugs, **7**, Nr. 2, 187–202 (1975).

Brill, Leon; Lous Lieberman: Major modalities in the treatment of drug-abuse. Behavioural Publications, New York 1972.

Cohen, Charles; et al.: Psychotherapy and drug addiction. In: Diagnosis and treatment. MSS Information Corporation, New York 1974.

Glasscote, Raymond, et al.: The treatment of drug-abuse, programmes, problems, prospects. Joint Information Service of the American Psychiatric Association, Washington 1972.

Glatt, M. M.: Psychotherapy of drug dependence: Some theoretical considerations. Br. J. Add. **65**, 51–62 (1970).

Harding, Gösta: Psychotherapy in the treatment of drug dependence. A survey of the scientific litterature. Dug dependence – treatment and treatment evaluation. Skandia International Symposia. Almquist & Wiksell, Stockholm 1975, S. 59–80.

Katzenelson, Boje: Stofproblemer 2, bruger og behandling. Munksgaard, Kopenhagen 1974.

Silverman, Irving; et al.: Psychotherapy and drug addiction II: Community and institutional. MSS Information Corporation Care, New York 1974.

Waldorf, Gerald (ed.): Counseling therapies and the addictive client. School of Social Work and Community Planning, University of Maryland, Maryland, USA, 1977.

Diagnostik

Gerard, D.; C. Kornetsky: A Social and psychiatric study of adolescent opiate addicts. Psychoanalytic Quarterly **28**, 113–115 (1954).
Proskauer, S.; R. Rolland: Youth who use drugs, psychodynamic diagnosis and treatment planning. J. Am. Acad. Child Psychiatry **12**, 32–47 (1973).

Institutionsbehandlung

Arn. Ingemar: Daytop – ett medicinfritt narkomanvårdsprogram. Läkartidningen **72**, Nr. 32, 3013–3016 (1975).
Berg, Lars; Nils Gustavsson: Skurbba, en svensk uppfostringsanstalt. Rabén & Sjögren, Stockholm 1975.
Bourne, P. G.; Ramsey: The therapeutic community phenomenon. J. of Psychedelic Drugs **7**, Nr. 2, 203–207 (1975).
Bremberg, Lars: Terapeutiska samhällen. Aldus/Bonniers, Stockholm 1974.
Båge; et al.: Miljöterapi, gemenskap och behandling – ett alternativ. Aldus/Bonniers, Stockholm 1969.
Casriel, Daniel; Grover Amen: Daytop, three addicts and their cure, Hill and Wang, New York 1971.
Casriel, Daniel: So fair a house: the story of Synanon. Prentice-Hall, Englewood Cliffs, New York 1964.
Clark, David: Administrative therapy. Tavistock Publications, London 1971.
Crafoord, Clarence: Grundtrygghet och konfrontation. Erfarenheter från Fruängens dagsjukhus 1968–1972. Läkartidningen **70**, Nr. 16, 1640–1647 (1973).
Crafoord, Clarence: Om miljöterapi i psykiatrisk vård. Sozialmedicinsk Tidskrift **47**, 14–20 (1970).
Feldman, Wulff: Miljöterapi på vård-och behandlingsinstitutioner. Almquist & Wiksell, Stockholm 1970.
Hamden-Thörner, Charles: Sane asylum. San Francisco Book Company Inc., San Francisco 1976.
Jenner, Håkan; et al.: Rapport från ett terapeutisk samhälle. AWE/Gebers, Stockholm 1977
Jenner, Håkan, et al.: Terapeutisk samhälle – demokrati eller skendemokrati? Om miljöterapins ideologi och praktik. AWE/Gebers, Stockholm 1976.
Jones, Maxwell: Det terapeutiska samhället. Pan/Norstedt, Stockholm 1970.
Jones, Maxwell: Towards a clarification of the therapeutic community concept. Br. J. of Medical Psychology **32**, 200–205 (1959).
Jones, Maxwell: Therapeutic community principles within the hospital and in the outside community. Psychother. Psychosom. **16**, 84–90 (1968).
De Leon, G. (ed.): Phoenix house – studies in a therapeutic community (1968–1973). MSS Information Corporation, New York 1974.
Löfgren, Bo: Ett försök med terapeutisk miljö för unga narkotikamissbrukare. Psykisk Hälsa **2**, 116–131 (1971).
Moosbruker; M. Spivak: The therapeutic community: A study of identification. The Israel Annals of Psychiatry and Related Disciplines **7**, Nr. 1, 55–68 (1969).
Mörlid, Monica: Our family, rapport från en studieresa i USA nov 1972 – maj 1973. Nakromanvårdskliniken vid Långbro Sjukhus samt RFHL. Stockholm 1973.

Norman, Johan; Ragnar Schulze: Hemlösa män i Stockholm. Gutachten und Memorial der Gemeindedirektion. Anhang Nr. 99, Stockholm 1970.
Ramberg, Lennart; Lena Hellkvist: Fasprogrammet, Stencil, Narkomanvårdsenheten, Långbro Sjukhus, Älvsjö 1977.
Rapoport, Robert: Community as doctor. Charles C. Thomas, London 1960.
Rapoport, Robert: Principles for developing a therapeutic community. Current Psychiatric Therapies 244–256 (1963).
Rossi, Jean; William Silstead (eds.): The therapeutic community. Behavioral Publications, New York 1973.
Sundin, Bertil: Individ, institution, ideologi – anstaltens socialpsykologi. Aldus, Stockholm 1976.
Waldorf, Dan: Social control in therapeutic communities for the treatment of drug addicts. The Intern. J. of the Addictions 6, Nr. 1, 29–43).
Whiteley, J. Stuart: The response of psychopaths to a therapeutic community. Brit. J. Psychiat. 116, 517–529 (1970).
Zarcone, Vincent: Drug addicts in a therapeutic community: The Satori approach. York Press, Baltimore 1975.
Zeitlyn, B. B.: The Therapeutic community – Fact of fantasy. Brit. J. Psychiat. 113, 1083–1086 (1967).

Kollektiv

Björling, Bam: I stället för vård. SRK (Svenska Röda Korset)/URK (Ungdomens Röda Kors)/RFHL, Stockholm 1976.
Englund, Guy: Hassela – kollektivet, Tvånget till frihet. Fritidsforum Nr. 3 RFSH: s Förlag, Stockholm 1976.
RFHL Skriftserie Nr. 5: Valstadkollektivet – idéer och episoder. RFHL, Stockholm 1976.

Individualtherapie

Geist, Richard: Some observations on adolescent drug use, J. Am. Acad. Child Psychiatry 13, 54–71 (1974).
Gustavsson, Nils: Intensivterapi – miljöterapeutisk behandling av socialt missanpassade ungdomar. Psykisk Hälsa 9, 137–152 (1968).
Reiner, B. S.; I. Kaufman: Character disorders in parents of delinquents. Familiy Service Association of America, USA, 1974.

Gruppentherapie

Mullan, H.; I. Sangiuliano: Alcoholics, group psychotherapy and rehabilitations. Charles C. Thomas Publ., Springfield, Illinois, 1966.
Osberg, J.; A. Berliner: The development stages in group psychotherapy with hospitalized narcotic addicts. Int. J. of Group Psychotherapy 6, 436–446 (1956).
Rosenbaum, M. (ed.): Drug abuse and drug addiction. 1973.
Thorpe, J.; B. Smith: Phases in group development in the treatment of drug addicts. Intern. J. of Group Psychotherapy 3, 63–78 (1953).

Familiendynamik und Familientherapie

Alexander, B.; G. Dibs: Opiate addicts and their parents. Family Process **14,** Nr. 4, 499–514 (1975).

Cancrini, L., et al.: Social and family factors of teenager drugs-addiction. Proc. of 31st Int. Congress on Alc. and Drug Dependence, Bangkok 1975, Genf 1975, pp 662–664.

Ferguson, Patricia; Thomas Lennox (eds.): Drugs and family. Peer influence. National Institute on Drug Abuse, Rockville, Maryland, 1974.

Harbin, H.; H. Maziar: The families of drug abusers: A literature Review. Family Process **14,** 411–431 (1975).

Minuchin, Salvador: Familjer i terapi, strukturell familjeterapi i teori och praktik. Walström & Widstrand, Stockholm 1976.

Schedin, Göran: Ungdomsutveckling och psykoterapi. Natur och Kultur, Stockholm 1977.

Seldin, Nathan: The family of the addict: A review of the literature. The Intern. J. of the Addictions **7,** Nr. 1, 97–107 (1972).

Socialmedicinsk Tidskrift: Familjediagnostik och familjeterapi, Temanummer av Socialmedicinsk Tidskrift **10,** 548–602 (1968).

Zwang und Freiwilligkeit innerhalb der Drogensuchtbetreuung

Eriksson, Jan; Bo Frykholm: Tvångsavgiftning kontra frivillig avgiftning inom narkomanvården. Läkartidningen **74,** Nr. 48, 4316–4318 (1977).

Holgersson, Leif: Socialvården. En fråga om människosyn. Tidens Förlag, Stockholm 1977.

Kihlbom, Magnus: Tvång och narkomanvård (I). Läkartidningen **69,** Nr. 2, 90–91 (1972).

Kihlbom, Magnus: Tvång och narkomanvård (II). Läkartidningen **69,** Nr. 2, 197–199 (1972).

Palmgren, Lisbeth: Om tvångsvård och frivillig vård. In: *Åberg, Jonas; Magnus Kihlbom* (redaktöres): Konsten att bekämpa männiksor. Liber förlag Stockholm 1977.

Die Arbeit innerhalb der Drogensuchtbekämpfung

De Leon, G.; G. M. Beschner: The therapeutic community. Proceedings of therapeutic communities of America. National Institute on Drug Abuse, Rockville, Maryland, 1976.

Medizinische Behandlungsmethoden

Dole, Vincent; Marie Nyswander: Rehabilitation of heroin addicts after blockade with methadone. New York State Journal of Medicine 2011–2017 (1966).

Eriksson, Jan: Metadonbehandling av opiatnarkomaner i Sverige. Läkartidningen **67,** Nr. 8, 849–852 (1970.

Grönbladh, L.; J. Holmstrand: Metadonunderhållsbehandling av opiatmissbrukare. Läkartidningen **72,** Nr. 26, 2757–2761 (1975).

Gunne, Lars-M.: Narkomani – medicinska fakta. Akademiförlaget, Göteborg 1975.

Hessle, Sven: Ulleråkers metadonprogram – möjligen som absolut sista resurs. Läkartidningen **73**, Nr. 24, 2261–2264 (1976).

Krauthan, Günther: Einführung von Methadonerhaltungsprogrammen in der BRD? Eine kritische Literaturübersicht. Max-Planck-Institut für Psychiatrie, Psychologische Abteilung, Projektgruppe Rauschmittelabhängigkeit. 1980.

Lennard, H.; L. Epstein; M. Rosenthal: The methadone illusion. Science **176**, 881–884 (1972).

National Clearinghouse for Drug Abuse Information: Methadon: The drug and its therapeutic use in the treatment of addiction. Series 31, Number 1, Rockville, Maryland, 1974.

Wilmarth, S. S.; A. Goldstein: Therapeutic effectiveness of methadone maintenance programs in the USA. WHO, Genf 1974.

172

Medizinische Aspekte der Drogenabhängigkeit

In der folgenden Darstellung der suchterzeugenden Präparate werde ich nicht nur solche Suchtstoffe nennen, für die wir uns in dem therapeutischen Teil des Buches besonders interessieren, sondern auch andere Gruppen Abhängigkeit erregender Mittel berücksichtigen. Mit diesem Kapitel soll eine – wenn auch nur kurzgefaßte – Information über sämtliche in Schweden vorhandenen Drogengruppen gegeben werden. Anlaß hierzu ist unter anderem der verbreitete Mehrfachmißbrauch. Der Betreuer physisch Kranker, der Sozialarbeiter oder der Arzt sollten nicht nur die Wirkungsweise von Opiaten und Zentralstimulantien kennen, sondern darüber hinaus auch die von Schnüffelstoffen, Halluzinogenen, Schlafmitteln, Cannabis und natürlich von Alkohol. In meiner Darstellung habe ich allerdings Alkohol ausgeklammert. Die medizinischen Aspekte des Alkohols werden ausführlich in vielen anderen Büchern behandelt.

Gleichzeitig möchte ich jedoch unterstreichen, daß meine Ausführungen ganz generell gehalten sind und sich deshalb nicht als Grundlage für medizinische Maßnahmen eignen. Ärzte und medizinisch geschultes Personal, die mit der Entgiftung und der Behandlung von Komplikationen durch Suchtmittelmißbrauch arbeiten, seien auf die Fachliteratur zu diesem Themenbereich hingewiesen. Es gibt genügend Fachliteratur, die die medizinische Sichtweise über Auswirkung und Behandlung von Drogenmißbrauch beschreiben. Weit schlechter ist es mit Beiträgen über die Hintergrundsfaktoren und die sozialpsychologischen Therapiemethoden bestellt. Das gilt für die schwedische ebenso wie für die englischsprachige Literatur.

In schwedischer Sprache wären vor allem die Studie von Lars-Magnus Gunnes „Narkomani – medicinska fakta" (Drogensucht – medizinische Fakten; Anm. d. Übers.) und Nils Bejerots kleine Broschüre mit dem Titel „Somatiska komplikationer vid narkotikamissbruk" („Somatische Komplikationen in Verbindung mit Drogenmißbrauch"; Anm. d. Übers.) zu nennen. Von den englischen Handbüchern möchte ich vor allem drei besonders erwähnen, die auf keiner psychiatrischen oder somatischen Notaufnahmestation fehlen sollten. Peter Bourne (Präsident Carters persönlicher Drogenbeauftragter) hat Artikel über die akute Betreuung von durch harte Drogen verursachten medizinischen Komplikationen sowie Beiträge über Schlafmittel, Halluzinogene, Cannabis oder Alkohol in einem Buch zusammengefaßt. Dieses Handbuch über die Akutbehandlung ist eine ausgezeichnete Ergänzung zu I. D. Sapiras und C. E. Cherubins Beitrag mit dem Titel „Drug abuse, a guide for the clinician". Letzteres ist ein umfassendes Handbuch, das alle in Verbindung mit Drogenmißbrauch stehenden somatischen Komplikationen, die bis 1975 in der wissenschaftlichen Literatur beschrieben worden sind, aufgreift. Ein anderes gutes Nachschlagewerk ist F. G. Hofmanns „A Handbook on drug and alcohol abuse. The biomedical aspects".

Die folgende Zusammenstellung orientiert sich u. a. an den hier genannten Werken.

Präparateübersicht

1. Opiate

Aus Opium gewonnene Präparate:
Morphin
Morphinbase
Heroin

Synthetische Analgetika mit morphinähnlichem Effekt:
Methadon
Pethidin
Ketobemidon

2. Zentralstimulantien

a) Zentralstimulantien vom Amphetamintyp:
Amphetamin
Methamphetamin
Phenmetralin
Methylphenidat

b) Kokain

3. Cannabis

4. Halluzinogene

LSD (= Lysergsäure-Diäthylamid)
Mescalin
Psilocybin
(DMT, STP, PCP u.a.m.)

5. Sedativa und Hypnotika

Barbiturate
Meprobamat
Benzodiazepine
Sonstige (Glutethimid, Methaqualon, Clomethiazol u.a.m.)

174

6. Schnüffelstoffe

Verdünnungsmittel, „thinner" (Toluol) u. a.

7. Alkohol

Die verschiedenen Suchtmittelstoffe

Die obenstehende Übersicht enthält die sieben in Schweden aktuellen Suchtmittelgruppen. In der Einleitung habe ich darauf hingewiesen, daß man nur den gewohnheitsmäßigen Mißbrauch von Präparaten aus der Opiatgruppe oder von Drogen aus der Gruppe der Zentralstimulantien mit Drogenabhängigkeit bezeichnen sollte. Demgemäß dürften nur Zentralstimulantien und Opiate zu den Drogen gerechnet werden. Nach schwedischer Rechtsprechung sind aber alle – mit Ausnahme der Schnüffelstoffe und des Alkohols – Drogen im juristischen Sinne. Die in der Praxis angewandte Terminologie ist jedoch nicht einheitlich. Manchmal bezeichnet man alle sieben Gruppen als *Drogen im medizinischen Sinne.* Um nach dem Gefährlichkeitsgrad deutlich unterscheiden zu können, nennt man Opiate und Zentralstimulantien *„harte Drogen",* während Cannabis und LSD zu den *„leichten Drogen"* gezählt werden. Die Situation wird dadurch erschwert, daß die Sedativa/Hypnotika ebenso zu einer ernsthaften mißbräuchlichen Anwendung führen können wie der Injektionsmißbrauch von Zentralstimulantien und Opiaten (siehe Fußnote S. 14). Sämtliche Präparate führen zur *psychischen Abhängigkeit.* Für Alkohol, Opiate und Sedativa/Hypnotika gilt, daß sie bei langanhaltendem Gebrauch *physische Abhängigkeit* verursachen.

1. Opiate

Die Opiatgruppe ist die klassische Gruppe unter den Drogen. Ihre Verwendung als euphorisierendes Rauschmittel läßt sich bis in das Jahr 5000 vor Christus zurückverfolgen. Bezeichnungen wie Morphingruppe, Opiate oder die englische Wendung „narcotics" sind geläufig. Rohopium wird aus der Fruchtkapsel des Schlafmohns gewonnen, und seine Rauschwirkung und medizinischen Effekte sind seit langem bekannt.

In diesem Jahrhundert wurde Opium zu medizinischen Zwecken genutzt, vor allem gegen Schmerzzustände, als hustendämpfendes Mittel, zur Ruhigstellung des Darms bei Durchfällen und als Beruhigungsmittel. Seit jeher wurde die euphorisierende Wirkung hauptsächlich durch Rauchen erzielt. Bei illegalem Gebrauch von Rohopium in Schweden ist es jedoch üblich, daß man Opium kocht und die gefilterte Lösung injiziert.

Opium enthält eine Reihe aktiver medizinischer Substanzen, deren wichtigste Morphin, Kodein und Papaverin sind. *Morphin* ist ein sehr starkes Rauschgift, Kodein hingegen hat eine sehr viel schwächere Wirkung. Ganz anders wirkt hingegen Papaverin: Es führt zu einer Erschlaffung der glatten Muskulatur (innerer Organe). In einem einfachen chemischen Prozeß läßt sich das Morphin in Diacetylmorphin = *Heroin* umwandeln. *Morphinbase* ist eine Art „Halbfabrikat". Der Erzeugungsprozeß hört auf, bevor Heroin entsteht. Andererseits enthält die Morphinbase einen hohen Prozentsatz Morphin in basischer Form.

Synthetische Analgetika mit morphinähnlichen Eigenschaften nennt man manchmal auch Morphinsubstitute. Sie werden künstlich hergestellt und haben keine chemische Verwandtschaft mit den übrigen Präparaten aus dieser Gruppe. Pethidin und Ketobemidon (es ist in Schweden in Kethogin® enthalten) werden in der Medizin wie Morphin als ein schmerzstillendes Mittel eingesetzt. Die Gefahr der Abhängigkeit ist bei beiden Präparaten groß. Ein anderes synthetisches Morphinsubstitut ist Methadon, das heute vorwiegend in der Drogensuchtbekämpfungstherapie eingesetzt wird.

Bis 1971 gab es auf dem schwedischen Schwarzmarkt kleinere Mengen Morphin, Methadon (das von legalen Verschreibungen herstammte) und geringe Mengen eingeschmuggeltes Rohopium. Im Frühjahr 1971 kamen größere Mengen Morphinbase auf den Markt. Während der Jahre (1976–1977) wurde ein Großteil davon durch Heroin ersetzt.

Aus der Darstellung über die weltweite Ausbreitung des Drogenkonsums ging hervor, daß Heroin schon seit mehreren Jahrzehnten auf dem amerikanischen Markt das dominierende Präparat ist. Auf internationaler Ebene ist Heroin auch wirtschaftlich gesehen die bedeutungsvollste Substanz.

Heroin wird als weißes Pulver angeboten, das mit neutralen Stoffen mehr oder weniger verdünnt wird. Gebräuchliche Streckmittel für Heroin sind verschiedene Zuckerarten, Stärke und Chinin.

Im Straßenverkauf kann der Anteil an reinem Heroin großen Schwankungen ausgesetzt sein, was die Gefahr einer Überdosierung erhöht. Heroin kann geraucht oder geschnupft werden: „sniffing". Diese Anwendungsform wird von Experimentierern und solchen genutzt, die im Anfangsstadium des schweren Mißbrauchs stehen. „Sniffing" kommt auch in Schweden vor, aber die alles überschattende Einnahmeform ist das intravenöse Spritzen der Droge.

Opium (das durch seinen Morphingehalt narkotisierend wirkt), Morphin, Morphinbase, Heroin und die synthetischen Morphinsubstitute haben im Prinzip alle die gleiche Wirkungsweise und das gleiche Abhängigkeitsrisiko.

176

Was die einzelnen Präparate voneinander unterscheidet, ist deren *Wirkungsdauer.*

Man unterscheidet zwischen kurzer, mittlerer und langer Wirkungsdauer. Heroin hat eine kurze Wirkungszeit. Bei intravenöser Injektion beträgt diese 3–4 Stunden. Das oral applizierte Methadon hingegen hat einen 24- bis 36stündigen Effekt. Morphin, Morphinbase und die übrigen Morphinsubstitute wirken nach Injektion für vier bis fünf Stunden. Heroin hat den Ruf „am stärksten" zu sein. Die physische Suchtpotenz von Heroin ist höher als die von Morphin; beide führen aber zu einer gleich starken psychischen Abhängigkeit.

Wie gesagt, sind die Wirkungsmechanismen des Heroins und der Präparate aus der Opiatgruppe mit einer mittleren Wirkungszeit fast identisch. Der für das Heroin aufgekommene Eindruck der stärkeren Wirksamkeit beruht wohl eher auf den zahlreichen Mythen, die in der ganzen Welt (unter anderem unterstützt durch die Massenmedien) in Drogenkreisen kursieren.

Auf der anderen Seite macht es einen Unterschied, ob man das Präparat injiziert oder schluckt. Intravenös injiziert setzt nach wenigen Minuten ein unmittelbares und überwältigendes Glücksgefühl ein. Dieser „kick" ähnelt manchmal einem Orgasmus, der im Bauchraum lokalisiert ist. Je nach der verabreichten Dosis und der Toleranz des Abhängigen variiert der auf den „kick" folgende Zustand.

Bei einem in Drogenkreisen etablierten und „gut eingestellten" Fixer tritt nach dem intensiven Lustgefühl ein ganz normaler Zustand ein. Bei einer höheren Dosis und geringeren Toleranz jedoch wird der Fixer träge, er schläft gerne für eine Weile und zeigt sich an der Umwelt desinteressiert.

Wenn das Präparat oral eingenommen wird, bleibt der erste „kick" aus, und die Wirkung zieht sich etwas länger hin. Aus diesem Grund und wegen der langen Wirkungsdauer von ein bis zwei Tagen wird Methadon zu therapeutischen Zwecken als Substitut für Heroin und Morphin in der Behandlung eingesetzt. Durch eine richtige Methadondosierung läßt sich in gewisser Beziehung der physische Zustand des Abhängigen auf chemischem Wege „stabilisieren".

Toleranz und Abstinenzsymptome

Der medizinische Fachbegriff *Toleranz* bezeichnet ein Phänomen, das durch den Gebrauch mehrerer suchterzeugender Mittel, vor allem aus der Opiatgruppe, entsteht. Bei regelmäßiger Zufuhr von Morphin z. B. gewöhnt sich der Körper an viele Wirkungsweisen des Präparats (sowohl an die psychisch stimulierenden wie an die psychisch dämpfenden und schmerzstillenden Effekte); um die gleiche Wirkung zu erzielen, muß daher die Dosis erhöht werden. Bereits nach ein paar Wochen tritt die Toleranzentwicklung ein.

Dieses Phänomen führt dazu, daß der gewohnheitsmäßige Drogenkonsument im Vergleich zu seiner anfänglichen Dosis und entsprechend der medizinischen Applikationen eine vielfach größere Dosis anwendet. Bleibt der Abhängige für einige Zeit giftfrei (sei es freiwillig oder gezwungenermaßen, z. B. wegen einer Haftstrafe), wird seine Sensibilität wieder hergestellt, und er kann sich auf einer geringeren Dosis halten. Ist die Gewöhnung an ein Präparat eingetreten, besteht auch für andere Präparate aus der gleichen Gruppe eine Toleranz. Dieses Phänomen wird *Kreuztoleranz* genannt. Wenn ein Drogenabhängiger z. B. für Heroin eine Toleranz entwickelt hat, so liegt auch eine Gewöhnung an Morphin und Methadon vor.

Wenn z. B. ein Heroinfixer, der regelmäßig das Präparat injiziert, seine Heroinspritze nach 4–5 Stunden nicht wiederholt, treten allmählich Abstinenzsymptome auf. Nach ein bis zwei Tagen erreichen die Abstinenzbeschwerden ihren Höhepunkt und klingen darauf innerhalb von einer Woche ab. Allerdings bleiben für noch etwa eine Woche eine gewisse Rastlosigkeit, Unruhe und Schlafstörungen zurück (Tab. 13).

Die Intensität der körperlichen Störungen hängt von der Höhe der Dosis und der Länge der regelmäßigen Drogenzufuhr ab. Bei den Dosen, die von Straßenfixern angewandt werden, sind die physischen Abstinenzbeschwerden allerdings häufig nicht so ausgeprägt. Da das Präparat in vielen Fällen sehr gestreckt wurde, ist die tatsächlich eingenommene Menge relativ gering.

Erhält der Drogenabhängige hingegen Methadon oder Morphin auf legalem Wege, kann es sich um weitaus höhere Dosierungen und stärker hervortretende Abstinenzerscheinungen handeln. Man sollte sich aber daran erinnern, daß Abstinenzbeschwerden bei Opiatmißbrauch selten lebensbedrohlich sind. Sie sind rein medizinisch gesehen nicht so alarmierend wie vergleichsweise die Abstinenzerscheinungen bei Alkohol- oder Schlafmittelsucht.

Der Alltag eines Opiatabhängigen ist mit vielen Aktivitäten ausgefüllt. Alles dreht sich um die Beschaffung der Droge, damit es zu keiner Abstinenzphase kommt. In der Praxis bedeutet das oft den Beginn einer nicht selten umfangreichen Beschaffungskriminalität mit dem Ziel, das Geld für die drei bis vier „shots" zusammenzukratzen. Diebstahl und Prostitution sind sehr verbreitet, wenn man sich nicht am Weiterverkauf von Drogen an andere Fixer beteiligt.

Auf Seite 109 wurde darauf hingewiesen, daß der Opiatabhängige beim Aufgeben der Drogeneinnahme in eine schwere Krise geraten kann. Es handelt sich dabei um mehrere Problemkreise, die in diesem Moment akut werden.

Tabelle 13: Abstinenzsymptome bei Morphinmißbrauch nach Jan Eriksson.

Zeitpunkt (Stunden nach der letzten Injektion)	Symptome
8–12 Stunden	Gähnen Schwitzen laufende Nase Tränenfluß allgemeines Krankheitsgefühl innere Unruhe
18–24 Stunden	weite Pupillen Gänsehaut Frösteln Hitzewallungen Muskelzuckungen Muskel- und Gelenkschmerzen
30–36 Stunden	ausgeprägte Angst und Rastlosigkeit Brechreiz Erbrechen Durchfall Gewichtsverlust Anstieg der Atmungsfrequenz erhöhter Blutdruck erhöhte Rektaltemperatur
40–48 Stunden	größte Intensität
7.–10. Tag	keine vegetativen Symptome

Das zerbrechliche Identitätsbild des Drogensüchtigen, das auf der Zugehörigkeit zu den Fixerkreisen aufgebaut ist, wird bedroht. Der Fixer soll sein Präparat, den ständigen Partner und Betäuber seiner Angst und Unruhe aufgeben; darüber hinaus muß er auf seine auf tieferem und primitiverem Niveau basierende Bindung an die Droge verzichten: das Präparat als Liebesobjekt.

Nun muß er auch der Realität ins Auge sehen, die häufig aus einer zerstörten sozialen Situation, aus Einsamkeit und aus vergeudeten Jahren besteht. Für den Opiatabhängigen kommen dann noch die physischen Abstinenzbeschwerden hinzu.

Eine mögliche frühe Störung und auch die Regression in Verbindung mit den mühsamen psychischen Umstellungen sind Ursachen für das Verhalten eines Abhängigen, der dazu neigt, primitiver als andere Erwachsene zu reagieren, und der Schwierigkeiten hat, physischen Schmerz und Angst voneinander zu trennen. Dadurch können sogar verhältnismäßig schwache physische Abstinenzsymptome Angst und Unruhe eines Patienten sehr verstärken und die Entgiftung erschweren.

Das ist einer der Gründe dafür, daß beim Opiatentzug eine medizinische Behandlung angezeigt sein kann. Eine andere Bedeutung kommt dem symbolischen Ersatz eines Drogenpräparates durch einen weniger gefährlichen Tranquilizer zu, den der Therapeut dem Suchtkranken gibt.

Unterschiedliche Vorkehrungen für medizinische Hilfe während des Entzugs von Opiatabhängigen wurden in Schweden erprobt. Nach Erik Änggård ist das Hauptkriterium für eine Arzneimittelzufuhr in einer Abstinenzsituation „die Ersatzbehandlung mit einem Langzeitpräparat mit Kreuztoleranz gegen Morphin/Heroin". Darauf folgt eine schrittweise Herabsetzung der Dosis in einem Zeitraum von fünf bis zehn Tagen.

Früher wurde zu diesem Zweck häufig Methadon eingesetzt. Der Entzug mit Methadon war jedoch sehr umstritten. Im Långbrokrankenhaus zum Beispiel wurde die Methadontherapie abgebrochen, weil man gegen diese Behandlungsform eine allgemein restriktive Haltung einzunehmen wünschte (siehe Seite 164 zur Methadon-Diskussion). In der Långbro-Entzugsstation wurde ferner während eines gewissen Zeitraums eine Untersuchung des Klientenverhaltens durchgeführt. Man verglich das Verhalten von Klienten, die für eine bestimmte Periode Methadon erhielten, mit dem Verhalten von Klienten, die während einer bestimmten Periode ohne Methadon behandelt wurden. Man stellte dabei fest, daß die Behandlungszeiträume in der Entzugsstation während der schrittweisen Herabsetzung der Methadonzufuhr nicht länger, sondern in beiden untersuchten Zeiträumen im Durchschnitt zu kurz waren. Man fand auch keinen nennenswerten Unterschied in der Anzahl der Klienten, die zu einer Langzeitbehandlungsalternative übergingen. Hingegen wurden während des Methadonprogramms mehrere Therapieanträge gestellt. Hierzu können allerdings eine Reihe anderer Faktoren beigetragen haben. In der Forschungsklinik Ulleråker, wo man die größte Erfahrung mit der Behandlung von Opiatabhängigen in Schweden hat, wird seit einigen Jahren bei dem Entzug von Opiaten Dextropropoxyphen (Doloxene® in Schweden; in der BRD Develin® retard oder Erantin®; Anm. d. Übers.) als Substitut in abnehmender Dosierung verwendet. Dextropropoxyphen hat gewisse morphinähnliche Eigenschaften, ist aber viel schwächer als Morphin bzw. Heroin.

An anderen Kliniken wird eine Kombination von Kodein (das allerdings eine viel kürzere Wirkungsdauer als Dextropropoxyphen hat) und Diazepam (Valium®) eingesetzt.

Die Entgiftung dauert circa eine Woche. Dabei sind das größte Problem nach dem unmittelbaren Entzug anhaltende Schlafbeschwerden, die unter Umständen medikamentös behandelt werden müssen.

Man darf nicht vergessen, daß der Opiatmißbrauch nicht selten Teil eines Mehrfachmißbrauchs mit zum Beispiel Hypnotika bzw. Sedativa oder Alkohol, sein kann. Damit ist im allgemeinen zu rechnen, wenn Krampfanfälle oder Anzeichen für ein beginnendes Delirium in Erscheinung treten.

Abgesehen von der allmählich eintretenden psychischen und sozialen Misere, die unter anderem zu einer Selbstmordhandlung führen kann, scheint nicht einmal der langanhaltende Gebrauch von Präparaten aus der Opiatgruppe schwerere physische Nebenwirkungen zu verursachen. Die meisten physischen Schäden hängen viel mehr mit den Lebensverhältnissen und der mißbräuchlichen Anwendung der Droge zusammen als mit dem eigentlichen Drogeneffekt.

2. Zentralstimulierende Mittel

Amphetamine

In Schweden ist keines dieser Mittel auf legalem Wege erhältlich. Früher gab es Methylphenidat in Form von Ritalin® und das Schlankheitsmittel Phenmetrazin (Preludin®), die schnell zu den begehrtesten Präparaten für Injektionen wurden. In den USA gab es beide Präparate neben Amphetamin (Benzedrin®; in der BRD nicht als Medikament im Handel; Anm. d. Übers.), und Methamphetamin (Methedrine®; in der BRD Pervitin®; Anm. d. Übers.) auf ärztliche Verschreibung. 1974 gab es z. B. Methamphetamin unter elf verschiedenen Handelsnamen auf dem amerikanischen Markt. Schwedische Drogenabhängige konsumieren gegenwärtig ausschließlich illegal erzeugte Präparate, vor allem Amphetamin.

In anderen Ländern werden Zentralstimulantien als allgemein anregende Mittel (Weckamine), als Appetitzügler bei Schlankheitskuren, als Mittel gegen Depressionen und bei der Behandlung gewisser Angstzustände von Kindern „therapeutisch" eingesetzt. Das Präparat kann geschluckt oder gespritzt werden. Es kommt nicht selten vor, daß man mit der oralen Einnahme beginnt, um später zu Injektionen überzugehen. Bei gewohnheitsmäßiger Anwendung wird in der Regel injiziert. Die Dosierungsstärke ist schwankend, kann aber die therapeutische Dosierung um das Hundertfache übersteigen. Auch beim Gebrauch von Zentralstimulantien wird eine gewisse Toleranz entwickelt (siehe S. 177), allerdings ist sie nicht so offensichtlich wie die Toleranz für Opiate. Besonders „neue" Süchtige erleben nach der Injektion von Zentralstimulantien eine starke Euphorie. Sie empfinden Vitalität, eine beschleunigte Denkfähigkeit, gepaart mit der Vorstellung, klarer denken zu können. Man glaubt, „auf den Wolken zu schweben", und empfindet eine gesteigerte Sensualität.

Die zuletzt genannte euphorische Eigenschaft und die Empfindung von Vitalität und Stärke verbinden sich für viele mit einer Steigerung der sexuellen Ansprechbarkeit und einer stärkeren sexuellen Potenz. Für gewisse Fixer sind die sexuellen Gefühle anfänglich am wichtigsten. Gerade die Verstärkung der sexuellen Gefühle macht die Präparate in Gefängnissen und anderen geschlossenen Anstalten so begehrt. Diese sexuelle Stimulation ist an eine Entpersonifizierung des Liebesobjekts geknüpft. Geschlechtliche Aktivitäten mit allem und jedem, mit pornographischen Bildern und reinen Phantasien werden dadurch eher möglich. Siehe auch weiter unten unter psychischen Komplikationen!

Die Wirkung bleibt drei bis fünf Stunden lang erhalten. Danach kann der Zentralstimulantiensüchtige die ersten Anzeichen des Abstinenzphänomens spüren. Hierbei handelt es sich allerdings nicht um eine Abstinenz im eigentlichen Sinne, so wie sie beim Opiatmißbrauch auftritt, sondern die negativen Präparatauswirkungen treten deutlicher hervor, wenn die positiven Effekte abklingen.

Diese negativen Wirkungsweisen hängen mit der allgemeinen Wirkung dieser Drogen auf den menschlichen Körper zusammen. Da das Präparat zentral stimuliert, löst es im höchsten Grade Aktivität aus. Die Müdigkeit wird unterdrückt, und das Bedürfnis zu essen und zu trinken nimmt merklich ab. Der Abhängige ist oft ständig in Aktion, manchmal tagelang, ohne eine Ruhepause einzulegen. Unterernährung und Auszehrung sind die Folge. Wenn dann die Drogenwirkung nachläßt, werden Müdigkeit, Unrast sowie Muskel- und Gelenkschmerzen usw. als Abstinenzsymptome gedeutet. Auf der psychischen Seite kommen leichte bis schwere Verfolgungswahrnehmungen (paranoische Schizophrenie) so häufig vor, daß man sie zu den Effekten und nicht zu den Nebenwirkungen rechnen muß.

Auf Grund der zu Aktivität stimulierenden Wirkungsweise des zentralstimulierenden Mittels und des abnehmenden Schlaf- und Nahrungsbedürfnisses führt ein ständiger Mißbrauch allmählich zur Erschöpfung. Dies führt zu einem anderen Erscheinungsbild als bei Opiatmißbrauch. Häufig verwenden Zentralstimulantienabhängige die Droge(n) für einen oder mehrere Tage bis hin zu ein paar Wochen intensiv. Dann brechen sie ab, um auszuruhen und Schlaf nachzuholen. Wenn der User „sich entwöhnt", geschieht dies meist mit Hilfe von dämpfenden Substanzen wie Alkohol oder Schlafmitteln.

Im späteren Verlauf ihrer „Karriere" scheinen einige Zentralstimulantienkonsumenten jedoch zu einer Form des Mißbrauchs zu finden, die kontinuierlicher ist und Schlaf zuläßt. Ältere Konsumenten von Zentralstimulantien klagen oft, daß die Drogenwirkungen immer mehr nachlassen und die psychischen Komplikationen mit den Jahren immer häufiger werden.

Die Zentralstimulantien beeinflussen die nervöse Kontrolle der Muskulatur. Typische ungewollte Grimassen, festes Aufeinanderpressen der Zähne und unabsichtlich schlenkernde, zum Teil halbkreisförmige Arm- und Handbewegungen sowie ein charakteristischer Gang sind die Folgeerscheinungen. Ein Teil dieses Bewegungsmusters kann auch noch nach der Beendigung des Mißbrauchs und nach der Rehabilitation des Abhängigen bestehen bleiben.

Psychische Komplikationen

Abgesehen von den durch den Lebensstil des Fixers bedingten negativen Effekten und den körperlichen Nebenwirkungen üben Zentralstimulantien einen schädlichen Einfluß auf die menschliche Psyche aus. Die verbreitetste psychische Komplikation beim Mißbrauch von zentralstimulierenden Mitteln ist die Verstärkung der oben erwähnten paranoiden Symptome. Nicht selten treten bei diesen Süchtigen nach ein- oder mehrtägigem Abusus psychische Störungen mit Wahnvorstellungen und Halluzinationen auf.

Es kommt relativ häufig vor, daß Konsumenten von Zentralstimulantien in die Entgiftungsstation kommen, nachdem sie sich ein oder mehrere Tage von „Blaukreuz-Anhängern" oder anderen Organisationen „verfolgt" glaubten. Im allgemeinen klingt die paranoide Psychose nach ein paar Tagen ab. Hin und wieder kommen aber auch Fälle vor, bei denen diese Psychosen zurückbleiben. Bei manchen bleiben sie mehr latent erhalten, so daß sie infolge neuen Mißbrauchs, aber auch durch andere Belastungen oder mäßigen Alkoholgenuß wieder aktiviert werden. Bei anderen geht die Psychose in eine langwierige (chronische?) schizophrenieähnliche Psychose über.

Es ist natürlich schwer zu beurteilen, was hierbei Ursache und was Wirkung gewesen ist. Es ist aber wahrscheinlich, daß es sich sowohl um eine prädisponierte Persönlichkeit als auch einen direkten toxischen Effekt des zentral stimulierenden Mittels handelt.

Ein langanhaltender Konsum von Zentralstimulantien verschlechtert mit aller Wahrscheinlichkeit die Fähigkeiten zu einem normalen Sexualleben. Manchmal geht mit der erwähnten Verstärkung sexueller Lustgefühle eine Neigung zur Bisexualität oder Perversion einher.

Die *Abstinenzbehandlung* bei Zentralstimulantienmißbrauch ist im allgemeinen keine spezifische Behandlung. Nötig werden Nahrungszufuhr und Schlaf, Vitamine und eine körperliche Gesundheitskontrolle, besonders im Hinblick auf eventuelle Infektionskrankheiten. Möglicherweise noch auftretenden psychotischen Symptomen begegnet man mit einem ruhigen Auftreten und eventuell mit der Verschreibung von Neuroleptika.

Kokain

Gegenwärtig ist Kokain in Schweden nicht in nennenswertem Umfang verbreitet. Da es sich aber um ein altes und gut bekanntes Präparat handelt, dessen Gebrauch in den USA und in einigen europäischen Ländern rasch an Popularität zunimmt, möchte ich hier kurz darauf eingehen.

Schon vor der Inkazeit in Südamerika soll die euphorisierende Wirkung, die durch Kauen der Blätter des Coca-Strauches erzielt wird, bekannt gewesen sein. Noch heute ist der Genuß von Coca-Blättern bei den südamerikanischen Indianern in Peru und Bolivien beliebt. Das Kauen von Coca-Blättern wird möglicherweise mehr als ein anderes Gift zur Anregung der Arbeitslust und als Fluchthelfer aus unerträglichen Verhältnissen, gemeint ist ein Teil der sozialen Unterdrückung, angewendet.

Das in reiner Form hergestellte Kokain kann geschnupft, gegessen oder gespritzt werden. Sowohl in den USA als auch in Westeuropa ist das Interesse an Kokain in Mode gekommen. Heutzutage scheint sich vor allem die obere Mittelschicht in den USA in zunehmendem Maße für den Konsum von Kokain zu interessieren.

Der Kokaineffekt ähnelt sehr der Wirkungsweise der Amphetamingruppe. Der Kokainrausch hält aber nicht so lange an, etwa ein bis zwei Stunden. Außerdem liegt die gleiche Tendenz zu Auszehrung und Erschöpfung vor. Im Vergleich zur Amphetamingruppe scheint Kokain stärker an perverse sexuelle Neigungen und Lustempfindungen geknüpft zu sein. Ob das allerdings von tatsächlichen Unterschieden in der Wirkungsweise oder von Mythen herrührt, läßt sich nicht mit Bestimmtheit sagen. Über Kokain besteht auch das Gerücht, daß es schneller zu schweren psychischen Störungen führe. Wie bei der Amphetamingruppe können sich paranoide Verhaltensweisen, aber auch delirante Zustände mit Halluzinationen und Bewußtseinstrübung entwickeln.

Es ist wahrscheinlich, daß langanhaltender Konsum von Kokain ebenso wie der Amphetamingebrauch die Fähigkeit zu einem normalen Sexualleben ernsthaft gefährdet.

3. Cannabis

Cannabis sativa (Hampa) (Anm. d. Übers.: hampa ist die schwedische Bezeichnung für Cannabis) ist die Bezeichnung der Hanfpflanze, aus der verschiedene Cannabis-Produkte gewonnen werden. THC (Tetrahydrocannabinol) ist der aktive Wirkstoff des Cannabis. Die verbreitetste Einnahmeform ist die des Rauchens. Entweder raucht man Blüten und Blätter – diese Zubereitungsart ist unter dem Namen Marihuana bekannt –, oder man raucht Haschisch, den erstarrten Pflanzensaft (Harz). Cannabis-Öl ist ein Extrakt mit einem sehr hohen THC-Gehalt. Gewöhnlich wird das Öl über den Tabak geträufelt und so geraucht.

Die psychischen Wirkungsweisen des Cannabis sind seit mehr als 2000 Jahren bekannt. Vor allem in Nordafrika, im Nahen Osten und in Lateinamerika ist das Rauchen von Marihuana und Haschisch sehr verbreitet. Das Cannabis-Rauchen hat sich erst in den letzten Jahrzehnten nach Nordamerika und Westeuropa ausgedehnt. Bis Ende des 19. Jahrhunderts schätzte man die Bedeutung des Cannabis als medizinisches Präparat.

Cannabis ist in Schweden sehr verbreitet, vor allem in Form von Haschisch. Wenn man Vergleiche zwischen den USA und Europa hinsichtlich der Erfahrung mit dem Gebrauch von Cannabis anstellt, muß man berücksichtigen, daß das in den USA verbreitetste Produkt Marihuana ist. In Europa wird hauptsächlich Haschisch konsumiert. Haschisch ist eine viel stärkere Droge und hat demzufolge viel ausgeprägtere Nebeneffekte.

Laut schwedischer Rechtsprechung ist Cannabis eine Rauschdroge, gleichgestellt mit der Opiat- und der Zentralstimulantiengruppe. Man sollte sich allerdings darüber im Klaren sein, daß Cannabis ganz andere Wirkungen als Heroin oder Amphetamin hat. Cannabis zählt zu den „leichten" Drogen und kann im Unterschied zur Opiat- und Zentralstimulantiengruppe „gebraucht" werden, d. h. man kann es wie Alkohol zur Erzeugung eines kontrollierten Rausches anwenden.

Nur ein kleiner Teil derer, die Cannabis probieren, gehen zu gewohnheitsmäßigem Konsum über. Davon entwickeln nur ganz wenige einen so starken Mißbrauch, daß ihr gesamter Lebensstil von dieser Droge und ihren Auswirkungen bestimmt wird. Wenn das allerdings der Fall ist, läßt sich die Wirkungsweise mit dem regelmäßigen Konsum harter Drogen vergleichen.

Die psychischen Effekte von Cannabis hängen sehr stark von der Verfassung des Konsumenten vor dem Rauchen und seinem Zustand während des Rauchens zusammen. Man kann deshalb sagen, daß die Wirkung des Cannabis-Rausches (so wie die des LSD-Rausches) mehr als die der anderen Präparate von der jeweiligen Situation bedingt wird. Die Wirkung tritt nach ein paar Minuten ein. Nach eventuell möglicher und anfänglich leichter Unrast stellt sich ein Gefühl des Wohlbefindens und des Schweregefühls im Körper ein.

Die Sinneswahrnehmungen, vor allem für Töne und Farben gewinnen an Intensität. Der Konsument empfindet im allgemeinen einen angenehmen Assoziationsreichtum, aber auch ein gestörtes Zeitgefühl. Das äußert sich darin, daß der Süchtige teils nicht mehr beurteilen kann, wie viel Zeit seit einem bestimmten Ereignis verflossen ist, teils glaubt er, sich in verschiedenen Zeitpunkten gleichzeitig zu befinden. Solche Störungen im Zeit- sowie im Raumgefühl hat man experimentell nachweisen können.

Bei einer stärkeren Intoxikation wird der Assoziationsreichtum bis hin zum Denkversagen verstärkt; falsche Deutungen von Sinneseindrücken kommen vor. Sogar Halluzinationen können bei hohen Konzentrationen eintreten. Die stärkere Vergiftung erinnert an eine LSD-Intoxikation. Zu den positiven Effekten wird gewöhnlich eine zunehmende Sensualität und bei einigen eine gesteigerte sexuelle Lust gerechnet. Allerdings verringert Cannabis auf ähnliche Weise wie die Zentralstimulantien den persönlichen Kontakt zwischen den Partnern.

Es kommt aber auch nicht selten vor, daß diese positiven Effekte ausbleiben und die Person stattdessen Angst und Unruhe, mitunter sogar Panik empfindet. Vorübergehende Verwirrungszustände können ebenfalls auftreten und regelrechte Psychosen ausgelöst werden. Diese seltenen Psychosen sind im allgemeinen zeitlich begrenzt. Die Symptome sind aber häufig sehr viel stärker, und ein gewalttätiges Verhalten tritt mehr als bei anderen akuten Psychosen auf. Es besteht die Möglichkeit, daß ein grenzpsychotischer Zustand in eine Psychose übergeht. Ebenso kann eine vorübergehende toxische Psychose ausgelöst werden, ohne daß man bislang pathologische prädisponierende Faktoren hierfür vorgefunden hat.

Die möglichen schädlichen Effekte des Cannabis sind in der Fachliteratur ausführlich behandelt worden, unter anderem deshalb, weil diese Droge in den USA in so großem Maße konsumiert wird. Man hat vor allem versucht, die Frage zu klären, ob langanhaltendes Cannabis-Rauchen schädliche Auswirkungen habe.

Einige der ernstzunehmenden Schäden, von denen man glaubt, sie dem längeren und häufigen Konsum von Cannabis zuschreiben zu können, sind bleibende Störungen des Gehirns, ein sogenanntes *Amotivations-Syndrom* (amotivational syndrome) sowie *Psychosen.* Hierzu sind umfassende Untersuchungen durchgeführt worden; einige scheinen den klinischen Eindruck zu bestätigen, daß diese drei Arten von Störungen auftreten können, während andere Untersuchungsergebnisse dagegen zu sprechen scheinen.

Ende 1976 wurde ein umfangreicher Konferenzbericht mit dem Titel „Chronic cannabis use" veröffentlicht. Dieser präsentierte Untersuchungen aus Kanada, Costa Rica, Jamaica, Griechenland und den USA. In keiner dieser Untersuchungen hatte man für Störungen in den Gehirnzellen oder für das „amotivational syndrome" Beweise finden können. Auch für das Auftreten von Psychosen ließ sich kein Nachweis finden. Allerdings war das Material so ausgewählt worden, daß mögliche Psychosen weggefallen sein konnten.

Unsere schwedischen Erfahrungen sprechen sowohl für das Auftreten akuter Verwirrungszustände und Panikreaktionen als auch für regelrechte Psychosen, die durch eine Cannabis-Intoxikation ausgelöst werden. Es besteht auch kein Zweifel daran, daß die Perzeption und das Reaktionsvermögen derart beeinflußt werden, daß z. B. für Autofahrer unter Rauscheinwirkung ein großes Risiko besteht. Es ist anzunehmen, daß dieses Risiko für den Autofahrer auch noch für einige Stunden *nach* Abklingen des Rauschzustandes bestehen bleibt. Cannabis-Mißbrauch, vor allem ein intensiver, kann auch eine Art von „Nachhall-Psychose" (flash back), ähnlich wie bei dem Verzehr von LSD, verursachen (siehe unten). Hinsichtlich der Gehirnschäden und des Amotivations-Syndroms besteht Anlaß zur Skepsis gegenüber der Behauptung, daß diese Zustände von Cannabis ausgelöst sein könnten.

Obwohl ich versucht habe, den Unterschied zwischen harten Drogen (Opiat- und Zentralstimulantiengruppe) auf der einen Seite und Cannabis auf der anderen Seite hervorzuheben, und obgleich ich einigen postulierten medizinischen durch Cannabis verursachten Schäden mit Skepsis begegne, sehe ich keine Veranlassung für die Legalisierung dieser Droge in Schweden. Ich vertrete die Auffassung, daß die Gesellschaft jedem Versuch, neue Drogen einzuführen, entgegenarbeiten muß.

4. Halluzinogene

Seit langem ist die Wirkung gewisser Pflanzen bekannt, nach deren Genuß Halluzinationen eintreten. Am bekanntesten ist Peyotl, ein mexikanischer Kaktus, der die halluzinogene Substanz *Mescalin* enthält. Eine andere in der Natur vorkommende halluzinogene Substanz ist *Psilocybin,* das aus dem Pilz Psilocybe mexicana gewonnen wird. Früher wurden diese Stoffe vorwiegend zu religiösen Zwecken angewandt. Seit einigen Jahrzehnten sind diese Suchtstoffe allerdings (vor allem) in der nordamerikanischen Drogenkultur zu finden.

Heute jedoch werden die am häufigsten vorkommenden halluzinogenen Stoffe auf synthetischem Wege hergestellt. Von diesen synthetischen Halluzinogenen ist LSD (Lysergsäurediäthylamid) die Droge, die am meisten angewendet und am meisten untersucht wird. Weitere halluzinogene Präparate sind STP (Kurzform für „serenity, tranquility and peace") ein Mischpräparat, dessen aktiver Wirkstoff DOM ist (Abkürzung für Dimethoxy-methylamphetamin); weiter enthalten darin sind DMT (Abkürzung für Dimethyltryptamin) und PCP (Phenylcyclidinhydrochlorid). Sie alle sind Beispiele für halluzinogene Substanzen, die besonders an der Westküste Amerikas beliebt sind.

In Schweden hat nur LSD eine gewisse Verbreitung erfahren. Ende der sechziger Jahre bestand für LSD großes Interesse. Danach ebbte die LSD-Welle ab, und polizeiliche Beschlagnahmen sind heutzutage eine Seltenheit. Wahrscheinlich ist die Ursache für diesen Rückgang, daß die Kenntnis über die gefährlichen Nebenwirkungen dieser Droge eine weitere Verbreitung gefunden hat.

Unter der Einwirkung von LSD erlebt man die Welt in einem neuen Licht. Die Sinneseindrücke verschärfen sich, Geräusche und Farben werden verstärkt empfunden. Man verfügt über ein reiches Assoziationsvermögen, und manchmal glaubt man sich auf unterschiedlichen Bewußtseinsebenen zu befinden, z. B. man sieht sich neben sich selbst. Die Wirkung kann in ein rein psychotisches Erlebnis mit Halluzinationen und Wahnvorstellungen übergehen.

Charakteristisch für LSD ist seine Wirkung in winzigen Dosen. Schon ein paar Tropfen der Lösung in ein Glas Wasser oder auf ein Zuckerstück geträufelt können eine ausreichende Dosis sein. Diese Anwendungsform macht es fast unmöglich, das Schmuggeln dieses Stoffes aufzudecken. LSD führt nicht zu körperlicher Drogenabhängigkeit. Die seelische Abhängigkeit ist selten der Art, daß der Konsum des Präparats zwangsweise jeden Tag erfolgen muß. Der Konsum von LSD und anderen Halluzinogenen ist mit großen Risiken verbunden. Manchmal sind die Effekte weniger angenehm. Es kommt vor, daß Menschen in schwere Angstzustände mit Panikhandlungen als Folgeerscheinung geraten. Unter dem Eindruck psychotischer Erlebnisse ist es schon zu Mordhandlungen, Suiziden und tödlichen Unfällen gekommen.

Natürlich beinhaltet der LSD-Konsum für Autofahrer ernstzunehmende Gefahren. Im allgemeinen gehen die psychotischen Effekte des LSD vorüber. Es kommt aber auch vor, daß psychotische Symptome noch einige Zeit nach der Einnahme bestehenbleiben. Außerdem gibt es Fälle, in denen dieser Zustand lange anhält und in eine schizophrenie-ähnliche Psychose übergeht.

Wir wissen allerdings nicht, ob für die Entstehung einer Psychose durch LSD die psychische Ausgangslage einer Person ausschlaggebend ist, oder ob die Psychose ein reiner Gifteffekt ist.

Ein anderes Phänomen sind der „Echo-Rausch" oder „flash-backs". Schon seit vielen Jahren weiß man, daß besonders LSD (aber auch Cannabis und manchmal Amphetamin) Nachhalleffekte verursachen, sogar noch lange nachdem das Präparat eingenommen wurde. Es handelt sich dabei um das erneute Wiederauftreten eines Teils der Gefühle oder Wahrnehmungsstörungen, die auf den LSD-Rausch folgten.

„Flash backs" treten bei Süchtigen, die LSD regelmäßig anwenden, vermehrter auf als bei solchen, die den Stoff nur hin und wieder konsumieren. Nicht selten lösen Belastungen wie Müdigkeit, Alkoholeinfluß, Cannabis-Rauchen usw. „flash backs" aus. Über die Art der Behandlung dieser Zustände besteht keine einhellige Vorstellung. Wahrscheinlich hilft hier eine Psychotherapie.

Ab und zu ist der Verdacht geäußert worden, LSD verursache bleibende Hirnschäden. Eindeutige Beweise für das Auftreten solcher Schäden konnten bisher nicht erbracht werden (siehe S. 197 ff hinsichtlich LSD und Schäden beim Embryo). Die negativen Effekte des LSD werden symptomatisch behandelt, d. h. man begegnet dem Patienten mit einer ruhigen und freundlichen Aufnahme. Bei schweren Angstzuständen können unter Umständen beruhigende Mittel eingesetzt werden. Halluzinatorische Zustände werden wie andere akute Psychosen behandelt. (Besonders STP enthält Substanzen, die eine negative und manchmal lebensgefährliche Interaktion mit Phenothiazinen [den am häufigsten angewandten Präparaten bei psychotischen Zuständen] haben. Aus diesem Grund dürfen bei der Behandlung akuter psychotischer Zustände von Halluzinogenabhängigen Medikamente dieses Typs keine Anwendung finden, wenn nicht eindeutig festzustellen ist, daß nur LSD eingenommen wurde.)

5. Beruhigungs- und Schlafmittel (Sedativa/Hypnotika)

Nicht alle Schlaf- und Beruhigungsmittel machen süchtig. Leider besteht jedoch Suchtgefahr bei den wirksamsten Schlafmitteln und solchen Mitteln, die am effektivsten nicht-psychotische Angst- und Spannungszustände dämpfen.

Die Präparate mit suchterzeugenden Eigenschaften lassen sich in drei „gut eingeführte" Hauptgruppen gliedern.
Barbiturate (z. B. Luminal®, Prominal®, Nembutal®);
Meprobamat (z. B. Aneural®, Miltaun®);
Benzodiazepine (z. B. Valium®, Adumbran®, Librium®, Mogadan®).

Hinzukommen eine Reihe einzelner Präparate, die sich nicht den obenstehenden Hauptgruppen zuordnen lassen. Einige der verbreitetsten Mittel sind: Glutethimid (Doriden®), Clomethiazol (Distraneurin®) sowie Methaqualon (Revonal®, Mandrax®).

Barbiturate und Meprobamat bergen ein größeres Abhängigkeitsrisiko als Benzodiazepine. Zum Ausgleich werden Benzodiazepine so häufig verschrieben, daß es sich bei dieser Gruppe wahrscheinlich trotz allem um die am meisten mißbrauchte Gruppe unter den Sedativa/Hypnotika handelt.

Bei allen oben aufgeführten Präparaten entsteht nach langanhaltendem Gebrauch eine Gewöhnung mit dem Risiko, die Dosis zu erhöhen. Es kommt zu Abstinenzbeschwerden, wenn die Zufuhr abgebrochen wird. Die Abstinenzbeschwerden können äußerst dramatische Formen annehmen; die Abstinenzsyndrome, die nach dem Gebrauch dieser Präparattypen auftreten, sind am schwersten zu behandeln.

Diese Störungen sind als potentiell lebensbedrohlich zu betrachten und bedürfen immer ärztlicher Behandlung. Zu Beginn treten Unruhe, Muskelzittern (Tremor), Schweißausbrüche und Schlafstörungen auf, Symptome, die sich später zu Delirien und epileptischen Anfällen entwickeln können. Diese Delirien treten oft später ein als die Alkoholdelirien und sind manchmal bedeutend länger anhaltend. Solche Zustände gehören zur Behandlung immer in ein Krankenhaus, das über eine Narkoseeinrichtung verfügt.

Es kann ein Präparat aus dieser Gruppe allein als Suchtdroge verwendet werden. Aber sehr verbreitet ist ein Mehrfachmißbrauch, besonders in Verbindung mit Alkohol, aber auch mit anderen Drogen. Es ist allerdings sehr wichtig zu wissen, daß diese beruhigenden Präparate und Schlafmittel bei Opiaten, Alkohol und Schnüffelstoffen den das Atemzentrum hemmenden und den Blutdruck senkenden Effekt noch verstärken. Schlaf- und Beruhigungsmittel werden oft eingenommen, um Abstinenzsymptome zu lindern oder um einen Zentralstimulantienmißbrauch abzubrechen, damit eine Schlafpause möglich wird.

6. Schnüffelstoffe

Unter „sniffing" versteht man das Einatmen leicht flüchtiger Stoffe, um eine rauschähnliche Wirkung hervorzurufen. In Schweden ist das Schnüffeln schon seit Ende der vierziger Jahre bekannt und bei Jugendlichen im Alter von 10 bis 18 Jahren am meisten verbreitet. Es kommt aber auch vor, daß ältere Personen „sniffen". In diesem Fall handelt es sich um Alkohol- oder Drogensüchtige, die Schnüffelstoffe anwenden, wenn sie vorübergehend an ihre Hauptdroge schwer herankommen, z. B. wegen einer Haftstrafe. Gewöhnlich hören junge Schnüffler mit dem Schüffeln gegen Ende der Adoleszenz auf.

In Schweden haben laut unterschiedlicher Schulerhebungen zwischen 2 und 27 % Schüler schon einmal geschnüffelt. Bei den auf Seite 25 erwähnten Untersuchungen wehrpflichtiger Jugendlicher wurde laut deren Angaben ermittelt, daß zwischen 14 % (1969/1970) und 25 % (1973) schon einmal geschnüffelt hatten.

„Sniffing" kommt in Großstädten häufiger als auf dem Lande vor. In Schweden gibt es etwa hundert zum „Sniffing" geeignete Stoffe. Die gebräuchlichsten sind: „thinner" (Verdünner), Lösungsmittel und synthetischer Leim. Früher zählte auch Trichloräthylen zu den gebräuchlichen Schnüffelstoffen. Auf den Druck der staatlichen Sozialbehörde hin gelten im Einzelhandel für den Verkauf von Fleckenentfernungsmitteln und Klebstoffen, die diese Substanz enthalten, gewisse Restriktionen. Die allgemein wirksamste Substanz ist Toluol, das in Verdünnungsmitteln und anderen Lösungsmitteln enthalten ist.

Das Einatmen von Toluol-Dämpfen in ausreichend starker Konzentration führt zu einem unmittelbaren Rausch, der 15 bis 45 Minuten lang anhält und auf den häufig ein mehrstündiger Zustand der Abgestumpftheit folgt. In der Praxis atmen die Schnüffler nach und nach noch mehr ein, damit der Rausch einige Stunden andauert. Wegen der gestörten Bewegungskoordination und Balance ähnelt der Lösungsmittel-Berauschte einem Betrunkenen. Auch hinsichtlich der Erlebnisse läßt sich der Thinner-Rausch mit einem Alkoholrausch vergleichen. Wenn aber größere Mengen der Dämpfe eingeatmet werden, erhält das Rauscherlebnis einen anderen Charakter. Es kommt zu gestörten Gedankenabläufen, Sinnestäuschungen und Wahnvorstellungen, möglicherweise sogar zu Halluzinationen. In diesem Fall erinnert der Rausch eher an einen Halluzinogenrausch.

Physische Schäden durch „Sniffing"

Beim Schnüffeln kann man zwei Hauptgruppen von körperlichen Schäden unterscheiden, die einen Drogenabhängigen befallen. Teils treten *Vergiftungen,* teils *Unglücksfälle* in Verbindung mit dem Mißbrauch von Schnüffelstoffen ein. 1976 veröffentlichte die staatliche Sozialbehörde einen Bericht mit dem Titel „Maßnahmen gegen Sniffing" (Åtgärder mot sniffing). Eine Arbeitsgruppe hatte darin unter anderem die Vergiftungsschäden wie folgt in fünf Kategorien eingeteilt:

1. *Herzstillstand,* der während oder unmittelbar nach dem Schnüffeln eintritt, wird im allgemeinen durch Trichloräthylen verursacht. Bei den meisten der hin und wieder plötzlich eintretenden Todesfälle liegt ein Herzstillstand vor (sudden-sniffing-death SSD).

2. *Atemlähmung* während oder unmittelbar nach dem Schnüffeln. Die betreffenden Lösungsmittel haben wie Alkohol, Opiate und Beruhigungsmittel einen atmungshemmenden Effekt. Bei hohen Dosen, die eventuell in Verbindung mit Alkohol eingenommen werden, kann die Wirkung tödlich sein.

3. *Leberschäden* nach langanhaltendem Sniffing.

4. *Nierenschäden* nach langanhaltendem Sniffing.

191

5. *Störungen bei der Neubildung des Blutes* (Knochenmarksschäden) nach langanhaltendem Sniffing.

Für die Schäden vom Typ 1, 3, 4 und 5 sind vor allem Trichloräthylen und Benzol (u. a. Bestandteil des Benzins) verantwortlich.

Schäden bei Unglücksfällen während des „Sniffing"

Zu solchen Verletzungen kommt es bei einem Unglücksfall, der im Rausch oder durch die leichte Entzündbarkeit der geschnüffelten Flüssigkeit (Gase) verursacht wird. Beispiele derartiger Unfälle sind Suizidversuche, Verkehrsunfälle, Todesfälle durch Ertrinken und Verletzungen bei Bränden.

Mit aller Wahrscheinlichkeit wird der Hauptteil dieser Unfälle von der unmittelbaren Stoffeinwirkung verursacht. Das gilt möglicherweise auch für *gewisse* Selbstmorde, die eher Zeichen einer durch den Rausch ausgelösten Bewußtseinsstörung sind als Ausdruck für die Hoffnungslosigkeit der Lebenssituation eines Verwenders dieser Stoffe (siehe auch S. 195 zu durch „Sniffing" verursachten Todesfälle!).

Körperliche Komplikationen in Verbindung mit Drogenmißbrauch

In der amerikanischen Fachliteratur ist über fast alle möglichen körperlichen Schäden berichtet worden, die durch ein mißbräuchlich angewendetes Präparat oder durch die Lebensweise eines Süchtigen verursacht werden können. Hier werde ich nur einige der verbreiteten, mit Sucht in Verbindung stehenden, körperlichen Komplikationen erwähnen.

Im vorigen Abschnitt wurden gesondert die körperlichen Komplikationen in Verbindung mit Schnüffelstoffen behandelt. Unglücksfälle wurden besonders in dem Abschnitt über Schnüffelstoffe und Halluzinogene erwähnt. An dieser Stelle soll nur noch einmal daran erinnert werden, daß bei allen suchterzeugenden Mitteln eine erhöhte Gefahr für Unglücksfälle besteht. Zu nennen sind Unglücksfälle, die durch Gleichgewichtsstörungen, Wahrnehmungsstörungen, verschiedene Stufen eines Dämmerzustandes oder durch Bewußtseinsstörungen herbeigeführt werden.

Drogenmißbrauch mit tödlichem Ausgang

Wenn ein Drogenabhängiger stirbt, läßt sich vielfach nachweisen, daß langfristige negative Effekte des Mißbrauchs zu dem Todesfall beigetragen oder ihn allein verursacht haben. Als Beispiel für eine solche Kausalität kann man Süchtige anführen, die nach mehrjähriger Krankheit an Leberinsuffizienz sterben. Eine Gelbsucht, die sich ein Suchtkranker aufgrund des Injektionsmißbrauchs zugezogen hat, verursachte die Leberinsuffizienz. Der folgende Überblick nennt jedoch nur solche Todesursachen, die enger mit den akuten Drogeneffekten zusammenhängen.

Opiatgruppe

1. Überdosis. Eine der pharmakologischen Eigenschaften der Opiatgruppe besteht in der Hemmung des Atemzentrums. Bei einem Menschen, der unter keinem anderen Präparateinfluß steht, ist die Hemmung des Atemzentrums bei der Verabreichung einer therapeutischen Dosis ohne weitere Bedeutung. Der Spielraum für die Dosiserhöhung ist allerdings nicht sehr groß. Das Atemzentrum wird sehr schnell gehemmt, und bei einer weiteren Dosiserhöhung kommt es zum Atemstillstand.

Nimmt die Person gleichzeitig ein anderes Mittel mit dämpfender Wirkung auf das Atemzentrum, summieren sich die atemhemmenden Effekte. Solche Mittel sind Alkohol, alle Sedativa- bzw. Hypnotikagruppen sowie Schnüffelstoffe.

An früherer Stelle wurde der Begriff Toleranz erwähnt (siehe S. 177). Bei der langanhaltenden Anwendung von Präparaten aus der Opiatgruppe kommt es zu einer Toleranz für mehrere Eigenschaften des Präparats. Das trifft für die euphorisierende Wirkung ebenso zu wie für den atemhemmenden Effekt. Das bedeutet, daß ein Drogensüchtiger, der das Präparat ständig und regelmäßig einnimmt, immer höhere Dosen verträgt, ohne daß eine lebensbedrohliche Hemmung des Atemzentrums eintritt.

Wenn der Süchtige die Einnahme unterbricht, nimmt die Toleranz ab. Setzt er aber nach einer drogenfreien Periode den Mißbrauch fort, verträgt er nicht mehr die frühere letzte Dosis, sondern er muß mit einer schwächeren Dosis beginnen, um das Risiko einer Atemlähmung zu vermeiden. Gleichermaßen hat die Toleranz für die euphorischen Wirkungen abgenommen. Deshalb „braucht" er dann auch keine so starke Dosis, um den euphorischen Zustand zu erleben.

Eine unbeabsichtigte Überdosierung bei der Opiatabhängigkeit kann durch einen oder mehrere Umstände verursacht werden:

a) Nach einer längeren oder kürzeren Unterbrechung des Mißbrauchs überschätzt der Suchtkranke seine Toleranz. Ursache für eine solche Unterbrechung kann der erschwerte Zugang zu der Droge in Fixerkreisen gewesen sein, eine Haftstrafe, ein Krankenhausaufenthalt oder der Versuch, den Drogenmißbrauch für immer zu beenden.

b) Der Drogensüchtige unterschätzt die Gefahren, die bei einer Kombination mit Alkohol oder Sedativa bzw. Hypnotika bestehen.

c) Der Drogensüchtige unterschätzt die Stärke des eingekauften Präparats. Hinsichtlich des prozentualen Heroinanteils unterscheiden sich die auf der Straße zum Verkauf angebotenen Präparate stark voneinander.

Drogenabhängige, die unter Verdacht stehen, eine Überdosis genommen zu haben, müssen mit dem Morphinantagonisten Naloxon (Narcanti®) intravenös behandelt werden. Außerdem soll eine Atmung und Blutdruck regulierende Behandlung erfolgen. Naloxon ist ein Antagonist für die Präparate aus der Opiatgruppe. Eine Naloxon-Injektion löscht unmittelbar die Wirkungen dieser Suchtstoffe aus. Allerdings hält die Wirkung von Naloxon nur ein bis zwei Stunden an. Deshalb muß eine *Injektion so lange wiederholt werden, bis die Wirkung des Opiatpräparats nachgelassen hat.* Das kann, beispielsweise bei Methadon, mehr als einen Tag dauern.

2. Anaphylaktischer Schock Viele plötzlich eintretende Todesfälle nach einer Heroinspritze konnten nicht mit einer Überdosis des Präparats erklärt werden. Über die Hintergründe solcher Todesfälle herrscht nach wie vor Unklarheit. Wahrscheinlich spielen mehrere Ursachen eine Rolle. Die allerwahrscheinlichste Erklärung ist allerdings die, daß Heroin oder Stoffe, mit denen Heroin gestreckt wurde, bei einigen Menschen eine sehr starke Überempfindlichkeit, einen sogenannten anaphylaktischen Schock hervorrufen. Da man diesen Zustand nicht von einer durch Überdosierung verursachten Atemlähmung unterscheiden kann, ist die Behandlung anfänglich die gleiche.

Zentralstimulantien

Auch die Einnahme einer *extrem* hohen Dosis von Zentralstimulantien läßt sich nicht mit den gleichen Risiken vergleichen, die mit einer Überdosierung eines Präparats aus der Opiatgruppe verbunden sind. Gunne hat aber drei lebensbedrohliche Zustände beschrieben, die durch eine hohe Dosis von Zentralstimulantia ausgelöst werden.

1. Exzitations-Syndrom. Der Zustand des Drogenabhängigen, der anfänglich durch motorische Unruhe, Angstgefühle mit Herzklopfen und Blutdruckanstieg gekennzeichnet ist, verschlechtert sich infolge der ansteigenden Körpertemperatur, des hohen Pulsschlags und kalter Schweißausbrüche. Der Zustand kann sich derart verschlimmern, daß der Patient in einen Verwirrungszustand gerät, epileptische Anfälle eintreten und der Patient unter Umständen einem Kreislaufkollaps erliegt.

2. Dysautonomie-Syndrom. Kennzeichen hierfür ist eine starke innere Unrast des Patienten. Unwohlsein und Erbrechen treten hinzu. Der Blutdruck des Patienten ist großen Schwankungen ausgesetzt. Allmählich treten Muskelkrämpfe, Muskelzucken ein und der Patient gerät in einen komatösen Zustand. Bei einigen dieser Patienten tritt der Tod ein.

194

3. *Zerebrovaskulärer Insult* (Gehirnblutungen). Der Blutdruckanstieg, den die zentral stimulierenden Mittel, besonders bei hoher Dosierung, hervorrufen, kann Gehirnblutungen auslösen. Dabei ist ein tödlicher Ausgang möglich.

Zu diesen drei Punkten kann noch ergänzend hinzugefügt werden, daß hohe Dosierungen von Zentralstimulantien in Verbindung mit körperlichen Anstrengungen, besonders beim schon älteren oder verbrauchten und deprimierten Menschen, das Herzinfarktrisiko erhöhen.

Sedativa bzw. Hypnotika

Eine Überdosierung dieser Präparate verursacht zunächst einen tiefen Schlaf, gefolgt von Koma mit Atemstillstand und Kreislaufkollaps. Eine Behandlung auf der Intensivstation wird notwendig.

Lösungsmittel

„Die Thinner-Gruppe der städtischen Gesundheitsbehörde in Göteborg" hat alle mit „sniffing" in Verbindung stehenden Todesfälle in Schweden zusammengestellt, die während eines Zeitraums von sechs Jahren eingetreten waren. Laut dieser Zusammenstellung lassen sich die Todesfälle in folgende Kategorien einteilen:

– *SSD (sudden-sniffing-death)*, plötzlich eintretender Tod. Vermutlich löste das Lösungsmittel Herzflimmern aus: 13 Todesfälle.

– *Sonstige akute Vergiftungsfälle.* Mehrere dieser Todesfälle wurden vermutlich durch eine Atemlähmung verursacht. In einigen Fällen wurden sie durch eine Kombination des Lösungsmittels mit anderen Drogen ausgelöst: 19 Todesfälle.

– *Selbstmord.* Der größere Teil dieser Suizide ist auf die Direkteinwirkung des Giftes auf die Psyche zurückzuführen, d.h. daß die Ursache dieser Selbstmorde weniger mit den Hintergrundfaktoren in Zusammenhang standen: 14 Fälle.

– *Auto- sowie Zugunfälle und Tod durch Ertrinken:* 16 Todesfälle. In vielen Fällen scheinen diese Todesfälle durch extreme Rauscheffekte verursacht worden zu sein. Zu solchen Rauscheffekten gehören bizarre Ideen, Halluzinationen usw.

– *Todesfälle durch Brände,* die in Verbindung mit „sniffing" stehen: 5 Fälle. Verdampfte Lösungsmittel sind wie viele andere Lösungsmittel sehr leicht entflammbar.

195

Hepatitis (Gelbsucht, „Spritzengelbsucht")

Inokulationshepatitis, auch B-Hepatitis genannt, tritt bei intravenös spritzenden Abhängigen epidemisch auf. Diese Form von Hepatitis wird durch eine Virusinfektion verursacht. Das Virus wird mit den an der Injektionskanüle haftenden Blutspuren übertragen, wenn die Spritze von einem Fixer zum anderen weitergereicht wird. Folglich ist für eine Virusansteckung ein Kontakt zwischen den Blutbahnen zweier Personen Voraussetzung. Man hat aber festgestellt, daß eine Virusübertragung auch über verschiedene Körpersekrete möglich ist. Demnach wird die Krankheit auch durch intimen Kontakt übertragen: Sexualverkehr, Küsse und sogar durch den Speichel an einer Zigarette, die von Mund zu Mund geht. Die Krankheit hat in den meisten Fällen einen gutartigen Verlauf. Nach einer Zeitspanne mit schlechtem Allgemeinbefinden und Ikterus (Gelbsucht), wird der Patient gewöhnlich wieder gesund. Bei Untersuchungen von stichprobenartig ausgewählten Abhängigen kam man jedoch zu dem Ergebnis, daß zurückbleibende Dauerschädigungen nach Hepatitiserkrankungen sehr häufig sind. Für auftretende Leberveränderungen können aber auch andere Ursachen herangezogen werden. Unter anderem üben Zentralstimulantien vom Amphetamintyp eine direkte Giftwirkung auf die Leber aus. Manchmal nimmt die Krankheit durch eine ausgeprägte Leberinsuffizienz einen gefährlicheren Verlauf, der das Ende bedeuten kann, oder aber es bleibt nach der Erkrankung eine chronische Leberinsuffizienz von unterschiedlichem Schweregrad zurück.

Laut (dem schwedischen) Meldepflichtgesetz für ansteckende Krankheiten gehört die Hepatitis zu den meldepflichtigen Erkrankungen. Aufgrund dieser Meldepflicht ist der Staat in gewissem Maße über die Ausbreitung der Krankheit im Bilde. Die Krankheitsmeldungen werden vom staatlichen bakteriologischen Laboratorium (SBL) zusammengestellt. Die Meldungen gründen sich auf die Berichte der Ärzte an die jeweiligen Bezirksärzte.

In Schweden hat die Zahl an Hepatitiserkrankungen Ende der sechziger Jahre und 1970/71 sehr stark zugenommen. Mit 1553 Fällen wurde eine Höchstzahl erreicht. Im Jahr 1974 nahm die Zahl der Erkrankungen auf 691 Fälle ab. Darauf folgte ein neuer starker Anstieg, so daß 1976 1771 Fälle registriert wurden.

Hin und wieder werden Mitarbeiter im Bereich der Drogensuchtbekämpfung mit Hepatitis angesteckt. Dazu kommt es im allgemeinen, wenn eine Person sich versehentlich an einer gebrauchten Injektionsnadel sticht (dies geschieht z.B. beim Entleeren von Abfall oder bei einer Leibesvisitation). Klinische Untersuchungen deuten darauf hin, daß das Risiko für die Hepatiserkrankung nach versehentlichem Nadeleinstich abnimmt, wenn man innerhalb von sieben Tagen nach dem Vorkommnis spezifische Immunglobuline gegen B-Hepatitis injiziert. (Anmerkung des Übersetzers: Solche gegen Hepatitis B schützende Gammaglobuline sind in den folgenden Präparaten enthalten: Aunativ® [Kabi], Gammaprotect® Hepatitis [Biotest], Hepaglobin® [Tropon] und Hepatitis-B-Immunglobulin Behringwerke. Daneben besteht heute auch die Möglichkeit eines aktiven Impfschutzes gegen Hepatitis B durch die Impfstoffe Hevac B Pasteur® [Hersteller: Labaz] und H-B-Vax® [MSD Sharp & Dohme; Behringwerke]).

Andere Infektionen

Wegen des Gebrauchs unsauberer Injektionsnadeln, der allgemein schlechten Hygiene und körperlichen Verfassung ist der Drogensüchtige für Infektionen viel anfälliger. Am gefährlichsten sind die Blutvergiftungen (Sepsis), die sich durch Fieberschübe und auftretendes Frösteln anzeigen.

Außerdem sind *Lungenentzündungen* nicht selten. Da der Drogensüchtige körperlich entkräftet ist, verläuft eine Lungenentzündung bei ihm manchmal kritischer als bei einem Nicht-Suchtkranken.

An dieser Stelle muß auch erwähnt werden, daß sich der Abhängige aufgrund seiner Lebensweise, die die Widerstandskraft herabsetzt, der Gefahr einer *Tuberkulose* aussetzt. Aus diesem Grunde sollten zu den Routinemaßnahmen auf den Entzugsstationen Schirmbildaufnahmen der Patienten gehören. Im übrigen sollte eine Lungenröntgenaufnahme gemacht werden, sobald bei dem Patienten ein anhaltender Husten auffällt.

Karies

Bei von Zentralstimulantien Abhängigen wird der Speichel durch die Austrocknung dickflüssig. Der Speichelfluß nimmt ab. Der Speichel kann dann nicht mehr, wie im Normalfall, als Schutz gegen Karies wirken. Dies ist eine der Ursachen dafür, daß besonders von Zentralstimulantien Abhängige sehr schlechte Zähne haben. Ein anderer Grund ist das unter Zentralstimulantieneinfluß unfreiwillige Reiben und Aufeinanderpressen der Zähne. Es kommt dadurch zu Rissen und Sprüngen des Zahnschmelzes.

Schädigung des Fötus und des Neugeborenen

Schädigungen des Embryo treten generell zu einem gewissen Prozentsatz auf. Genetische Faktoren sowie unzählig viele Umwelteinflüsse spielen hierbei eine Rolle. Aus diesem Grund ist es oft äußerst schwierig nachzuweisen, daß eine gewisse Substanz fötusschädigende Eigenschaften besitzt. Im Prinzip können Fötusschädigungen auf zwei Arten entstehen. Zum einen werden sie durch Veränderungen in der Erbmasse verursacht, wobei der Schaden sowohl vom Vater als auch von der Mutter übertragen werden kann. Zum anderen entstehen Schädigungen des Fötus durch „direkten" Einfluß während einer Schwangerschaft.

Schädigung der Erbmasse (Chromosomenschäden). Es kam der Verdacht auf, daß sowohl LSD als auch Cannabis Chromosomenschäden verursachen könnten. Bisher konnte noch kein Nachweis erbracht werden, daß Cannabis eine solche Wirkung hat. Hinsichtlich des LSD wiesen einige Untersuchungen in diese Richtung. Andere Untersuchungen wiederum sprechen gegen die Auslösung von Chromosomschäden durch LSD. Die letzte Antwort ist noch nicht gegeben worden. Nach wie vor muß LSD als eine Droge mit dem Risiko von Schäden an der Erbmasse angesehen werden.

Andere Schädigungen des Embryos bzw. des Fötus. Auch hinsichtlich dieser Art der fötalen Schädigung besteht für LSD ein wenn auch nicht nachgewiesener Verdacht. Für die Zentralstimulantien besteht die Vermutung, daß deren Einnahme während der Schwangerschaft unter anderem das Risiko für eine seltene Gallengangmißbildung erhöht.

Für die anderen Präparate gibt es keine Anhaltspunkte für ein erhöhtes Risiko bei Mißbrauch. Es muß aber betont werden, daß unsere Kenntnisse auf diesem Gebiet noch sehr lückenhaft sind. Während der Schwangerschaft, vor allem während der ersten drei Monate, werden deshalb heutzutage Medikamente nur mit großer Einschränkung verschrieben. Dies gilt nicht zuletzt für alle Medikamente, die auf das zentrale Nervensystem wirken. Man sollte gegenüber allen Suchtmitteln dieses generelle Mißtrauen hegen.

Sonstige Auswirkungen:

Die *Lebensweise* des Drogenabhängigen, die von schlechter Ernährung, nicht selten von körperlichem Verfall, vernachlässigten Infektionskrankheiten, schlechter Hygiene usw. gekennzeichnet ist, erschwert noch weiterhin eine Beurteilung, welches Präparat eine direkte schädliche Wirkung auf den Embryo ausübt. Es gibt aber eine Reihe von Untersuchungen, die nachweisen konnten, daß nach Mißbrauch von Opiaten während der Schwangerschaft zu hohem Prozentsatz

– ein geringeres Geburtsgewicht und andere Zeichen für verzögertes Wachstum in der Schwangerschaft,

– das Abstinenzsymptom beim Kind

– sowie ein langsameres Wachsen während der ersten Lebensjahre auftreten.

Die akuten Abstinenzsymptome beim Kind lassen sich im allgemeinen mit Erfolg behandeln. Dabei ist es aber wichtig, daß der Drogenmißbrauch der

Mutter den Ärzten schon vor der Entbindung bekannt geworden ist. Auftretende Abstinenzsymptome sind Unruhe, Reizbarkeit, Erbrechen und möglicherweise Durchfall. Manchmal können Krampfanfälle eintreten.

Bisher werden kaum langzeitige Follow-up-Untersuchungen von Kindern drogenabhängiger Mütter durchgeführt. Wenn man Zeichen von psychischen oder physischen Störungen bei Kindern von heroinabhängigen Müttern festgestellt hat, war es schwer zu beurteilen, ob der Drogeneinfluß während der Schwangerschaft oder die spätere schlechte häusliche Atmosphäre für diese Schäden ausschlaggebend waren.

Es ist bekannt, daß es auch zu Abstinenzsymptomen beim Kind kommen kann, wenn die Mutter Sedativa/Hypnotika einnimmt. Reizbarkeit und mitunter Krämpfe sind für diese Abstinenzsymptome kennzeichnend.

Hinsichtlich der durch Zentralstimulantien verursachten Schäden ist die Forschung nicht abgeschlossen. Es ist aber wahrscheinlich, daß die Lebensweise einer Konsumentin von zentralstimulierenden Mitteln für die Entwicklung des Kindes in der Gebärmutter zumindest eine ebenso große Belastung darstellt wie die Lebensweise einer Heroinistin. Mit eigentlichen Abstinenzsymptomen ist nicht zu rechnen. Gewisse Beobachtungen deuten allerdings darauf hin, daß diese Kinder manchmal vorübergehend von einer auffallenden Teilnahmslosigkeit befallen werden. In der Kinderklinik des St. Göran-Krankenhauses in Stockholm findet eine breit angelegte Forschungsarbeit statt, die sich sowohl mit den unmittelbaren Auswirkungen auf das Neugeborene als auch mit den Nacheffekten und den sozialen Verhältnissen im weiteren Verlauf im Falle von Zentralstimulantien konsumierenden Müttern befaßt.

Literatur

Allgulander, Ch.; S. Borg: Konsumtion av sedativa – hypnotika i Sverige: Utvecklingstnedenser 1947–1974.

Änggård, Erik: Morfinintoxikation och abstinens. Läkartidningen **74**, 4305–4309 (1977).

Anti-stofgruppen: Myten om en metadon. Socialpolitisk forenings småskrifter Nr. 48, Kopenhagen 1977.

Antonsson, Inger: Behandling med specifikt immunglobulin mot hepatit B efter accidentiella nålstick. Ronden **3**, 33–38 (1977).

Antonsson, Inger: Profylaktisk behandling av sjukhuspersonal med hepatit B immunglobulin. Ronden **12**, 186–188 (1977).

Bass Millard: Sudden sniffing death. The Journal of the American Medical Ass. **212**, Nr. 12 2075–2079 (1970).

Bejerot, Nils: Somatiska komplikationer vid narkotikamissbruk. Astra Läkemedel AB, Södertälje 1974.

Bernardson, G.; L. M. Gunne: Forty-six cases of psychosis in cannabis abusers, Inf. J. Addict **7**, 9–16 (1972).

Blaine, Jack, Pierre Reanult R: xxx/week LAAM alternative to methadon. Research monograph series Nr. 8. National Institute on Drug abuse, Rockville, Maryland, 1976.

Blinick, George, et al.: Drug addiction in pregnancy and the neonate. Am. J. Obstretics and Gynecology **125**, Nr. 2, 135–142 (1976).

Bourne, Peter (ed.): Acute drug abuse emergencies. Academic Press, New York 1976.

Dornbush, Rhea; Alfred Freedman; Max Fink (eds.): Chronic cannabis use. Annuals of the New York Academy of Science, Vol. **282**, New York 1976.

Edh, M.; A. Selerud; C. Sjöberg: Dödsfall i samband med missbruk av organiska lösningsmedel. Läkartidningen **70**, Nr. 44, 3949–3961 (1973).

Erikson, Jan: Morfinabstinensens behandling, 197 avgiftninger från opiater. Läkartidningen **69**, Nr. 22, 2657–2660 (1972).

Eriksson, Margareta; Gunilla Larssin; Birger Winblad: Effekter på foster och barn av alkohol – och narkotikamissbruk under graviditet. (Barn, hälsa, näring **2**, 19–24 (1977).

Gillberg, Christopher: Diazepamintoxikation i nyföddhetsperioden, Läkartidningen **74**, Nr. 29, 2587–2588 (1977).

Guile, Leslie: Rapid habituation to chlordiazepoxide („Librium"). The Medical Journal of Australia **50**, 56–57 (1963).

Gunne, Lars-M.: Narkomani – medicinska fakta. Akademiförlaget, Göteborg 1975.

Hofmann, Frederick: A handbook on drug and alcohol abuse. Oxford University Press, New York 1975.

Holmberg, Gunnar: Missbrukas diazepam. Läkartidningen **66**, Suppl. 1, 77–81 (1969).

Levin, Jack: Amphetamine ingestion with biliary atresia. The Journal of Pediatrics **79**, Nr. 1, 130–131 (1971).

Louria, Donald B.: Medical complications associated with heroin use. The International Journal of the Addictions **2**, Nr. 2, 241–251, Rockville, Maryland, 1967.

National Clearinghouse for Drug Abuse Information: Amphetamine. Report Series 28, Nr. 1, Rockville, Maryland, 1974.

National Clearinghouse for Drug Abuse Information: DOM (STP). Report Series 17, Nr. 1, Rockville, Maryland, 1973.

National Clearinghouse for Drug Abuse Information: Heroin. Report Series 33, Nr. 1, Rockville, Maryland, 1975.

National Clearinghouse for Drug Abuse Information: Mescaline. Report series 15, Nr. 1, Rockville, Maryland, 1973.

National Clearinghouse for Drug Abuse Information: Neonatal narcotic dependence. Report series 29, Nr. 1, Rockville, Maryland, 1974.

National Clearinghouse for Drug Abuse Information: Psilocybin. Report series 16, Nr. 1, Rockville, Maryland, 1973.

National Institute on Drug Abuse: Sixth annual report to the U. S. Congress from the secretary of health, education and welfare 1976: Marihuana and health, Rockville, Maryland 1976.

Rothstein, P.; J. Gould: Born with a habit. Infants of drug addicted mothers. Pediatric Clinics of North America **21**, Nr. 2, 307–321 (1974).

Sandermann, Henrik; et al.: Efterundersøgelse af børn af narkomanmødre. Ugeskr. Laeg. **137**, Nr. 15, 863–867 (1975).

Sapira, Joseph, Charles Cherubin: Drug abuse, a guide for the clinician. American Elsevier Publishing Company Inc., New York 1975.

Sjukvårdsförvaltningen i Göteborg/Thinnergruppen: Rapport och förslag från Thinnergruppen, Sjukvårdförvaltningen i Göteborg 1973.

Socialstyrelsen redovisar: Åtgärder mot sniffing. Socialstyrelsen, Stockholm 1976.

Taylor, Robert; et al.: Management of „bad trips" in an evolving drug scene. J. Amer. Med. Ass. **213**, 422–425 (1970).

Tunving, Kerstin: Cannabis: Bruk och missbruk. Läkartidningen **73**, Nr. 45, 3867–3873 (1976).

Vargas, Gladys; et al.: Effect of maternal heroin addiction on 67 liveborn neonates. Clinical Pediatrics **14**, 751–757 (1975).

Wilson, Geraldine; et al.: Early development of infants of heroin addicted mothers. Am. J. Dis. Child **126**, 457–462 (1973).

Yacavone, David et al.: Heroin addiction, methadone maintenance and pregnancy. Journal AOA **75**, 826–829 (1976).

Zetterström, Rolf: Missbruk under graviditeten – följderna för barnet (symposiereferet). SPRI-rapport 5/77. Svenska Läkare – sällskapets handlingar **86**, Nr. 1, 125–133 (1977).

Vorbeugende Maßnahmen – die Rolle der modernen Gesellschaft

Unter vorbeugenden Maßnahmen (Prävention) versteht man Maßnahmen, die in unserem Falle die Entstehung einer Drogensucht verhindern sollen. Dabei kann es sich um Maßnahmen handeln, die sich an das Individuum richten, an den sozialen Nahraum oder an das gesamte Gesellschaftssystem. Vorbeugende Maßnahmen unterteilt man häufig in Primär-, Sekundär- und Tertiärprävention. Ich ziehe es allerdings vor, die Präventivmaßnahmen in zwei andere Hauptgruppen zu unterteilen. Die eine Gruppe beinhaltet Maßnahmen, die eine *Verminderung der Griffnähe* zu den Suchtstoffen verfolgt, die andere sieht Schritte vor, die sich eine *verminderte Bereitschaft* für den Konsum von Suchtmitteln zum Ziel setzen.

Diese Aufteilung entspricht den zentralen Begriffen aus der amerikanischen Drogenpolitik „supply" und „demand", d. h. etwa so viel wie Angebot und Nachfrage. Wenn ich diese beiden Begriffe als Ausgangspunkt nehme, gerate ich in den Kern der Gegensätze. Denn gerade hier verläuft häufig die Grenzlinie zwischen den Verfechtern der unterschiedlichen Auffassungen von den Ursachen des Drogenmißbrauchs und der Diskussion, welche vorbeugenden Maßnahmen am wichtigsten seien. Einige vertreten die Auffassung, daß der Zugang zu den Drogen am wichtigsten – oder sogar von ausschlaggebender Bedeutung sei –, während andere glauben, daß die innere Bereitschaft der Bevölkerung eine große oder entscheidende Rolle spielt.

Welcher der beiden Faktoren – Griffnähe des Suchtmittels oder die Bereitschaft, Drogen anzuwenden – soll für eine vorbeugende Arbeit den Vorrang erhalten? Nach meiner Auffassung müssen wir sowohl gegen das Angebot als auch gegen die Mißbrauchsbereitschaft Maßnahmen ergreifen. Auf der einen Seite erscheint es unwahrscheinlich, daß wir das Angebot an Suchtstoffen ganz und gar stoppen können. Die Drogenabhängigkeit ist auch nur *eine* von vielen schlechten Möglichkeiten, mit der man die im Kapitel „Warum wird man drogensüchtig?" beschriebene Lebensproblematik zum Ausdruck bringen kann.

Auf der anderen Seite darf nicht die Einsicht in die Bedeutung der zugrunde liegenden Problematik für das Suchtsymptom als Vorwand herangezogen werden, nicht mit allem Nachdruck, Schmuggel und Handel von Rauschgiften zu bekämpfen. Die Drogenabhängigkeit ist ein destruktives

Symptom, das die zugrundeliegenden Probleme verstärkt und die psychische und physische Gesundheit des Individuums ernsten Gefahren aussetzt. Wie bereits an anderer Stelle betont wurde, ist unter anderem die Mortalität sehr hoch.

Die folgende Darstellung erhebt nicht den Anspruch vollständig zu sein. Besonders hinsichtlich des „Angebots" wird nur eine kurze und summarische Aufzählung einiger Wesenszüge unserer derzeitigen, für die Injektionsnarkomanie wichtigen Kontrollpolitik gegeben werden. Hingegen wird auf die Gesellschaftsfaktoren ausführlicher eingegangen. Grund hierfür ist, daß die Problematik des Einflusses von Gesellschaftsfaktoren auf die Drogensucht zum einen weitaus komplizierter als die Kontrollpolitik ist; zum anderen wird hier ein Aspekt der Suchtproblematik angesprochen, der an das Hauptthema dieses Buches über „Ursachen und Behandlung" anknüpft.

Das Drogenangebot

Eine Reihe von Faktoren spielen für das Angebot an Drogen eine Rolle. Sie können von Droge zu Droge unterschiedlich sein, je nachdem wie das Präparat hergestellt, verfeinert, verteilt und eingenommen wird usw. Nehmen wir Heroin als Beispiel. Heroin ist die harte Droge, die weltweit von größter Bedeutung ist. Nur noch in Schweden sind Zentralstimulantien weiterhin die bevorzugten Suchtmittel.

Das Angebot an Heroin hängt davon ab, in welchem Ausmaß man ein oder mehrere Glieder innerhalb der Kette beeinflussen kann, die sich vom Anbau des Opiummohns bis hin zur Einnahme des Heroins auf der Straße erstreckt.

Das in Schweden konsumierte Heroin wird in dem sog. „Goldenen Dreieck" angebaut (einer dreiecksförmigen Gebirgslandschaft, die Nord-Laos, Nord-Thailand und Ost-Burma umschließt), dem Zentrum für den Opiumanbau in Südostasien.

Der nächste Schritt ist der Verkauf des Mohns seitens der mohnanbauenden Bauern an den Einkäufer, der aus dem Mohn Opium herstellt. Dann folgt die Gewinnung des Morphins aus dem Opium und die Verfeinerung des Morphins zu Heroin, ein Vorgang, der in einfachen Laboratorien stattfindet.

Das Heroin wird nach Europa transportiert und eingeschmuggelt – häufig nach Amsterdam. Das Heroin wird nach Schweden eingeschmuggelt, gestreckt und vom Importeuer an die Weiterverkäufer unterschiedlichen Ranges, bis hinunter an den „dealer" auf der Straße verteilt.

In Schweden versucht man, gegen einige der letzten Stadien einzuschreiten. Die Zollkontrolle an den Grenzen wurde verschärft, um rechtzeitig einen Schmuggelversuch aufzudecken. In Schweden werden hohe Strafen für Schmuggel, Verkauf und Besitz von Drogen verhängt, die einen abschreckenden Charakter haben. Im Landesinnern verfügt die schwedische Polizei über besondere Mittel für die Fahndung und das Eingreifen gegen die Importeure und Zwischenhändler. Die Banden, die Drogen einführen, sind aus verständlichen Gründen international. Aus diesem Grund arbeitet Schweden eng mit Interpol zusammen, wenn es um die Drogensuchtbekämpfung geht.

Schweden ist Mitglied der Suchtstoffkommission der Vereinten Nationen. Die Suchtstoffkommission hat etwa 30 Miglieder. Die Mitgliedsländer können über die Kommission Einfluß auf internationale Richtlinien (in der Politik) ausüben. Die Kommission stellt jährlich einen Bericht zusammen, der über die Ausbreitung des Drogenmißbrauchs in den Mitgliedsstaaten informiert. Mit der Unterstützung des UN-Narkotika-Fonds verfolgt das Suchtstoffdezernat der Vereinten Nationen unterschiedliche Projekte mit dem Ziel, auf den Umgang mit Drogen in den Entwicklungsländern Einfluß ausüben zu können.

Die bedeutendste internationale Zusammenarbeit erfolgt jedoch mit der Unterzeichnung internationaler Konventionen. Mit der Unterzeichnung einer Konvention verpflichtet sich das betreffende Land dazu, für eine strenge Kontrolle über den Umgang aller in der Konvention aufgenommenen Drogen einzusetzen. Die „Allgemeine Suchtmittelkommission" von 1961, die u. a. Opiate, Kokain und Cannabis umfaßt, ist von 60 Ländern unterzeichnet worden. 1971 kam die „Konvention über psychotrope Substanzen" hinzu, die u. a. Zentralstimulantien vom Amphetamintyp sowie Halluzinogene und Sedativa und Hypnotika miteinbezieht.

Soziales Akzeptieren von Drogen

Die allgemeine Einstellung in der Bevölkerung ist ein wichtiger Faktor für die Aufnahmebereitschaft von Drogen. Dies schlägt sich in der Gesetzgebung und anderen kontrollpolitischen Maßnahmen nieder. Allerdings ist es nicht immer so, daß eine Kontrollpolitik mit den allgemeinen Wertvorstellungen übereinstimmt, die sich in größeren oder kleineren Bevölkerungsgruppen manifestieren. Im Hinblick auf Wertsetzungen, d. h. die moralische Einstellung zum Drogenmißbrauch, können wir eine Reihe von verschiedenen Komponenten unterscheiden. Eine Wertungskategorie gilt der Einstellung zu suchterzeugenden Präparaten. Dabei kann man feststellen, daß die meisten Menschen hierzulande eine weitgehend negative Einstellung zu harten Drogen haben.

Eine andere Wertungskategorie berührt mehr unsere Einstellung gegenüber der Problematik *Rausch als Problemlösung*. Hier zeigen wir durch die Art und Weise unseres Alkoholkonsums, wie wir mit einer von weiten Kreisen akzeptierten Form Angst, Unruhe und Beziehungsprobleme begegnen. Es ist aber nicht nur so, daß wir zu Alkohol greifen, um Angst und Depressionen zu bekämpfen. Alkohol wird auch konsumiert, um sich „natürlich" und spontan zu geben, ja, um überhaupt froh sein zu können. Eine vergleichbare Einstellung manifestiert sich in unserem umfangreichen Verzehr von Schlaf- und Beruhigungsmitteln.

Mit diesem Gedankengang möchte ich in Frage stellen, ob nicht unsere eingewurzelte und akzeptierende „Intoxikationskultur" dazu beiträgt, den Boden für den Suchtstoffmißbrauch einzelner gefährdeter Gruppen zu bereiten. Es geht letzten Endes um die Art, wie wir Suchtmittel anwenden, um unser Kontaktbedürfnis, unseren Bedarf an Offenheit, Spontaneität, Gemeinschaft usw. zufriedenzustellen.

Information kann in einer Reihe der erwähnten Bereiche einsetzen. Eine Information sollte das Präparat, seine Wirkung und seine Indikationen beschreiben. Darüber hinaus sollte über die gesetzlichen Bestimmungen eines Präparats informiert und über unser Verhältnis zu Alkohol und Sedativa, deren unterschiedliche Anwendungsformen und deren Nähe zu den Mißbrauchsarten aufgeklärt werden. Eine Information sollte ebenfalls auf wesentliche Unterschiede aufmerksam machen. Eine wichtige Aufgabe der Information besteht darin, ohne zu bagatellisieren, zwischen leichteren Drogen wie Cannabis und den harten Drogen Heroin und Zentralstimulantien eine Grenze zu ziehen.

Die offizielle Drogeninformation in Schweden berücksichtigt im allgemeinen pflichtschuldig alle erwähnten Aspekte. Dabei bleibt allerdings meist unbeachtet, die Suchtstoffe in ihrer Beziehung zum Leben an sich und zur Gesellschaft darzustellen, wie überhaupt ein engagierter Tonfall vermieden wird. Der Tonfall ist mit anderen Worten, wie auch in unserer gesamten Pädagogik: Sachlich, korrekt, leblos. Er schützt die gelobte Meinungsfreiheit. Im Gegensatz zu dieser offiziellen Information steht die engagierte und sozial bewußte Information, die beispielsweise vom RFHL – Verband ausgeht. (RFHL = Riksförbund För Hjälp åt Läkemedelsmissbrukare (Landesverband zur Hilfe für Arzneimittelabhängige; Anm. d. Übers.).

Vorbeugende Maßnahmen auf unterschiedlichen Stufen

Um die Übersicht zu erleichtern, wird auf Seite 208 in Tab. 14 eine Gliederung des folgenden Kapitels gegeben.

In diesem Kapitel werde ich versuchen, die Gesellschaftsfaktoren näher zu beleuchten, die zu der Entstehung früher Störungen beitragen, Ausstoßungsprozesse fördern oder die Identitätsbildung gefährden können. Die Abb. 5 zeigt zur Erinnerung an unsere frühere Darstellung über die Entstehung des Mißbrauchs die drei Stufen des Entwicklungsmodells. Die Abbildung enthält auch die davorliegende Stufe, nämlich die Ressourcen des/der Sorgeberechtigten.

Wie können wir verhindern, daß Menschen in eine derartige emotionale und soziale Situation geraten, daß für sie die Flucht in die Drogenabhängigkeit die einzig mögliche Lösung ihrer Probleme darstellt? Ich halte es für nutzbringend, die Maßnahmen in zwei Bereiche zu unterteilen:

Stufe I: Maßnahmen, die ohne größeren Eingriff in die Gesellschaftsstruktur durchführbar sind. Diese Maßnahmen richten sich vor allem an das Individuum und sein engeres soziales Umfeld.

Stufe II: Präventivmaßnahmen, die sich nur in Verbindung mit entscheidenden Veränderungen der Gesellschaftsstruktur durchführen lassen. Solche Maßnahmen wenden sich gegen Zielsetzungen der Gesellschaft, ihre Organisationen und Machtverhältnisse.

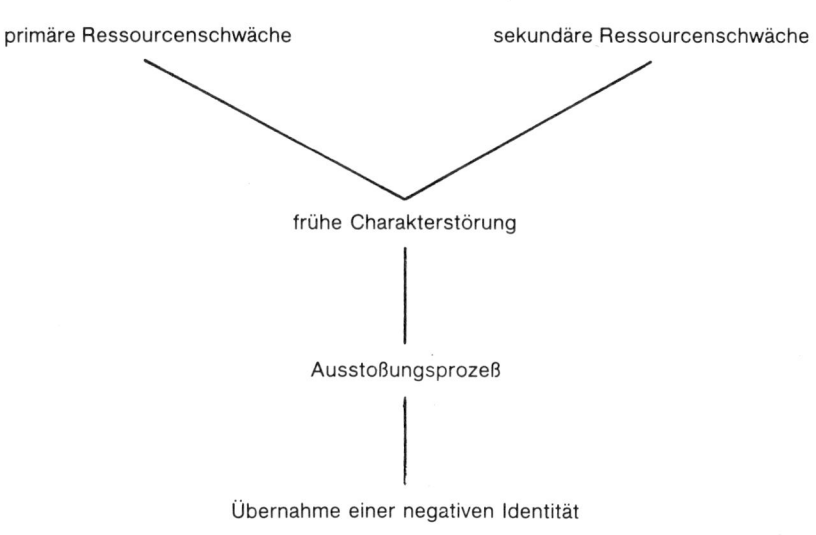

primäre Ressourcenschwäche   sekundäre Ressourcenschwäche

frühe Charakterstörung

Ausstoßungsprozeß

Übernahme einer negativen Identität

Abbildung 5: Schematische Darstellung der Entwicklung zur Übernahme einer negativen Identität.

207

Tabelle 14: Übersicht über die möglichen Präventivmaßnahmen während der verschiedenen Stufen.

Stufe I: An das Kind, die Familie und den sozialen Nahraum gerichtete Präventivmaßnahmen

1. Nachforschende Maßnahmen mit dem Ziel, die Familie zu erreichen, bevor es zu schwerwiegenden Störungen gekommen ist.
2. Nachforschende Maßnahmen mit dem Ziel, Familien mit Problemen festzustellen, die nicht von sich aus die staatlichen Hilfsmittel in Anspruch nehmen
3. Konzentration auf Risikogruppen
4. Konzentration auf Risikosituationen; (Arbeit, Wohnung und Kinderbetreuung)
5. Sonstige Maßnahmen

Stufe II: Auf die Gesellschaftsstruktur zielende Präventivmaßnahmen

I. Soziale Faktoren, die für das Entstehen früher Störungen von Bedeutung sind
A. Ökonomische Faktoren
B. Zusammengehörigkeit – Isolierung
C. Ideale – normlose Gesellschaft
II. Soziale Faktoren, die zur Entwicklung von Ausstoßungsprozessen beitragen
A. Die Rolle der Schule
B. Soziale Kontrolle und Ausstoßung
III. Gesellschaftsfaktoren, die die Identitätsbildung beeinflussen
A. Jugendarbeitslosigkeit
B. Sonstige Ursachen einer erschwerten Orientierung in der Gesellschaft:
1. Die Gesellschaft voller Widersprüche
2. Die Gesellschaft ohne Wertsetzungen
3. Die zersplitterte Gesellschaft
4. Die Gesellschaft ohne Zusammengehörigkeit
5. Jugendkultur

Kompensation entstandener Störungen

Wenn man sich mit den Präventivfragen auseinandersetzt, reicht es nicht aus, sich lediglich die Frage nach den Gesellschaftsfaktoren zu stellen, die zu *Entstehung und Vertiefung* einer negativen Entwicklung beitragen. Ebenso ergiebig ist eine Untersuchung der Faktoren, die einer möglichen *Kompensation entgegenwirken*. Die Behandlung und flankierende soziale Maßnahmen sind Beispiele für eingeleitete kompensatorische Vorkehrungen seitens der Gesellschaft. Aber wahrscheinlich werden viele frühe Störungen und gewisse Fälle von frühzeitiger sozialer Isolierung auch spontan ausgeglichen. In der Abb. 6 habe ich einige Beispiele für eine Kompensation von Störungen in den verschiedenen Stadien zusammengestellt. Oberhalb der Pfeile stehen Beispiele für den spontaneren Verlauf. Unterhalb der Pfeile werden kompensatorische Maßnahmen genannt, die von den staatlichen Institutionen ausgehen. Der unterste Pfeil bezieht sich auf die Form einer Kompensation, die wir im Behandlungskapitel dieses Buches mit Hilfe von Behandlungstermini dargestellt haben.

Stufe I: An das Individuum oder dessen Nahraum gerichtete Präventivmaßnahmen

Mit einem Blick auf die Abbildung 6 erhalten wir eine allgemeine Vorstellung davon, um welche Maßnahmen es sich hierbei handelt.

Es geht zunächst darum, dem Entstehen früher Störungen entgegenzuwirken, aber auch um eine Form der Unterstützung, damit die Umwelt in die Lage versetzt wird, eventuell entstandene Störungen zu kompensieren, und um eine negative Entwicklung zu unterbrechen. Es geht weitgehend um flankierende soziale Maßnahmen oder um frühzeitige therapeutische Bemühungen.

Die Gesellschaft leistet schon jetzt einen großen Einsatz, um Familien mit Kindern finanziell zu unterstützen und um ihnen in gewissem Maß gefühlsmäßig zu helfen. Oft bedeutet dies, daß man mit gesellschaftlichen Maßnahmen eine Fehlentwicklung auszugleichen versucht, die zum großen Teil von solchen Merkmalen der Gesellschaftsentwicklung verursacht worden ist, die unter der Stufe II beschrieben werden.

Ich setze voraus, daß die seitens der Gesellschaft ergriffenen Maßnahmen bekannt sind. Deshalb werde ich mich auf einige Aspekte der vorbeugenden Maßnahmen konzentrieren, die sich an das Kind, die Familie und den sozialen Nahraum richten und noch immer im Argen liegen:

1. Nachforschende Maßnahmen mit dem Ziel, die Familie zu erreichen, bevor es zu schwerwiegenden Störungen gekommen ist.

Es ist nicht selten, daß Familien mit Kindern im Alter von vier bis sechs Jahren beispielsweise die Sprechstunde der pschiatrischen Kinder- und Jugendpflege aufsuchen. Im näheren Gespräch stellt sich dann heraus, daß die Familie schon vor der Geburt des Kindes große wirtschaftliche Sorgen und emotionale Probleme hatte. Außerdem ließen sich bei dem Kind bereits im frühesten Alter Anzeichen für Entwicklungsstörungen feststellen. Ein möglicher Grund dafür, daß die Eltern erst jetzt kommen, kann sein, daß das Personal der Tagesstätte, Mitarbeiter der Beratungsstellen für Mütter

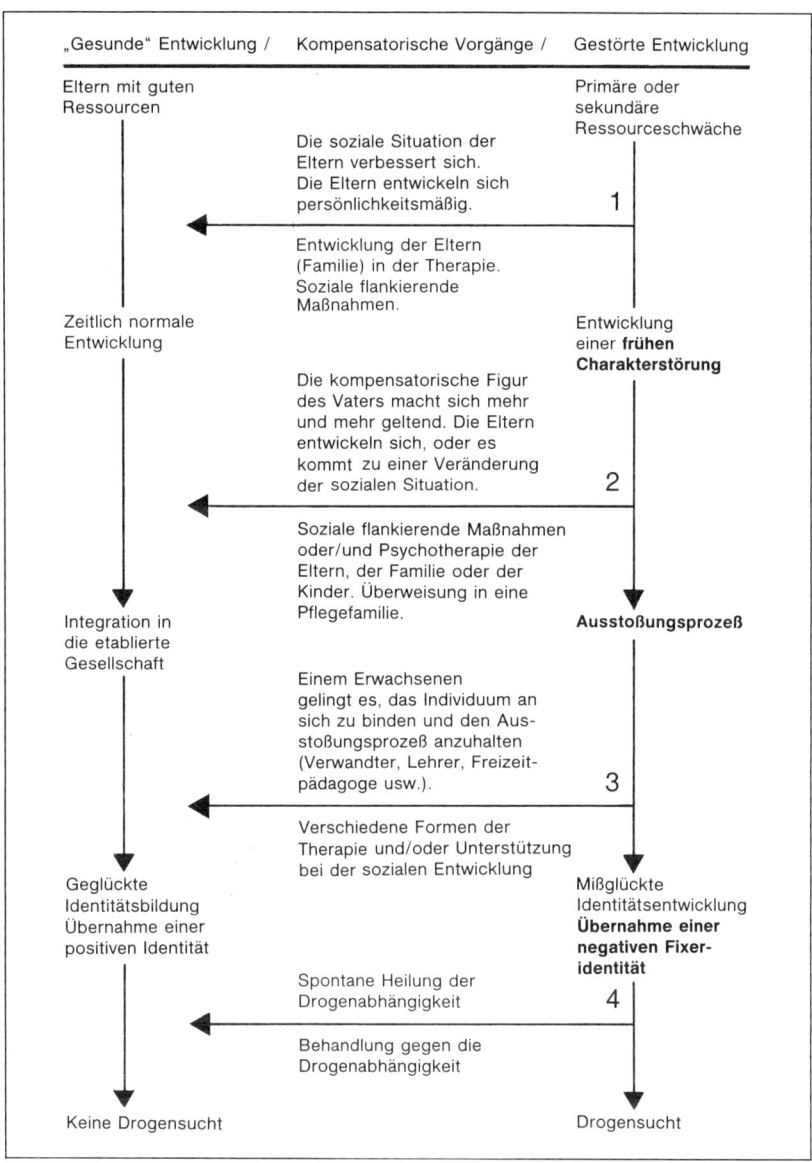

"Gesunde" Entwicklung /   Kompensatorische Vorgänge /   Gestörte Entwicklung

Eltern mit guten Ressourcen

Primäre oder sekundäre Ressourceschwäche

Die soziale Situation der Eltern verbessert sich. Die Eltern entwickeln sich persönlichkeitsmäßig.

1

Entwicklung der Eltern (Familie) in der Therapie. Soziale flankierende Maßnahmen.

Zeitlich normale Entwicklung

Entwicklung einer **frühen Charakterstörung**

Die kompensatorische Figur des Vaters macht sich mehr und mehr geltend. Die Eltern entwickeln sich, oder es kommt zu einer Veränderung der sozialen Situation.

2

Soziale flankierende Maßnahmen oder/und Psychotherapie der Eltern, der Familie oder der Kinder. Überweisung in eine Pflegefamilie.

Integration in die etablierte Gesellschaft

Ausstoßungsprozeß

Einem Erwachsenen gelingt es, das Individuum an sich zu binden und den Ausstoßungsprozeß anzuhalten (Verwandter, Lehrer, Freizeitpädagoge usw.).

3

Verschiedene Formen der Therapie und/oder Unterstützung bei der sozialen Entwicklung

Geglückte Identitätsbildung Übernahme einer positiven Identität

Mißglückte Identitätsentwicklung **Übernahme einer negativen Fixeridentität**

Spontane Heilung der Drogenabhängigkeit

4

Behandlung gegen die Drogenabhängigkeit

Keine Drogensucht

Drogensucht

Abbildung 6: Schematische Darstellung der kompensatorischen Möglichkeiten auf den verschiedenen Präventionsstufen.

und Kinder oder Lehrer, die sich über das Verhalten des Kindes beunruhigten, auf die Eltern Druck ausübten.

Da es sich bei der Drogenabhängigkeit häufig um frühe Störungen handelt, ist es entscheidend, mit der Familie in einem frühen Stadium, am besten vor der Entbindung, Kontakt aufzunehmen. Auch aus anderen Gründen ist es wichtig, schon während der Schwangerschaft oder in der Zeit unmittelbar nach der Entbindung in Kontakt mit den Eltern zu treten.

Es kommt ziemlich oft vor, daß gerade die Schwangerschaft und die Geburt eines Kindes eine zusätzliche Belastung bedeuten, der ein oder beide Elternteile nicht gewachsen sind. Die Ankunft eines Kindes bedeutet ja für die Eltern, daß sich deren Lebenssituation radikal ändert. Natürlich gilt dies in noch größerem Ausmaß für alleinstehende Eltern. Siehe außerdem unter nachforschender Tätigkeit im Rahmen der Kinderbetreuung!

2. Nachforschende Maßnahmen mit dem Ziel, Familien mit Problemen festzustellen, die von sich aus die staatlichen Hilfsmittel nicht in Anspruch nehmen

Es gibt einige unterschiedliche Kategorien von Familien, die überhaupt erst dann staatliche Hilfe in Anspruch nehmen, wenn die Probleme überhandnehmen. Häufig bestehen dann die Maßnahmen seitens der Gesellschaft mehr aus Repressalien als aus eigentlicher Hilfe.

Es ist anzunehmen, daß Familien aus der Sozialgruppe I mehr als Familien aus der Sozialgruppe III bei emotionalen Problemen um Hilfe ersuchen. Eine dänische Untersuchung hat festgestellt, daß man in allen Gesellschaftskategorien Familien mit schwerwiegenden Problemen antrifft (allerdings nicht mit gleicher Häufigkeit). Finanziell gut gestellte Familien in gehobener sozialer Position sind auch eher in der Lage, ernste psychische Probleme zu verbergen.

Die folgende Aufstellung (Tab. 15) habe ich von Rita Liljeström übernommen. Die oben erwähnte Gruppe aus der Sozialgruppe I und II würde demnach am ehesten der Ziffer 2 entsprechen.

Tabelle 15: Einteilung der Risikogruppen nach den Parametern „häusliches emotionales Milieu" und „häusliche wirtschaftliche Verhältnisse" (nach Rita Liljeström).

		Häusliches emotionales Milieu	
		gut	schlecht
Häusliche	gut	1	2
wirtschaftliche Verhältnisse	schlecht	3	4

Die wichtigste Gruppe, der im frühen Stadium begegnet werden muß, ist wohl die Gruppe mit der Ziffer 4. Hierzu gehört eine Gruppe, die wir gewöhnlich Multiproblem-Familien oder „lower lower class" oder mitunter Slum-Familien nennen.

Gustav Jonsson hat diese Familien beschrieben; viele Jugendliche in Skå stammen aus solchen Verhältnissen. Diese Familien sind häufig den sozialen Behörden bekannt. Daraus wird manchmal der falsche Schluß gezogen, daß sie auch von einem kompensatorischen Schutznetz in Form von Kontakten mit den sozialen Institutionen umgeben seien.

Die Kontakte dieser Familien zu den Behörden sind häufig von einem tiefen Mißtrauen, manchmal sogar von Feindseligkeit gekennzeichnet. In der Tat eignen sich diese Behörden nicht immer besonders gut für die Übernahme von Fürsorgepflichten im häuslichen Bereich eines Kleinkindes. Außerdem gibt es in dieser Gruppe auch Familien, die gar keinen Kontakt zu den Behörden haben.

Nachforschende Maßnahmen im Bereich der staatlichen Kinderfürsorge:
Das am 1. 1. 1977 in Kraft getretene Kinderfürsorgegesetz beinhaltet, daß die Gemeinden dafür Sorge tragen müssen, daß alle hilfe- und anregungsbedürftigen Kinder auch die entsprechende Unterstützung erhalten. Laut § 6 hat die Gemeinde die Aufgabe, mittels nachforschender Maßnahmen festzustellen, welche Kinder eine derartige Hilfe brauchen. „Das Kinderfürsorgedezernat des Sozialministeriums" untersucht derzeit unterschiedliche Modelle, mit denen sich diese Nachforschungstätigkeiten gestalten lassen können. In einigen Gemeinden sind verschiedene Möglichkeiten erprobt worden.

Ein Grundgedanke ist die Forderung nach einer praktischen Zusammenarbeit zwischen dem Personal der Sozialfürsorge und den Mitarbeitern der Mütter- und Kinderberatungsstellen.

Seit einigen Jahren wird in Schweden in manchen Orten eine neue Arbeitsform mit dem sog. MVC-BVC-Team erprobt (MVC = Mütterberatungsstelle, BVC = Kinderberatungsstelle; Anm. des Übers.). Dieses Team besteht aus mit den PBU-Zentralen (PBU = Psychiatrische Kinder- und Jugendpflege; Anm. d. Übers.) in Verbindung stehenden Psychologen, die ihre Arbeit in die Mütterberatungsstellen verlagert haben, wo sie sehr eng mit dem dortigen Personal zusammenarbeiten. Das Team hat es sich zur Aufgabe gemacht, Krankenschwestern, Hebammen und Mithelfer dieser Institutionen anzuleiten, damit sie selbst Probleme, vor allem seelischer Art, aufdecken können.

Man versucht auch, das Personal in der Handhabung solcher Probleme zu schulen. Die Therapie und Beratung schwieriger Fälle hingegen übernimmt das Team selbst. Daneben bleibt immer noch die Möglichkeit bestehen, Klienten an die PBU-Zentralen zu überweisen.

Durch eine geeignete Kombination von bezirksbetriebener Wirksamkeit in Form von MVC-BVC-Teams und der kommunal verwalteten nachforschenden Sozialfürsorge müßte es möglich sein, eine Form der frühen, ganz umfassenden nachforschenden Wirksamkeit zu finden. Wenn sich eine derartige Wirksamkeit in allen Mütterberatungsstellen, Entbindungsstationen und Kinderberatungsstellen im Lande einführen ließe, würde dies bedeuten, daß einer der beiden Eltern und sämtliche Kinder in Kontakt mit Sozialarbeitern und Sprechstundenpersonal kämen, die im besonderen Maße auf eine Aufdeckung und Behandlung emotionaler Probleme im Anschluß an die Schwangerschaft und in der Zeit nach der Entbindung eingerichtet sind.

3. Konzentration auf Risikogruppen

Eine andere Möglichkeit, sich dem Problem im Rahmen der bestehenden Gesellschaftsform zu nähern, ist die Konzentration auf besondere Risikogruppen. Wie bereits aus den früheren Darstellungen in diesem Buch hervorgegangen ist, besteht eine enge Verbindung zwischen früher Störung einerseits und emotionalen Problemen bei den Eltern andererseits.

Es liegt nahe, daß man im Interesse des Kindes den Eltern, die besondere Probleme haben, die Möglichkeit für flankierende Maßnahmen anbietet. Allerdings kommen solche flankierenden Maßnahmen nicht immer in adäquater Weise zustande. Ursache hierfür ist eine schlechte Kooperation von Erwachsenenpsychiatrie, Kinderpsychiatrie und Sozialfürsorge. Dieser offensichtliche Bedarf an Hilfe für ressourcenschwache Eltern in Form von flankierenden Maßnahmen, Familientherapie, Beratung, Individualtherapie usw. fordert infolgedessen die Integration zwischen der Erwachsenen- und Kinderpsychiatrie sowie Bereichen der Sozialfürsorge geradezu heraus.

Es gibt aber auch andere Risikogruppen. Es besteht ein Zusammenhang zwischen dem sozioökonomischen Status der Eltern, dem psychischen Wohlbefinden der Eltern und dem Entstehen der Drogensucht. Aus diesem Grund ist es wichtig, daß eine nachforschende Tätigkeit sich speziell an solche Gruppen richtet, die ökonomisch schwach sind. Dabei dürfen wir nicht das Ergebnis der dänischen Untersuchung unbeachtet lassen, das für alle Sozialgruppen das Auftreten von Familien mit schwerwiegenden Problemen nachweist.

Demnach sind die ökonomischen Verhältnisse nicht die einzigen Faktoren, die zu berücksichtigen wären. Hinweise auf die ökonomisch am stärksten gefährdeten Gruppen können Untersuchungen über die am meisten auf Sozialhilfe angewiesenen Fälle entnommen werden. Derartige Untersuchungen hat unter anderem Valter Korpi durchgeführt. Er stellt fest:

„Am sichersten läßt sich materielle Not in unserer Gesellschaft vermeiden, wenn der Vater zur Sozialgruppe I gehört, beispielsweise ein höherer Beamter oder Unternehmer. In den Jahren 1966–1967 waren siebenmal so viele Sozialhilfeempfänger Personen, deren Väter aus der Sozialgruppe III kamen, als Personen mit Vätern der Sozialgruppe I. Für ein Arbeiterkind besteht auch ein doppelt so großes Risiko für die Notwendigkeit, Sozialhilfe beanspruchen zu müssen, wie für ein Kind aus der Mittelschicht. Von den Personen, die in den Jahren 1960–1970 Sozialhilfe beantragten, waren nicht weniger als 3/4 Personen mit Arbeitern als Vater."

Darüber hinaus ist bekannt, daß die Notwendigkeit, einen Antrag auf Sozialhilfe um so größer wird, je mehr minderjährige Kinder zu einem Haushalt gehören. Rita Liljeström berichtet, daß 1968 Familien mit drei Kindern im Vergleich zu Familien mit nur einem Kind dreimal so viele Sozialfürsorgeempfänger stellten. Familien mit vier oder mehr Kindern wiesen im Vergleich zu Familien mit einem Kind eine achtmal so große Häufigkeit an Sozialhilfebedarf auf.

Die Anzahl der Kinder bestimmt auch bei den alleinstehenden Eltern den Bedarf an Unterstützung. 1968 empfingen alleinstehende Frauen mit einem Kind siebenmal mehr Sozialhilfe als Ein-Kind-Familien, in denen beide Eltern zusammenlebten. Bei den alleinstehenden Müttern mit zwei Kindern war der Anteil der Sozialhilfeempfänger zehnmal größer als bei zusammenlebenden Eltern mit nur zwei Kindern.

Der bedeutendste Faktor, der bei diesen Risikogruppen den Bedarf an Sozialhilfe *auslöst,* ist die Arbeitslosigkeit. Eine Studie aus Malmö kam zu dem Ergebnis, daß Arbeits- und Ausbildungsfragen, Kinderbetreuungs- und Wohnprobleme zu den größten Problemkreisen für Familien mit Kindern zählten. Etwa die Hälfte benötigte Unterstützung für Ausbildung und Arbeit.

Durch eine Weiterentwicklung der schwedischen Sozialpolitik könnte diesen Risikogruppen in viel größerem Ausmaße ökonomisch geholfen werden.

4. Konzentration auf Risikosituationen (Arbeit, Wohnung und Kinderbetreuung)

Arbeit: Es besteht kein Zweifel, daß die Arbeitslosigkeit sowohl für den Erwachsenen als auch für seine/ihre Familie ein großes Risiko beinhaltet. Die Arbeitslosigkeit ist oft an eine verminderte ökonomische Kapazität geknüpft. Was man aber vielleicht nicht immer bedenkt, ist die Tatsache, daß die Arbeitslosigkeit auch eine ungeheure psychische Belastung darstellt. Es wurde bereits dargestellt, daß einer der entscheidensten Momente für die Identitätsbildung eines Menschen die Übernahme einer sozialen Rolle ist. Die Rolle des Berufs ist hier von zentraler Bedeutung.

Die Arbeit zu verlieren oder keine Arbeit zu finden, stellt deshalb nicht nur eine ernsthafte ökonomische Drohung dar, sondern gefährdet auch das Selbstgefühl und die Identitätsauffassung eines Menschen in hohen Grade. Arbeitslos zu sein, muß als eine äußerst ernste ökonomische *und* psychologische Krisensituation angesehen werden.

Wohnung: Die Wohnungssituation in Schweden hat sich hinsichtlich des Wohnungsangebots in den vergangenen Jahren verbessert. Hinsichtlich der Wohnungskosten hat sich die Lage im gleichen Zeitraum verschlechtert. Darüber hinaus mußten wir mitansehen, wie die Wohnungspolitik die Wohnhaften sehr deutlich segregiert hat. In vieler Hinsicht stellen die sehr schnell errichteten, äußerst schlecht geplanten und unattraktiven Vororte unserer Großstädte eine Übergangsstation für junge Familien dar.

Zurück bleiben diejenigen, denen die Kraft zum Weiterkommen fehlt. Eine Problemgruppe wächst heran, und die Situation in den Vororten spitzt sich zu. Hinzu kommt, daß die Wohnungen oft weit vom Arbeitsplatz entfernt liegen. Hier fehlt die Planung und Steuerung von neuerrichteten Arbeitsplätzen im Wohnungsnahbereich.

Kinderbetreuung: Sie befindet sich nach wie vor in einer ernsten quantitativen Krise. Es gibt viel zu wenig Plätze in den Kindertagesstätten. Darüber hinaus bestehen nennenswerte qualitative Probleme. Den Kindertagesstätten fehlt es häufig an ausreichend kompetentem Personal. Hinzu kommt, daß das Milieu in den Kindertagesstätten nicht selten für die Kinder eine Belastung darstellt, da viel zu viele Plätze von Kindern „mit besonderem Hilfebedürfnis" belegt werden. Unter anderem handelt es sich um emotional gestörte Kinder, denen man in erster Linie die Möglichkeit geben möchte, eine Kindertagesstätte zu besuchen.

Die letztgenannte Schwierigkeit kann man dadurch beheben, indem eine angemessene Anzahl von Plätzen in den Tagesstätten eingerichtet wird. Dadurch wird es möglich sein, eine Mischung aus nicht gestörten Kindern und Kindern mit offensichtlichen Problemen aufzunehmen. Hinsichtlich des Personals ist eine Kontinuität wichtig. Indem man kleinere Gruppen schafft, den Anteil an Problemkindern reduziert und dadurch eine Überbelastung verhindert, wird die Arbeit attraktiver, und das Personal bleibt in den Kindertagesstätten. Neben der erforderlichen Ausbildung ist es wichtig, daß die ausgewählten Mitarbeiter über eine gewisse Reife verfügen.

Die Kindertagesstätte sollte auch eine bedeutend größere Rolle für solche Kinder spielen dürfen, die Probleme im häuslichen Bereich haben. Wir müssen uns von der Vorstellung befreien, daß das Kindertagesstättenpersonal (ebenso wie die Lehrer) die Kinder nicht gefühlsmäßig beeinflussen dürfen. Sollte da nicht das Personal der Kindertagesheime dem Kind die Liebe und die emotionalen Bindungen geben dürfen, die es benötigt, aber zu Hause in einer Familie mit mangelnden Ressourcen nicht erhalten kann?

Diese Frage stellt Rita Liljeström. Als Antwort führt sie die offizielle und etablierte Einstellung an, die darin besteht, daß es das Privileg der Eltern sei, für die emotionale Geborgenheit und die stabilen Identifikationen Verantwortung zu tragen. Dem Personal wurde beigebracht, daß „doppelte Bindungen" für ein Kind schwer zu verkraften seien. Leider ist es dann so, daß es für Kinder von alleinstehenden Eltern oder von Eltern, die aus unterschiedlichen Gründen ihren Kindern nicht die gefühlsmäßige Geborgenheit geben können, auch in der Kindertagesstätte keine Reserven gibt (R. Liljeström). Eine wichtige Aufgabe der vorbeugenden Arbeit besteht folglich darin, sowohl die quantitative als auch die qualitative Stellung der Kindertagesstätten zu verändern!

5. Sonstige Maßnahmen

Wir haben erwähnt, daß eine frühe Charakterstörung oft spontan ausgeglichen wird. In den Fällen, wo dies nicht geschieht, besteht die Möglichkeit, diese durch eine Psychotherapie zu kompensieren. Dafür werden im allgemeinen langwierige und qualifizierte Bemühungen erforderlich. Auch wenn es zu solchen Schritten kommt, ist es äußerst wichtig, daß auch der übrige soziale Nahraum des Patienten bearbeitet wird. Das bedeutet, daß eine Familientherapie für die Familie und Anleitungen für beispielsweise die Tagesstätte und die Schule mit einbezogen werden. Nicht zuletzt sind häufig die sozial-ökonomischen Maßnahmen gerade für die Durchführung der Therapie eines Kindes entscheidend. Sie verhindern, daß das Resultat von den häuslichen Problemen wieder vereitelt wird. Manchmal sieht man in einer Einweisung in eine Pflegefamilie, in der die Eltern angeleitet werden, die einzige Möglichkeit zu helfen. Wenn ein Kind sehr lange bei Pflegeeltern gewohnt hat und die Frage aktuell wird, ob das Kind wieder in die eigene Familie zurück soll, darf nur das Wohl des Kindes den Ausschlag geben. Wichtig ist, daß die Übergabe an Pflegeeltern nicht (aus ökonomischen Gründen) an Stelle von psychologisch und sozial flankierenden Maßnahmen erwogen wird.

Stufe II: Auf die Gesellschaftsstruktur zielende Präventivmaßnahmen

Als ich mit dem Schreiben dieses Kapitels über die Prävention begann, hatte ich zunächst vor, meine Ausführungen mit der Darstellung der unter

216

der Stufe I beschriebenen Maßnahmen enden zu lassen. Anfänglich war ich der Meinung, daß es nicht meine Aufgabe sei, näher auf die sozialen Hintergrundfaktoren einzugehen, deren Veränderung notgedrungen mit politischen Veränderungen einhergehen. Ich trug mich mit Gedanken von der Art:

> „Das hier ist die Aufgabe der Politiker. Die Gesellschaftsstruktur ist viel zu kompliziert und zu schwer zu überblicken, als daß sich ein Nicht-Politiker über den Zusammenhang eine Vorstellung machen könnte."

Diese Art von Bescheidenheit und blindem Glauben an professionelle Politiker ist meiner Meinung nach sowohl falsch als auch gefährlich. Nach zehnjähriger Tätigkeit im Rahmen der Rauschgiftsüchtigenfürsorge sehe ich es vielmehr als meine Pflicht an, meiner bestimmten Überzeugung Ausdruck zu verleihen, daß ein Zusammenhang zwischen Drogensucht einerseits und gewissen gesellschaftlichen Verhältnissen andererseits besteht. So gut die getroffenen Maßnahmen gemäß der unter Stufe I genannten Punkte auch sein mögen, wir können meiner Auffassung nach die Entwicklung nicht aufhalten, sondern müssen auch Schritte ergreifen, die mehr grundlegende Veränderungen der Gesellschaft verfolgen.

Lassen Sie mich an dieser Stelle noch einmal betonen, daß auch wenn dieses Buch die Drogensucht zum Thema hat – und ich mich auch im Folgenden nur damit befassen werde –, die Drogenabhängigkeit nur *eines* von vielen Symptomen einer zunehmend psychischen Krankheit ist. Die Drogensucht ist dramatisch und erschütternd. Die Tatsache, daß junge Menschen davon betroffen werden, beunruhigt uns in besonderem Maße.

Aber die Drogenproblematik ist nur die Spitze eines Eisbergs. Uns beschäftigen eine Reihe von anwachsenden Problemen des gleichen Ursprungs, angefangen mit einer allgemein schleichenden Unzufriedenheit und Freudlosigkeit in unserem Leben bis hin zu offensichtlicheren Symptomen, die sich in Form eines zunehmenden Bedarfs an Psychotherapie und Psychopharmaka, eines steigenden Alkoholmißbrauchs, vermehrter psychosomatischer Erkrankungen und steigender Selbstmordziffern manifestieren.

Im nächsten Abschnitt werde ich versuchen, den Zusammenhang zwischen den Gesellschaftsfaktoren und der Entwicklung der Drogensucht zu analysieren. Hierbei gehe ich wieder von dem bereits oben (Seite 206) dargestellten Entwicklungsmodell aus. Das Diagramm ist gemäß der drei Stufen: Entwicklung einer Charakterstörung – Ausstoßungsprozeß – Identitätsbildung gegliedert.

Frühe Charakterstörung und Gesellschaftsfaktoren

A. Ökonomische Faktoren

In dem Kapitel über die Ursachen der Drogensucht konnten wir einen statistischen Zusammenhang zwischen unterer Schichtenzugehörigkeit und schwerer Drogenabhängigkeit feststellen. Für diesen statistischen Zusammenhang lassen sich sicherlich eine Reihe unterschiedlicher Ursachen anführen. Eine Möglichkeit könnte sein, daß in der Sozialgruppe III häufiger frühe Charakterstörungen auftreten. Die Aufteilung der Bevölkerung in Sozialgruppen gemäß unserer alten schwedischen Einteilung ist nicht so ganz geglückt, u. a. deshalb, weil die Sozialgruppe III aus einer äußerst gemischten Menschengruppe besteht. Allerdings lag diese Einteilung einer Reihe von Untersuchungen über Fixergruppen zugrunde. Im Folgenden werde ich einige denkbare Erklärungen geben, die wahrscheinlich den größten Teil der Charakterstörungen innerhalb der Sozialgruppe ill abdecken.

I. Es ist wahrscheinlich, daß in der Sozialgruppe III häufiger frühe Charakterstörungen auftreten. Ursache hiervon ist, daß sich diese Gruppe in einer gefährdeten sozialen Situation befindet, die öfter zu einer „sekundären Ressourcenschwäche" führt. Ein Beispiel für eine gefährdete Situation ist der Fall der alleinstehenden Mutter, die einen Beruf mit Niedrigeinkommen ausübt. „Broken Homes" sind in der Sozialgruppe III an und für sich nicht häufiger als in den Sozialgruppen I und II. Allerdings ziehen sie in der Sozialgruppe III vermutlich andere Konsequenzen nach sich.

II. Die Forscher Johan Norman und Lennart Grosin stellen in ihrem Buch „Att leva på samhällets botten" (Anm. d. Übers.: Ein Leben auf der untersten Gesellschaftsstufe) die Hypothese auf, daß in der Sozialgruppe III frühe Störungen häufiger als in der Sozialgruppe I und II vorkämen. Als Grund wird auf den Unterschied im Sozialisationsprozeß in den verschiedenen Gruppen hingewiesen.

Ich persönlich bin nicht der Meinung, daß dieser als Grund für ein vermehrtes Auftreten von Charakterstörungen in der Sozialgruppe III herangezogen werden kann. Ich glaube eher, daß ein Unterschied im Sozialisationsprozeß dafür von Bedeutung sein kann, in welchem Maße früh entstandene Störungen *kompensiert werden* oder nicht. Man kann sich denken, daß der Sozialisationsprozeß in der Sozialgruppe I ausgesprochen Ich-stärkend ist. Unter anderem findet man hier den Ehrgeiz, das Kind dazu anzuleiten, die Triebkontrolle zu internalisieren mit der Absicht, es für eine soziale Karriere vorzubereiten, die für ein Kind aus der Sozialgruppe I und II in Reichweite liegen kann.

Dieser Ehrgeiz ist von einem Teil der Sozialgruppe III aufgegeben worden. Vermutlich ist man weniger auf diese strenge Triebkontrolle eingestellt, da derartige Berufsarten und gesellschaftliche Positionen, die diese Ich-Ressourcen und diese Triebkontrolle erfordern, für diese Gruppe als unerreichbar angesehen werden.

III. Die Sozialgruppe III hat (nach Holter) ein Netzwerk, das in viel stärkerem Ausmaß familien- und verwandtschaftsorientiert ist. Bei einem Wohnortwechsel zeigt es sich, daß es der Sozialgruppe I viel leichter fällt, ein soziales Netzwerk zu errichten, als es die Sozialgruppe III vermag.

Folglich besteht für die Sozialgruppe III bei den für viele von ihnen notwendig werdenden Ortswechseln das Risiko, noch mehr isoliert zu werden. Die Isolierung ist ein negativer Faktor. Er erhöht das Risiko für ungesunde Beziehungen innerhalb der Familie und vermindert die Möglichkeiten einer Kompensation durch den Kontakt des Kindes mit anderen Erwachsenen. Die Isolierung trägt auch mit dazu bei, daß die Familien schlechter gerüstet sind, in Krisensituationen von der Umwelt Unterstützung zu erhalten.

B. Isolierung – Zusammengehörigkeit

Für das Wohlergehen eines Menschen, ja vielleicht für sein Überlebenkönnen, ist es wichtig, daß er irgendeine Form der Gemeinschaft eingeht. Wir erhalten unsere wichtige emotionale Nahrung aus diesen unseren Beziehungen. Wenn die Eltern isoliert sind, bedeutet das für das Kind Gefahrenmomente in vieler Hinsicht. Eltern, denen es schlecht geht, sind nicht in der Lage, dem Kind die erforderliche gefühlsmäßige Stimulation zu geben. Man könnte annehmen, das Gegenteil sei der Fall, nämlich, daß der isolierte Elternteil dem Kinde umso mehr Zuwendung angedeihen läßt. Doch das ist nicht der Fall. Ein Erwachsener, der isoliert wird, fühlt sich so schlecht, daß er oder sie mit dem Versuch, die eigenen Depression und die eigenen Minderwertigkeitsgefühle zu bewältigen, vollauf beschäftigt ist. Auch muß viel Energie bei dem Versuch aufgebracht werden, sich aus der Isolierung zu befreien. Manchmal beginnt der Erwachsene, sich unbewußt an das Kind mit Erwartungen zu wenden, im Glauben, aus dieser Beziehung etwas zu gewinnen, was ihm seine Beziehungen zu Erwachsenen nicht geben. Dabei besteht die Gefahr, daß der Erwachsene das Kind unbewußt als einen Partner oder, noch schlimmer, als Substitut für eine Elternfigur auffaßt. Dies kann bedeuten, daß das Kind nicht die gefühlsmäßige Nahrung, Betreuung usw. erhält, die für seine Entwicklung nötig sind. Dieses Phänomen hat unter anderem Gustav Jonsson als für die sozial isolierten Problemfamilien in Skå kennzeichnend dargestellt. Einige Gruppen sind für solche Faktoren, die zur Isolierung von Menschen beitragen, empfänglicher. Alleinstehende Eltern sind so eine Gruppe und Einwanderer wieder eine andere. Wenn wir die Situation von alleinstehenden Eltern näher ansehen, stellen wir fest, daß es sich hier sehr oft um praktisch-ökonomische Probleme handelt. Gemeint sind der Zugang und die erforderlichen Mittel, um Hilfe bei der Kinderbetreuung zu erhalten, und, inwiefern es überhaupt praktisch möglich ist, aus den eigenen vier Wänden herauszukommen. Doch hier versuche ich allerdings vor allem auf die mehr allgemein auftretenden Faktoren einzugehen, die eine Isolierung begünstigen und die Zusammengehörigkeit negativ beeinflussen.

Ein äußerst wichtiger Faktor dieser Art ist die gewaltige Bevölkerungsverschiebung, die in unserem Land stattgefunden hat: Um die Jahrhundertwende wohnten 25 % der Bevölkerung in größeren Orten und in Städten. Zu Beginn der dreißiger Jahre verteilte sich die Bevölkerung zu 50 % auf die Provinz. Heute leben mehr als 80 % der Bevölkerung in größeren Orten und infolgedessen nur 20 % auf dem Lande.

Während der vergangenen Jahrzehnte fand eine enorme Bevölkerungsverschiebung statt. Noch immer ziehen circa 10 % der Bevölkerung jährlich um. Wir haben weiterhin eine fortschreitende Tendenz zur Konzentration von Industriezweigen (und infolgedessen von Siedlungen) in drei Regionen des Landes, nämlich im Bereich Stockholm-Mälardalen, Göteborg und Umgebung sowie Malmö und Umgebung. Die Folge dieser Migration war die Trennung von Verwandten und die Aufsplitterung von Familien. Eine allgemeine Wurzellosigkeit und ein mangelndes Gefühl von Zusammengehörigkeit waren das Resultat. Die Anpassung wird dadurch noch erschwert, daß der neue Wohnort ohne eigene Kultur und Tradition ist.

Die Konstruktion der Wohnungen in diesen neuen Bezirken sowie deren Verwaltung und die Eigentumsverhältnisse fördern diese Isolierung ebenso. Es werden auch keine Versuche unternommen, um den Bewohnern die Kompensation der Isolierungstendenzen zu erleichtern, die generell für den Neu-Zugezogenen bestehen.

In der gleichen Richtung macht sich die Entwicklung zu größeren Einheiten bemerkbar, d.h. hinsichtlich der Wohnungen, Schulen, Arbeitsplätze und innerhalb der kommunalen Organisation. Hinzu kommt die zunehmende Zentralisation der Gesellschaft im Hinblick auf Beschlußfunktionen und die Machtverteilung überhaupt.

C. Ideale – normlose Gesellschaft

Wir haben bereits dargestellt, wie die Übernahme von Wertsetzungen einen zentralen Bestandteil für die Identitätsbildung bedeutet. Es wurde auch erwähnt, daß die Übertragung von Wertungen entwicklungspsychologisch von den Eltern auf das Kind vollzogen wird.

Rita Liljeström hat in ihrer umfangreichen Bestandsaufnahme und Analyse der Verhältnisse für das Heranwachsen des schwedischen Kindes unsere

220

Angst bemängelt, die wir an den Tag legen, wenn es um die Beeinflussung unserer Kinder geht. Sie vertritt die Auffassung, daß wir auf eine bedauerliche Weise von liberalen Ideologien bestimmt werden. Weiterhin glaubt sie, daß es sich bei uns vielleicht auch um eine Reaktion auf die autoritären Ideale der faschistischen Ideologien in den dreißiger und vierziger Jahren handelt.

„Das Samenkorn mit dem Namen ‚Liberalismus und freie Erziehung‘ hat sich zu einer Pflanze entwickelt, die man Nachgiebigkeit und Unsicherheit nennt" (Rita Liljeström in „Våra barn och andras ungar" [Unsere Kinder und die Gören der anderen; Anm. d. Übers.]).

Es sind auch nicht allein die Eltern, die Angst davor habe, ihre Kinder zu beeinflussen. In die gleiche Richtung gehen die Erwartungen, die wir an die Kindertagesstätten und Schulen stellen. Man läßt das Personal der Kindertagesstätten und die Lehrer die Rolle von „neutralen" Experten spielen, die allerhand unterschiedliche Kenntnisse vermitteln.

„Für die schwedische Schule ist es durchweg kennzeichnend, daß sie eine Menge unreflektierter Prüfungen durchführt. Die Schule versorgt die Jugendlichen mit Fakten und Fertigkeiten. Es handelt sich dabei um sachliches, allseitiges, objektives Wissen, das losgelöst von sozialen und ethischen Werten, die kontrovers sind, vermittelt wird. Man geht mit Kenntnissen und etablierten Wertungen wie mit Gebrauchsgütern und Gedanken um, die keinen Anlaß zu Fragen über Lebensanschauung und Moral geben. Werden dennoch Fragen gestellt, so begnügt man sich in der Schule mit der Erklärung, daß es verschiedene Gruppen in einer Gesellschaft gibt, die voneinander abweichende politische und moralische Auffassungen hegen. Ein jeder muß für sich selbst wählen. Die Schule verhält sich völlig neutral." (R. Liljeström in „Våra barn och andras ungar").

Rita Liljeström vergleicht ihre Erfahrungen, die sie auf einer Studienreise in der Volksrepublik China gesammelt hat, mit ihren zahlreichen Kontakten mit schwedischen Eltern, Kindertagesstättenpersonal und Lehrern.

Die Darstellungen Rita Liljeströms über die Eindrücke ihrer Studienreise bilden einen Gegenpol zu „der schwedischen" Einstellung. Die schwedische Delegation hatte einige Kindergärten besucht. In einem davon führten Kinder ein Programm mit Tänzen und Gesängen auf, das einen ausgeprägten ideologischen Inhalt hatte.

„Wie bei solchen Aufführungen üblich, dankten die schwedischen Gäste ihrerseits mit einer Liederdarbietung: ‚Keiner kann ohne Wind segeln‘ und danach ‚das Mädchen von Backafall‘. Beides sind Lieder, die die Sehnsucht nach dem guten Freund besingen. Die Chinesen lauschten mit höflicher Aufmerksamkeit. Es schien, als ob sie die Aussage unserer Lieder zu verstehen versuchten. Aber ach, liebes Kind, die Schweden haben keine Botschaft zu verkünden. Unsere Erziehung hat kein Ziel. Wir besingen die Natur und die Liebe des einzelnen. Wir lernen nicht, uns selbst als Träger von gesellschaftlichen Beziehungen zu sehen. Wir werden zu ‚freien Individuen' erzogen." (Rita Liljeström in „Våra barn och andras ungar").

Das chinesische Beispiel handelt natürlich von einer Reihe solcher Aspekte, die hier in diesem Kapitel angeschnitten werden. Es geht u. a. um Demokratie, Machtverteilung, Dezentralisation und Kollektivismus. Das Interessanteste in diesem Zusammenhang ist die Art und Weise, wie sich die Chinesen bewertungsmäßig gegenüber ihren Kindern verhalten.

1973 besuchte eine Delegation amerikanischer Psychologen, Soziologen und Kinderärzte die Volksrepublik China. Das Ergebnis ihrer Beobachtungen an chinesischen Kindern in Kindergärten, Familien und Schulen wird in dem Buch „Kindheit in China" dargestellt. Im Grunde waren natürlich diese westlichen Delegierten ganz kritisch. Aber das kann nicht über ihr Erstaunen und ihren Respekt über das, was sie erlebten und sahen, hinwegtäuschen.

„Das Auffallendste von allem ist die Stetigkeit des Engagements für die Entwicklung des Volkes. Die Chinesen – zumindest diejenigen, die wir trafen – scheinen sich solchen Aufgaben zu widmen, die die Gestaltung einer einheitlichen Gesellschaft verfolgen, die sich auf Mao Tse-tungs Version der kommunistischen Ideologie begründet . . .

Das Phänomen, das für die Entwicklungspsychologen am interessantesten, aber auch am schwersten zu studieren und zu belegen ist, ist die Stabilität der von erwachsenen Chinesen gehegten Erwartungen, wenn es um die Frage geht, was ein Kind ist und was aus ihm werden kann. Trotz all der variablen Umstände und Altersunterschiede entstand nicht der Eindruck, daß chinesische Eltern und Lehrer hinsichtlich der Zielsetzung uneinig wären. Über Ausbildung und Kindererziehung im Hinblick auf die Persönlichkeitsbildung schienen keine Kontroversen zu bestehen. Die Amerikaner neigen dazu, Modeströmungen mitzumachen, auf Experten zu hören und die Ratgeberspalte der Press zu befolgen. Gerade deshalb mußte die nahezu ausnahmslos einheitliche Auffassung der erwachsenen Chinesen, wie ein gut erzogenes Kind sein sollte, die Amerikaner in Erstaunen versetzen" (W. Kessen, 1976).

Bei all dem schien es sich nicht nur um eine kraftvolle ideelle Beeinflussung der Kinder zu handeln, sondern auch um eine konsequente Haltung der

222

einzelnen Erwachsenen, mit denen die Kinder in Kontakt kommen. Der westliche Individualist wird verständlicherweise durch einen so homogenen Einfluß beunruhigt. Er wird sich fragen, welche psychologischen und sozialen Störungen daraus erwachsen können.

„Der Besuch einer Grundschulklasse hat uns sehr beeindruckt. 50 Kinder saßen dort ganz still und warteten, bis sie angesprochen wurden. Sie sangen entzückt ihre Hausaufgaben im Chor, als sie dazu aufgefordert wurden. Noch mehr beeindruckte uns, daß es allem Anschein nach keine störenden, überaktiven und lärmenden Kinder gab. In allen Klassenzimmern, die wir besuchten, bis hinunter zu den Kindern, die gerade laufen konnten, stellten wir die gleiche Ordnungsliebe, die gleiche Konzentration, das gleiche Fehlen störenden Verhaltens fest. Wir hatten nicht den Eindruck, daß diese Gefügigkeit von Resignation und Apathie herrührte. Die chinesischen Kinder, die wir sahen, waren in ihren Gefühlen ausdrucksvoll, in ihrem sozialen Verhalten anpassungsfähig und schlagfertig . . .

Ohne nennenswerten Erfolg versuchten wir, einige der Verhaltensprobleme an unseren amerikanischen Schulen zu beschreiben. Im großen und ganzen verstanden die chinesischen Lehrer nicht, wovon wir sprachen. Sie hatten noch nie ein überaktives oder störendes Kind in der Schule gesehen. Gewisse Kinder waren mitunter ‚lebhaft‘, aber anscheinend nie anhaltend" (W. Kessen, 1976).

Ein noch viel ernsteres Problem als die Angst, Einfluß auszuüben, ist der Mangel an Zielen in der schwedischen Gesellschaft, in deren Richtung Einfluß ausgeübt werden könnte. Wahrscheinlich findet die ältere Generation eine Art Kompensation für diese Wertungsverarmung. Etwas später werden wir auf den sicherlich katastrophalen Effekt eingehen, den dieser Mangel an Werten auf die Jugendlichen ausüben muß, die sich in dem Stadium der initialen Identitätsbildung befinden. Aber nicht genug damit, daß wir eine sukzessive Entideologisierung durchlaufen. Die Leere wird mit destruktiven Pseudoideologien aufgefüllt.

Verzweifelt versuchte der italienische Regisseur, Autor und politische Schriftsteller Pasolini in seinen letzten Lebensjahren, die gefährliche Entwicklung in Italien im vergangenen Jahrzehnt zu rügen. Italien hat eine rasche Industrialisierung und Veränderung der kulturellen Werte durchlaufen. Vielleicht ist es daher kein Zufall, daß Italien seit einigen Jahren das Land Europas ist, in dem der schnellste Anstieg an Heroinabhängigkeit zu verzeichnen ist. Pasolini versuchte seinen Lesern, vor allem den Anhängern der italienischen Linken, das was er *Konsumismus* nennt, klarzumachen.

Damit meinte Pasolini gerade diese destruktive Pseudokultur, die, u. a. unterstützt von der kommerziellen Vermarktung, an Stelle des ideologischen

Vakuums tritt, das in den westlichen Industriegesellschaften entsteht. Pasolini ist der Ansicht, daß diese „neue Kraft" äußerst spürbar, gleichzeitig jedoch schwer zu beschreiben, schwer zu analysieren und manchmal schwer aufzufinden ist. Es handelt sich aber um eine Entwicklung, die – auf eine Weise, die nicht immer leicht zu erklären ist –, mit dem Privatkapitalismus verbunden ist.

> „Mir fällt es schwer, das Phänomen zu definieren, das große Massen italienischer Arbeiter und Bauern manipuliert und radikal (anthropologisch) verändert hat; aber ich bin sicher, daß es die unbarmherzigste und totalitärste Macht ist, die je existiert hat: sie verändert die Natur der Menschen, dringt in ihr tiefstes Bewußtsein ein" (Pasolini, 1978).

Der Konsumismus ist nach Pasolini eine Pseudoideologie, die alle äußeren Unterschiede verwischt (ohne grundlegende ökonomische Unterschiede zu verändern) und größere Teile der Bevölkerung zu einer passiven, ideologielosen, konsumierenden Masse umgestaltet. Welche Bedeutung hat das für die kleinen Kinder? Zunächst einmal läßt sich eine schleichende Identitätsauflösung bei den Erwachsenen feststellen, die die Voraussetzungen, überhaupt mit anderen kommunizieren zu können, sehr stark mindert. Zum anderen hat die Unklarheit über die eigene wertungsmäßige Zugehörigkeit der Eltern zur Folge, daß die Eltern für das Kind ein diffuseres Identifikationsobjekt sind und noch weitere Schwierigkeiten bei der Einverleibung von Normen in das kindliche Ich und Über-Ich auftreten. Es ist verständlich, daß gerade solche Erwachsenen, die primär und sekundär ressourcenschwach sind, mehr als andere dem Einfluß des Konsumismus ausgesetzt sind.

Ausstoßungsprozeß und Gesellschaftsfaktoren

A. Die Rolle der Schule

Gustav Jonsson hat die Schwierigkeiten dargestellt, die für einen Menschen bestehen, der aus einer sozial und gefühlsmäßig armen Familie kommt und versucht, aus seinem Milieu auszubrechen. Gibt es überhaupt irgendwelche Anzeichen für Unterschiede in den Risiken, in einen Ausstoßungsprozeß zu geraten, wenn man aus unterschiedlichen sozialen Schichten kommt?

Für den heranwachsenden Jugendlichen ist die Schule der Schauplatz sowohl für die soziale Integrierung als auch für die soziale Isolierung.

Lennart Grosin und Johan Norman wiesen darauf hin, daß in der Schule Kinder aus der Sozialgruppe III häufiger als andere Kinder verletzbar sind und einen schlechteren Status einnehmen. Dazu kommt es nicht allein deswegen, weil sie manchmal auf die Schularbeiten weniger vorbereitet sind oder zu hause auf weniger Hilfe rechnen können. Als Grund läßt sich auch anführen, daß sie von vorneherein weniger für Leistung und konkurrierenden Wetteifer in der Schule motiviert sind.

In der Schule werden im großen Ausmaß Anforderungen gestellt und Kontrollen durchgeführt. Die Schule hat zum Ziel, dem Kind die erforderliche leistungsorientierte Erziehung zu vermitteln, damit es sich später zu Machtpositionen emporarbeiten kann.

> „Die meisten Kinder aus der Sozialgruppe I und auch aus der Sozialgruppe II sind an diese Art der Erziehung gewöhnt. Durch diese Erziehungsmethoden wurden soziale Normen und Kontrollen internalisiert, folglich besteht für diese Kinder gegenüber der Schule eine geringere Konfliktneigung . . . In vielen Sozialgruppe-III-Familien hat man das Antreiben aufgegeben, und schulische Leistungen sind daher von untergeordneter Bedeutung. Für Kinder aus der Sozialgruppe III bestehen äußerst geringe Aussichten, einmal Machtpositionen innerhalb der Gesellschaft zu erreichen. 4 % der Kinder, deren Väter der Sozialgruppe III angehören, erreichen solche Machtpositionen, die für die Sozialgruppe I charakteristisch sind. Im Vergleich dazu erreichen 50 % der Kinder, deren Väter der Sozialgruppe I angehören, solche gehobenen Stellungen. Da die Schule lehrt, daß der Mensch seinen Wert erst durch *seine Leistungen und seine Stellung* erhält, geraten solche Kinder in einen Konflikt. Der von der Schule postulierte Wert wurde in Familien der Sozialgruppe III abgewertet, da solche Machtpositionen außer Reichweite waren" (Grosin und Norman, 1974).

In allen wesentlichen Punkten bekennt sich unsere Schule zu einem Evangelium ohne Inhalte. Die Objektivität rangiert an oberster Stelle. Vergleiche den Bericht der Besucher in China! Worin besteht überhaupt die Zielsetzung der Schule, d. h. die faktische, nicht die in den Untersuchungen dargestellte?

Die Schule ist vor allem eine Verwahrungsanstalt und Ausleseeinrichtung. Die Kinder werden in drei Kategorien eingeteilt:

1. Die Intelligenten, die weiterführende, höhere Ausbildungsstätten besuchen, 2. die Ordentlichen, Normalbegabten, die sich für eine Ausbildung für die mittleren – unteren Berufszweige innerhalb des Industrie- und Leistungssektors eignen, sowie 3. die Problemfälle.

Die Schule ist in ganz besonderem Maße auf individuelle Leistung eingerichtet. *Individuelle Erfolge zählen, die Kehrseite ist der individuelle Mißerfolg.* Etwas zaghaft werden verschiedene Formen der Gruppenarbeit eingeführt. Dabei fehlt jedoch völlig die Verankerung mit irgendeiner Form einer kollektiven Zielsetzung. Zweifellos kann ein derartiges Klima einen Schüler mit Problemen, die von seinem häuslichen Milieu herrühren, gar keine Kompensationsmöglichkeiten anbieten. Ganz im Gegenteil, die Schule scheint generell Problemkinder zu verstoßen und zwar solche, die außerschulische Probleme haben, ebenso wie solche, die auf Grund des Schulbesuchs zu Problemfällen wurden.

Beispiele dafür, wie wenig die Schule helfen kann, sind die Fälle von Knaben, die wegen eines Verbrechens aufgegriffen und in Beobachtungs- oder Spezialklassen eingewiesen werden. Die meisten dieser Jungen begehen auch in Zukunft Verbrechen, 60 % von ihnen werden drogensüchtig (Grosin und Norman, 1974).

Sicherlich braucht man sich nicht zu wundern, daß die Schule so ist, wie sie ist. Die Schule spiegelt die Gesellschaft wider. Sie ist nur eine Konsequenz der gesellschaftlichen Konstruktion schlechthin. Aber zweifellos ist die Gestaltung der Schule das beunruhigendste Kennzeichen für die Verlogenheit, der die Kinder und Jugendlichen von heute ausgeliefert sind.

Eigentlich sollte die Schule die große Chance sein. Sie sollte Kinder und Jugendliche zu solidarischen Mitbürgern der Gesellschaft heranziehen. Gleichzeitig sollte die Schule die Aufgabe übernehmen, viele der Ungerechtigkeiten auszugleichen, die von den häuslichen Unterschieden herrühren. Sie müßte der Ort sein, wo das soziale Erbe abgebaut werden kann!

B. Soziale Ausstoßung und soziale Kontrolle

Mit sozialer Kontrolle ist die komplizierte soziale Interaktion gemeint, die zum Ziel hat, dem Vergehen an Normen in einer sozialen Gruppierung entgegenzuwirken.

Unter *informeller sozialer Kontrolle* (auch primär genannt) versteht man die im allgemeinen frühen Reaktionen auf Tendenzen von Normverstößen, die auf informelle Weise im sozialen Nahraum des Individuums begangen werden (Wohnbereich, Schule, Arbeitsplatz usw.). Mit *formeller sozialer Kontrolle* bezeichnet man im allgemeinen relativ späte Reaktionen auf Normverstöße. Eine derartige Kontrolle wird von Institutionen der Gesellschaft durchgeführt (Polizei, Gericht, Sozialfürsorge, gewisse Behandlungseinrichtungen).

Mehrere der Gesellschaftsfaktoren, auf die in diesem Kapitel eingegangen wird, beeinflussen die soziale Kontrolle in der Gesellschaft. Das Resultat der heutigen Gesellschaftsentwicklung ist in dieser Hinsicht ziemlich eindeutig: Die informelle soziale Kontrolle nimmt ab, und die formelle nimmt zu. Dieses Faktum ist für die Ausstoßung von zentraler Bedeutung, da die informelle soziale Kontrolle grob gesehen *integrierend* ist, während die formelle soziale Kontrolle häufig einen *ausstoßenden* Charakter hat.

Manchmal wird in den allgemeinen Debatten der Vorschlag gemacht, eine informelle soziale Kontrolle „einzuführen". Dabei ist zu berücksichtigen, daß die soziale Kontrolle ein Ausdruck für die komplexen sozialen Mechanismen ist. Man kann allerdings zwei grundlegende Voraussetzungen unterscheiden, die erforderlich sind, damit in einer Gesellschaft, der es an Traditionen und historisch stabilen Interaktionsmustern fehlt, für die informelle soziale Kontrolle größere Möglichkeiten bestehen.

Die erste Forderung besteht in der *Überschaubarkeit der Gesellschaft* für den einzelnen Menschen. Das heißt ganz einfach, die Gesellschaft darf nicht zu groß sein. Der Einzelne sollte von Mitmenschen erkannt werden, und er wiederum sollte andere erkennen können. Eine solche überschaubare Gesellschaft muß *eine Einheit* bilden. Damit es zu einer Einheit kommt, muß die Gesellschaft den Mitbürgern die Möglichkeit zur Befriedigung sämtlicher sozialer Bedürfnisse innerhalb eines einheitlichen Rahmens anbieten. Zweitens sollte es *eine materielle Grundlage für die wechselseitige Abhängigkeit der Menschen* voneinander geben. Eine solche natürliche materielle Basis ist der gemeinsame Besitz von Wohnungen, Dienstleistungseinrichtungen usw.

Keine dieser Forderungen wird in unseren wachsenden Großstädten erfüllt.

Identitätsbildung und Gesellschaftsfaktoren

Die Identitätsbildung der Jugend ist der zentrale und dramatische Schnittpunkt zwischen der psychischen Entwicklung der Menschen und der Gesellschaftsstruktur. In diesen Jahren kann man ernten, was man gesät hat, oder besser gesagt: Die Jugendlichen müssen ernten, was wir gesät haben. Die Identitätsbildung baut auf all den Erfahrungen auf, die das Kind in seiner Entwicklung von der Geburt bis hin zum Erwachsenenalter gewonnen hat. Die Identitätsbildung findet jedoch auch in einer Auseinandersetzung mit der umgebenden Gesellschaftsstruktur statt. Wie sieht die Gesellschaft aus, in der der junge Mensch für seine neue Identität in Form von sozialen Rollen und kultureller Teilnahme versuchen soll, Fuß zu fassen?

A. Jugendarbeitslosigkeit

Wir wollen mit dem Einfachen, dem Offensichtlichen beginnen. Für die Identität eines Erwachsenen ist die soziale Rolle von größter Bedeutung. Wie unerhört wichtig ist es deshalb für einen jungen Menschen, daß er während der Jahre seiner Identitätsformung in einer Gesellschaft lebt, die Möglichkeiten für die Gestaltung dieser sozialen Rolle – der Berufsrolle –

bereithält. Es nützt nichts, wenn wir in der Lage sind, einen Mangel an Berufsausbildung und Arbeitsplätzen ökonomisch ausgleichen zu können. Die Ökonomie ist nur eine Seite. Wenn wir nichts gegen eine Gesellschaft mit Jugendarbeitslosigkeit unternehmen, richten wir zu einem äußerst kritischen Zeitpunkt einen schweren Schlag gegen den Versuch der Jugend, eine positive Identität zu bilden und eine positive Verankerung in der etablierten Gesellschaft zu errichten. Kann man sich da noch über das Resultat wundern?

B. Sonstige Ursachen einer erschwerten Orientierung in der Gesellschaft:

1. Die widerspruchsvolle Gesellschaft

Die Gesellschaft ist ein kompliziertes und widerspruchsvolles Gebilde. Es gibt genug Widersprüche, aber ich werde nur solche nennen, die mir für den jungen Menschen als besonders verwirrend erscheinen. Das bürgerliche kapitalistische Ideal von der individuellen Karriere, vom Erfolg auf Kosten der anderen, steht in krassem Gegensatz zu den solidarischen Bewegungen in der Wohlstandsgesellschaft: die Arbeiterbewegung, aber auch große Teile aus dem Programm der liberalen Parteien. Die Wohlfahrtsideologie beinhaltet andere Gegensätze, die Verwirrung stiften. Ihre Anwendung erhöht die *ökonomische Sicherheit*, während die persönliche Abhängigkeit der Menschen untereinander schwindet. Die Folge sind eine zunehmende Isolierung und eine anwachsende *gefühlsmäßige Unsicherheit*. In einigen Ländern wurde die kapitalistische Ideologie und Praxis auf eine verwirrende Weise mit der sozialdemokratischen Solidaritätsideologie verwischt. Die Verwirrung nimmt dadurch noch zu, daß es stark wirksame Tendenzen gibt, die die Gegensätze in der Gesellschaft zu verbergen suchen. Das Proletariat wird bürgerlich, und die Klassenunterschiede werden verwischt, während die faktischen Unterschiede in der Ökonomie und in den politischen Ressourcen bestehen bleiben. Sie werden in gewisser Hinsicht sogar noch vertieft.

Auch die Bürokratisierung und Zentralisierung ist verwirrend. Es läßt sich kaum feststellen, wer eigentlich lenkt, obgleich die führende Macht ständig spürbar ist. Man kann das Gesicht der Macht nicht mehr erkennen.

2. Die Gesellschaft ohne Ideale und Normen

Diesen Punkt haben wir schon früher angeschnitten (siehe S. 220). Ich will nur noch einmal daran erinnern, daß sich der junge Mensch, der sich in der Phase seiner Identitätsbildung befindet, in dieser „freien" (wertungsfrei!), wertungsauflockernden Gesellschaft nur schwer zurechtfindet.

3. Die zersplitterte Gesellschaft

Eine Variante zum gleichen Thema ist die Zersplitterung der Gesellschaft. Sie hat viele Konsequenzen. Am wichtigsten in diesem Zusammenhang ist die an das Individuum gerichtete Notwendigkeit, sich auch in einer Reihe völlig unterschiedlicher Rollen zurechtzufinden. Einer der offenbarsten Rollenunterschiede ist die Diskrepanz zwischen der Rolle des Berufstätigen und der Rolle in der Familie. Nicht allein die Tatsache, daß der Arbeitsplatz häufig weit von dem Zuhause entfernt gelegen ist, spielt dabei eine Rolle. Hinzukommt, daß die Inhalte der verschiedenen Rollen völlig voneinander abweichen. Die Familie erhielt die Rolle, für alle gefühlsmäßigen Beziehungen und die emotionale Nahrung aufzukommen. Am anderen Ende befindet sich die berufliche Rolle, die eine maximale Effektivität erfordert. Gleichzeitig soll man als anonymes Glied zu einem großen, oft unüberschaubaren Zusammenhang gehören.

4. Die Gesellschaft ohne Zusammengehörigkeitsgefühl

Die Faktoren, die unter der Rubrik „Isolierung – Zusammengehörigkeit" beschrieben werden, beeinflussen auch in hohem Grad den jungen Menschen in seinem Bestreben, Beziehungen mit der Umwelt aufrechtzuerhalten. Bevölkerungsverschiebungen, das Auflösen der Verwandtschafts- und Familienbande und nicht zuletzt die gesamte Einstellung der Gesellschaft auf den individuellen Erfolg bei bestehendem Mangel an kollektiven Zielen auf lokaler Ebene – all das führt dazu, daß die Gesellschaft dem jungen Menschen große Schwierigkeiten in den Weg legt, wenn es für ihn darauf ankommt, den Bedarf an Zusammengehörigkeitsgefühl und Teilhaftigkeit zufriedenzustellen. Und das geschieht, obgleich dies ein wichtiger Aspekt der Identitätsbildung ist.

5. Jugendkultur

Für die schwindenden Möglichkeiten, irgendeine Form der Verankerung zu finden, sei es hinsichtlich des Verhältnisses zu anderen Menschen, zum Wohnort oder zu Ideologien, lassen sich einige Ursachen anführen. Das Auseinanderfallen der Rollen und Funktionen, das Fehlen der Zusammengehörigkeit und der Bindung zu den neuen, traditionslosen Wohnbezirken, die durch Migration erzwungenen Familienauflösungen und nicht zuletzt die allmähliche Entideologisierung sind dafür verantwortlich zu machen.

Man kann sogar behaupten, daß die Wurzellosigkeit institutionalisiert wird. Für die Jugend wurde der Mangel an Zusammenhang noch dadurch unterstrichen, daß die Jugendzeit verlängert wurde, während die Jugend in diesem Zeitraum ein immer mehr von der Erwachsenenwelt isoliertes Leben führt. Diese Situation wird hauptsächlich von einer kommerziell gesteuerten „Jugendkultur" ausgebeutet.

Es handelt sich um die jugendliche Variante des Konsumismus, der mit unbarmherziger Kraft dem Jugendlichen in seinem empfindsamsten Alter aufgedrängt wird. Die „Wertungen", die in dieser kommerziellen Botschaft zum Ausdruck kommen, werden natürlich von Wertmaßstäben des Privatkapitalismus und von nichts anderem gesteuert. Es geht um die Einflußnahme, die Jugendlichen zu so guten Konsumenten wie möglich zu formen, um nicht zu sagen, zu verändern. Mit anderen Worten, der maximale Gewinn steuert das Verhalten. Die Wertungen, die den Jugendlichen aufgezwungen werden, sind folglich keine Werte, die etwas mit der Sorge um die Jugend oder die Gesellschaft überhaupt zu tun haben. Dieser Prozeß ist für die gesamte gesellschaftliche Entwicklung destruktiv. In diesem Zusammenhang genügt uns die Feststellung, daß die kommerzielle Jugendkultur mit ihrer Verlogenheit und ihrer mangelnden Fürsorge ein weiterer Faktor ist, der eine Identitätsbildung verwirrt und erschwert.

Zusammenfassender Kommentar

Ich habe eine Reihe von Gesellschaftsphänomenen aufgezählt, die ich für die Entstehung der Drogenabhängigkeit mitverantwortlich mache.

Die Faktoren, die ich unter der Stufe I beschrieben habe, sind, so kann man sagen, vor allem Ausdruck für die Mängel in der Wohlfahrtsgesellschaft. Die von mir vorgeschlagenen Maßnahmen, die zu ergreifen sind, liegen deshalb mit den Zielsetzungen unserer derzeitigen Gesellschaftsentwicklung auf gleicher Linie.

Hinsichtlich der unter der Stufe II dargestellten Verhältnisse, sieht die Lage jedoch ganz anders aus. Hier geht es um Verhältnisse, die Ausdruck für sukzessive degenerative Veränderungen in der sozialen Struktur sind. *Veränderungen, die die Voraussetzungen des Menschen verschlechtern, den grundlegenden emotionalen Bedarf zufriedenzustellen.* Ein Teil dieses Bedarfs ist für den Menschen lebensnotwendig.

Bei näherer Prüfung dieser Faktoren verfällt man leicht in eine einseitige Kritik an unserer heutigen Gesellschaftsentwicklung. Dabei sollte man nicht vergessen, daß in diesem Land eine enorme Wandlung vom „armen Schweden" zum „Wohlfahrtsschweden" stattfindet und vor allem stattgefunden hat.

Die Lebensbedingungen des Menschen haben unter der Führung der Arbeiterbewegung durchgreifende Veränderungen erfahren. Für die Mehrheit der Bevölkerung hat sich das Land von einer Gesellschaft mit großer Kindersterblichkeit, Armut, beengten Wohnverhältnissen und politischer Machtlosigkeit zu Beginn des 20. Jahrhunderts in einen Musterstaat mit hohen Löhnen, gut ausgebildeter Kranken- und Gesundheitspflege, Wohnungen mit hohem Standard, einem einmaligen Sozialversicherungssystem und einer Demokratie entwickelt, die mehrere wichtige Bereiche des Gesellschaftslebens umfaßt.

Es entsteht mit anderen Worten der Eindruck, als ob wir einerseits eine ansteigende Kurve für einen *in ökonomischen Termini definierten Lebensstandard* zu verzeichnen haben – ein erhöhter Lebensstandard, der für die Masse der Bevölkerung steigende Reallöhne und größere soziale Sicherheit bedeutete. Auf der anderen Seite werden wir in den zwei letzten Jahrzehnten mit einem *sinkenden* Lebensstandard, soweit es die emotionalen Lebenswerte angeht, konfrontiert.

Diese Entwicklung verursacht nicht „nur" eine immer größer werdende Unzufriedenheit. Sie führt auch in einer noch ernster zu nehmenden Weise zu einer Bedrohung unserer psychischen Gesundheit. Diese Strukturwandlung beeinflußt den Menschen in seinen empfindlichsten Entwicklungsphasen (im Alter von 0 bis 3 Jahren und gegen Ende der Adoleszenz während der Identitätsbildungsperiode). Aus diesem Grund ist anzunehmen, daß das Gesellschaftssystem sowohl eine zunehmende Anzahl an Menschen mit frühen Charakterstörungen hervorbringt, die immer seltener kompensiert werden, als auch immer mehr Jugendliche, die, ohne daß eine frühe Störung vorliegt, mit Anzeichen einer Identitätsverworrenheit heranwachsen.

Ich bin nicht darauf eingegangen, wie man diesen negativen Gesellschaftsfaktoren begegnen soll. Aber ich kann mir kaum vorstellen, daß ein Wandel ohne *durchgreifende Veränderungen* der gesellschaftlichen Organisation und Zielsetzung möglich ist. Damit eine politische Veränderung in die richtige Richtung stattfinden kann, brauchen wir radikale Politiker, die einsehen, daß eine gefühlsmäßige Verarmung ebenso bedrohlich ist wie eine ökonomische Krise.

Literatur

Bejerot, Nils: Narkotikamissbruk och narkotikapolitik. Sober Förlags AB, Stockholm 1975.
Daun, Åke; Bengt Björjesson; Stig Åhs: Samhällsförändringar och brottslighet. Tiden/Folksam, Stockholm 1974.
Grosin, Lennart; Johan Norman: Att leva på samhällets botten, Studentlitteratur, Lund 1976.
Holter, Harriet; et al.: Familjen i klssamhället. Aldus, Stockholm 1976.
Kessen, William (redaktör): Barndom i Kina. Rabén & Sjögren, Stockholm 1976.

Korp, Valter, zitiert nach: *Rita Liljeström* in „Uppväxtvillkor". Allmänna Förlaget, Stockholm 1974.
Liljeström, Rita: Uppväxtvillkor. Allmänna Förlaget, Stockholm 1974.
Liljeström, Rita: Våra barn, andras ungar. Liber Förlag, Stockholm 1976.
Pasolini, Pier Paolo, (red. Ingamaj Beck): Vittnet. Cavefors, 1978.
Sjölung, Christe; Sven-Olof Johansson: Samhällets barnomsorg. Wahlström & Widstrand, Stockholm 1977.

Einige Grundzüge der psychoanalytischen Entwicklungspsychologie

In diesem Kapitel werde ich versuchen, in sehr konzentrierter Form einige wichtige Merkmale der psychoanalytischen Entwicklungspsychologie und der Psychopathologie (der Entstehung von psychischen Störungen) darzustellen. Mit dieser Übersicht beabsichtige ich, eine Grundlage für das Verständnis der bereits dargestellten frühen psychischen Störungen zu geben.

Ich bin mir völlig darüber im klaren, daß die konzentrierte Darstellung einer so komplizierten Theoriebildung wie dieser schwer verständlich sein kann. Dennoch hoffe ich, daß dieses Kapitel einem Leser mit gewissen Vorkenntnissen in analytischer Entwicklungspsychologie als Wiederholung dienlich ist, bzw. als Einführung für den Leser, der mit diesen Begriffen und Gedankengängen nicht vertraut ist.

Zwei grundlegende Prinzipien

Bei der Darstellung der psychischen Entwicklung mit Beginn der Geburt kann man den Schwerpunkt auf verschiedene Komponenten legen. Einige der wichtigsten sind: Die psychosexuelle Entwicklung, die Ich-Entwicklung, die Über-Ich-Entwicklung und die Entwicklung der sog. Objektbeziehungen.

Die Art und Weise der Beziehungen zu dem Objekt ist sicherlich eine Ich-Funktion. Die Objektbeziehungsentwicklung ist aber von einer derart zentralen Bedeutung für die psychische Reife eines Individuums, daß sie gesondert dargestellt wird.

Allerdings gelten für die Entwicklung dieser Komponenten einige für alle gemeinsame grundlegende Prinzipien. Zwei davon sind das *genetische Prinzip* und das *Interaktionsprinzip.*

Das genetische Prinzip

Dewald hat dieses Prinzip wie folgt formuliert:

> „Es besteht (für die psychische Entwicklung) eine Kontinuität auf lange Sicht in dem Sinne, daß jede Phase oder jedes Stadium der Entwicklung sich auf vorausgehende Entwicklungsstadien und Anpassungsformen gründet und sich aus ihnen heraus entwickelt. Zu einem gegebenen Zeitpunkt werden demnach das subjektive und

das objektive Verhalten von all den früheren Ereignissen beeinflußt, die dem Individuum im Laufe seiner gesamten Lebenserfahrung begegnet sind. Man bezeichnet diese Sichtweise als die genetische Sichtweise des Verhaltens. Sie beinhaltet, daß für ein tieferes und globaleres Verstehen des aktuellen Verhaltens die Einsicht in das Vergangene, auch in das weit zurückliegende Geschehen, z. B. Erlebnisse aus der frühsten Kindheit, erforderlich ist" (G. A. Dewald, 1975).

Das Interaktionsprinzip

Die Entwicklung der psychischen Strukturen findet unter dem Einfluß der Interaktionen zwischen der kindlichen Psyche und der Umwelt statt. Während der ersten Lebensjahre besteht diese Umwelt im wesentlichen aus den Eltern, aber nach und nach kommen andere wichtige Personen hinzu. Psychische Störungen, die während der ersten Lebensjahre entstehen, sind im allgemeinen auf Störungen in dieser Wechselbeziehung zwischen dem Kind und dem Objekt zurückzuführen. (Als *Objekt* bezeichnet man die Mutter, den Vater und andere wichtige Personen. Mit *Objektbeziehung* ist die Beziehung des Kindes zu dem Objekt gemeint.)

Die psychische Struktur

Man nimmt an, daß die Psyche eines Erwachsenen aus drei Instanzen besteht: dem *Es,* dem *Ich* und dem *Über-Ich.* Diese Einteilung ist nur eine theoretische Abstraktion. Sie entspricht in keiner Weise der Struktur im Bereich des zentralen Nervensystems.

Das *Es* ist der Sitz für die menschlichen Triebe: den Sexualtrieb (Libido) und den Aggressionstrieb. Für diese Triebe gibt es sicherlich eine biologische Grundlage, aber hier sind die psychologischen Aspekte des Trieblebens gemeint. Das Es ist auch die „Kraftquelle" für den psychischen Apparat. Sie versorgt eine Reihe psychischer Funktionen mit psychischer Energie. Das Es funktioniert zum größeren Teil außerhalb des menschlichen Bewußtseins und folgt dem sog. *Primärprozeß.* Unter Primärprozeß versteht man eine Form des „Denkens", die für den Gedankengang eines Säuglings typisch ist. Dem wird der *Sekundärprozeß* gegenübergestellt, der eine weiterentwickelte Form des „Denkens" ist. Der Primärprozeß nimmt keine Rücksicht auf die Übereinstimmung, auf zeitliche und räumliche Gegebenheiten, Ursache und Wirkung usw. Träume, die eine direkte Abspiegelung des Es sind, sind ein Beispiel für die Art, wie der Primärprozeß arbeitet. (Der Sekundärprozeß, der die Art des „Denkens" des Ichs kennzeichnet, arbeitet hingegen logisch, rational und unter Berücksichtigung der Realitäten.)

Das *Ich* enthält sowohl die sog. primären als auch die sekundären Ich-Funktionen. Beispiele für primäre Ich-Funktionen sind die Erinnerung, die Kontrolle der Motorik, die Fähigkeit, rational zu denken, die Abstraktionsfähigkeit usw. Diese Seite der Ich-Wirksamkeit ist zum größeren Teil bewußt.

Mit sekundären Ich-Funktionen meint man die triebbindenden Prozesse des Ichs. Einerseits hat das Ich die Aufgabe, die Triebimpulse des Es unter Kontrolle zu halten und dafür zu sorgen, daß sie im Unbewußten bewahrt bleiben. Andererseits übernimmt das Ich auf unterschiedliche Weise die Funktion, die Triebimpulse in eine für das Individuum zweckmäßige Aktivität umzuwandeln. Wenn das Ich die Zweckmäßigkeit beurteilt, folgt es dem Sekundärprozeß. Diese sekundären Ich-Funktionen sind zum großen Teil unbewußt. Das Ich ist sozusagen ein zentraler Koordinator für die verschiedenen Instanzen der Psyche und zwischen dem Innenleben und der Außenwelt des Menschen. Das Ich strebt nach einer inneren und äußeren Anpassung.

Das *Über-Ich* schließlich ist sowohl auf dem bewußten als auch auf dem unbewußten Niveau wirksam. Diese Instanz ist der Träger der Normen, die darüber entscheiden, was erlaubt ist. Das Über-Ich ist auch der Sitz der erstrebenswerten Ziele, die sich das Individuum während des Heranwachsens infolge der Erziehung und Idealbildung durch Familie und Gesellschaft verinnerlicht hat.

Die psychosexuelle und psychosoziale Entwicklung

Während der Jahre der Kindheit und Jugend kommt es zu einer sukzessiven Veränderung der *Ziele des Trieblebens.* Gemäß dieser geänderten Ziele läßt sich die frühe Entwicklung in verschiedene psychosexuelle Phasen gliedern. Die drei ersten Phasen erhielten ihren Namen nach dem Teil des Körpers, der in dem jeweiligen Zeitabschnitt die Hauptquelle des Lustgefühls darstellt. Wir sprechen von einem *oralen, analen* und einem *phallischen* Stadium. Darauf folgt eine Phase, die als *Latenzzeit* bezeichnet wird. Diese geht in die *Pubertät* über, die sich ihrerseits gegen Ende in ein *reifes genitales* Stadium entwickelt. Das Durchlaufen dieser unterschiedlichen Stadien bedeutet, daß eine Verlagerung der Ziele des Trieblebens von den oralen Verhaltensweisen zu der erwachsenen Sexualität stattfindet. In der oralen Phase ist das Triebempfinden vorwiegend an die passive Nahrungsaufnahme und an die Fürsorge gebunden. In dem Stadium der erwachsenen Sexualität findet das Triebleben seinen Ausdruck in der wechselseitigen Sexualität.

Die psychosexuelle Entwicklung wird von der Wechselbeziehung zwischen dem Kind und der Mutter (den Eltern) beeinflußt. Man nimmt aber an, daß das Grundmuster – die Verschiebung der libidinösen Triebe von den Mund-/

Hautzonen über die anale Region/den muskulären Apparat bis zu den genitalen Zonen – bereits genetisch vorbestimmt ist. Auch bei frühen Störungen werden folglich alle psychosexuellen Stadien durchlaufen und eine Art erwachsene Sexualität erreicht. Das, was von den Interaktionen zwischen dem Kind und der Umwelt beeinflußt werden kann, entscheidet darüber, welche Phase später einmal die erwachsene Verhaltensweise *dominieren* wird.

Erik Eriksson hat die psychosexuelle Entwicklung als Ausgangspunkt genommen und glaubte hier entsprechend eine psychosoziale Entwicklung erkennen zu können. Er meint, daß die unterschiedlichen Entwicklungsphasen nicht nur von den jeweiligen mit libidinösen Energien genährten organischen Zonen gekennzeichnet werden. Vielmehr nimmt der Autor an, daß die psychosexuelle Verhaltensweise eine mehr generelle Verhaltensweise zur Umwelt erzeugt: *das psychosoziale Verhalten.*

Zu jeder psychosozialen Phase gehört eine gewisse psychosoziale Problematik, die das Individuum zu lösen versucht. Je nachdem, wie es dem Individuum gelingt, die dominierende Problematik der Phase zu lösen, bleibt ein tiefes positives Gefühl der Fähigkeit oder auch ein negatives Gefühl des Unvermögens in bezug auf die Phasenproblematik zurück. Diese Möglichkeit für eine positive, resp. die Gefahr einer negativen Entwicklung löst nach Eriksson für jede Phase eine spezifische *psychosoziale Krise* aus. Kennzeichen für jedes Entwicklungsstadium sind demnach: ein psychosexuelles Organmuster, ein psychosoziales Verhalten und eine psychosoziale Krise. Die Tabelle 16 stellt sowohl die psychosexuellen Phasen als auch das jeweilige entsprechende Verhalten und die dazugehörige psychosoziale Krise dar. Die folgende Darstellung wird die drei ersten Phasen ausführlicher kommentieren.

Die orale Phase

Für die Befriedigung seiner Gefühle hängt der Säugling völlig von seiner Mutter ab. Der Säugling erlebt sich als eins mit der Umwelt und empfindet sich noch nicht als losgelöstes Individuum.

Wie aus der Tabelle 16 hervorgeht, kennzeichnet diese erste Phase eine psychosoziale Krise, die für das grundlegende Vertrauen oder Mißtrauen die Weichen stellt. Ruhe, Nahrungsaufnahme, tiefer Schlaf und ein entspanntes Magen-Darm-System sind erste Kennzeichen für das Vertrauen des Säuglings zu seiner Umwelt. In der wechselseitigen, positiven Beziehung zwischen Mutter und Kind erlebt das Kind die Mutter teils als innere Sicherheit, teils als etwas in der äußeren Welt Vorhandenes. Das führt dazu, daß das Kind so allmählich lernt, warten zu können: Es ist von Vertrauen zu der Umwelt erfüllt.

Tabelle 16: Phaseneinteilung der psychosexuellen Entwicklung, des psychosozialen Verhaltens und der psychosozialen Krisen in verkürzter Darstellung nach dem Phasenmodell von Erik Eriksson.

A Psychosexuelle Phase	B Psychosoziales Verhalten	C Psychosoziale Krise
I. Oral-sensorisch	empfangen, zugreifen, zu geben lernen	Vertrauen oder Mißtrauen
II. Anal-muskulär	zurückhalten, hergeben	Autonomie oder Scham und Zweifel
III. Phallische (ödipale) Phase	erobern und nacheifern	Initiative oder Schuldgefühle
IV. Latenzzeit	Dinge tun (herstellen), etwas gemeinsam machen	Arbeitskapazität oder Unterlegenheit
V. Pubertät	zu sich selbst finden (nicht zu sich selbst finden)	Identität oder Auseinanderfallen der Rollen
VI. Erwachsene Sexualität	sich selbst in einem anderen verlieren und finden	Nähe oder Isolierung

Im wachen Zustand spürt das Kind, daß immer mehr Sinneseindrücke dadurch ein Gefühl der Vertrautheit auslösen, daß sie mit dem Gefühl eines inneren Wohlbefindens zusammenfallen. Als Folge der Kontinuität in den Erlebnissen entsteht ein rudimentäres Gefühl innerer Identität. Das bedeutet nicht nur, daß das Kind lernt, sich auf die Identität und das Vorhandensein der Mutter zu verlassen. Es bekommt auch Vertrauen zu sich selbst. Das Kind vertraut der Fähigkeit der eigenen Organe, mit den Bedürfnissen fertig zu werden. Das Bild der guten Eltern wird internalisiert und vermittelt das grundlegende Gefühl des Selbstvertrauens.

Wenn die Interaktion von Kind und Eltern während dieser Periode aus irgendwelchen Gründen gestört ist, besteht die Gefahr einer Fixierung auf die orale Phase. Kristina Humble hat beschrieben, wie eine solche Fixierung den erwachsenen Menschen prägt.

„Wenn das Kind die orale Problematik nicht auf eine positive Art löst, sondern psychische Schäden aus dieser Phase zurückbleiben, wird sein ganzes Leben von dem Lebensstil ‚einer oral geprägten Persönlichkeit‘ bestimmt werden. Dieser Lebensstil wird von einem unkontrollierten, von Impulsen getriebenen Handeln gekennzeichnet. Ein starkes Abhängigkeitsbedürfnis, das manchmal deutlich gezeigt, manchmal verleugnet wird, macht die Beziehungen zu anderen stän-

237

dig konfliktbeladen. Für die eigene Person sind die Grenzen zwischen den Menschen, mit denen Kontakt besteht, und dem Individuum selbst unklar. Aufgrund seiner unrealistischen Einschätzung der Mitmenschen schreibt ein solcher Mensch den anderen oft Wünsche und Motive zu, die eigentlich seine eigenen sind. Oder aber er mißdeutet die Absichten der anderen als feindlich und destruktiv. Ein solcher Mensch strebt ständig danach, von den anderen das Maß an Liebe, Geborgenheit, Selbstgefühl und Lebensinhalt zu erhalten, das er für sich als Mangel entbehrt. Ein Gefühl der Leere und die Furcht des Verlassenseins wechseln mit der Angst, verschlungen zu werden. Folglich schwankt das Verhalten eines oral fixierten Menschen zwischen festklammernder Abhängigkeit und aggressiver Ablehnung, beispielsweise, wenn seine übermäßigen Forderungen nicht erfüllt werden."

„Die Triebkraft der Impulse, der Mangel an Ich-Grenzen, wodurch das Du-Erlebnis mit anderen unmöglich wird, die unrealistische Einschätzung der Umwelt und die ständige Ambivalenz bedeuten eine starke Bedrohung für die soziale Anpassung des Individuums" (SOU 1974: 31).

Die anale Phase

In dieser Phase findet eine rasche Entwicklung von Motorik und Sprache statt. Die Beziehung zu den Eltern ist von Trotz und Aggressivität gekennzeichnet. Dies trifft vor allem für die Problematik der Reinlichkeitserziehung (und Entsprechendes) zu, die diesem Stadium ihren Namen gab. Während dieser Phase besteht die Aufgabe der Eltern darin, auf der einen Seite das Kind dazu anzuregen, „auf eigenen Beinen zu stehen", auf der anderen Seite wird das elterliche Verhalten noch weiterhin von liebevoller Fürsorge und kontrollierender Stütze der Trieberlebnisse geprägt.

Eine Fixierung auf dieser Phase kann dadurch zustandekommen, daß die Eltern eine allzu autoritäre Haltung einnehmen und damit jegliche Art der kindlichen Willensäußerung verhindern. Das kann zu einem Schamgefühl führen, das die ganze Person ergreift und für das ganze weitere Leben bestehen bleibt. Wenn die Eltern andererseits keine Grenzen setzen, sondern jede Form der Willenskundgebung tolerieren, führt dieses Verhalten zu einer bleibenden, infantilen Omnipotenz (ein Gefühl der Allmacht), die zwar in der oralen Phase ganz normal ist, aber in der analen Phase abgebaut wird. Kristina Humble beschreibt die Risiken bei Störungen in dieser Entwicklungsphase wie folgt:

„Die Analphase spielt eine entscheidende Rolle für die Proportion zwischen Liebe und Haß eines Individuums, zwischen der Fähigkeit

238

zusammenzuarbeiten und dem eigensinnigen Verhalten. In dem Machtspiel, das sich in der Familie mit der wortlosen Analproblematik abspielt, geht es darum, wer der Stärkste oder Schwächste ist und wer wen kontrolliert. Ein Leben unter ständiger Spannung ist für ein Individuum mit ungelösten Analkonflikten kennzeichnend. Ein anal fixiertes Individuum kann vorwiegend masochistische Anlagen zeigen, mit der Tendenz sich unterzuordnen und selbst aufzugeben. Häufig wird jedoch die masochistische Haltung manipulativ in Form von emotionaler Erpressung gegenüber anderen ausgenutzt, oder aber das Individuum bringt die anderen unbemerkt dazu, die eigenen Impulse, gewöhnlich Aggressivität oder Habgier, auszuleben.

Mehr offen sadistische Menschen neigen dazu, ständig in Machtkämpfe verwickelt zu sein. Dabei tritt ihre Herrschsucht gegenüber den Mitmenschen zu Tage, und ihr Bedürfnis, Eigentum zu erwerben, erscheint grenzenlos. Im allgemeinen liegt eine Mischung aus sadistischen und masochistischen Tendenzen vor.

Eine besonders große Gefahr für eine gestörte Entwicklung besteht für Kinder, die in ihrer analen Entwicklungsperiode zum Teil den affektiven Kontakt zu den Eltern abgebrochen haben. Die Erfahrung zeigt, daß solche Kinder häufig vital und begabt sind. Sie haben im Machtkampf mit den Erwachsenen ein tiefsitzendes Mißtrauen gegenüber ihren Eltern und all dem erlebt, was diese repräsentieren, sowohl was Regeln und Gesetze als auch materielle Werte betrifft.

Die daraus resultierende starke Enttäuschung und der Haß führen dazu, daß das Kind hinsichtlich seiner emotionalen Bedürfnisse zum großen Teil zum Selbstversorger wird. Ein solches Kind weigert sich, etwas anzunehmen, was ihm freiwillig angeboten wird, weder Zuneigung noch positiven Kontakt, noch irgendwelche Objekte. Ein anal fixiertes Kind will nichts erhalten, es will sich alles mit Gewalt erobern. Sein aggressives, von Verachtung erfülltes, distanziertes Verhalten, läßt sich auch in der Zukunft leicht aktivieren.

Omnipotenzgefühle, die es aufgrund des ungelösten Konflikts nicht abbauen konnte, verleiten es zu einer unrealistischen Beurteilung seiner selbst und seiner Umwelt.

Der Kontaktabbruch zu den Menschen, die Normen setzen, übt ebenfalls einen schädlichen Einfluß auf die Über-Ich-Entwicklung in der darauf folgenden Phase aus, da die Integration von der Moral hauptsächlich durch eine positive Identifikation mit den Eltern erfolgt."

Die phallische (ödipale) Phase

Unternehmungsgeist oder Schuldgefühle sind die beiden Pole der psychosozialen Krise in dieser Phase. Gegen Ende der vorangehenden Phase beginnt das Kind auf den Geschlechtsunterschied aufmerksam zu werden. Während der phallischen Phase (die auch ödipale Phase genannt wird) wenden sich die Triebe dem anderen Geschlecht zu. Dies bedeutet für einen Jungen, daß er im Stillen sexuelle Wünsche auf seine Mutter richtet. Umgekehrt begehrt das Mädchen seinen Vater.

Die Lösung des Ödipuskomplexes bedeutet, daß der Junge sich mit dem Vater identifiziert, anstatt mit ihm um die Mutter zu „konkurrieren". Diese Entwicklung ist für einen Jungen nicht leicht, da die Mutter bisher sowohl Liebesobjekt als auch vor allem Identifikationsobjekt war. Nicht nur die Tatsache, daß sie eine Frau ist, ist hier entscheidend, sondern sie war der Erwachsene, der dem Kind im allgemeinen am nächsten stand.

Kristina Humble schreibt:

„Der ödipale Konflikt ist infolgedessen äußerst schwer zu lösen. Das Kind muß eine andere Person für die Identifikation annehmen. Die phallische Einstellung gegen den Vater muß bewältigt werden, um daraufhin in intensive Phantasien überzugehen, in denen das Kind den Vater zur Seite drängen möchte, um dessen Platz bei der Mutter einnehmen zu können. Dabei entstehen unbewußte, starke Schuldgefühle, die Angst davor auslösen, daß die verbotenen Triebe mit dem Leben und der Kastration bestraft werden können.

Die negative Lösung des Konflikts besteht in einer mehr oder minder ausgeprägten Regression in eine frühere Entwicklungsphase, die von einer Abhängigkeit von der Mutter als der Beschützerin und Liebesspenderin geprägt ist. Die positive Lösung führt dazu, daß der Junge sich mit dem Vater identifiziert und seine starke Rivalität aufgibt. Der Junge akzeptiert seine physische Unreife, wobei er jedoch auf narzißtische Weise dem Vater zu ähneln glaubt. Diese Haltung erleichtert es ihm, dem Erwachsenwerden und der Übernahme der väterlichen Rolle mit den damit verbundenen Funktionen entgegenzusehen.

Die positive Lösung des Konflikts führt infolgedessen zu einer bewußt erlebten männlichen Identifikation. Die eigenen Ich-Grenzen nehmen festere Formen an. In seinem Bemühen, die auf die Mutter gerichteten inzestuösen Wünsche und die unbewußten Todeswünsche gegenüber dem Vater zu unterdrücken, übernimmt der Junge jetzt die Rolle der Eltern, vor allem die des Vaters als normgebende und strafende Instanz. Durch diese Introjektion der elterlichen Kontrollfunktion und durch die Identifikation mit den moralischen Werten der Eltern erlangt der Junge nun ein beträchtliches Maß an Selbständigkeit. In gleichem Maße kommt es zu einer Zuwendung auf die Realität des Lebens."

Wenn die früheren Phasen auf eine einigermaßen zufriedenstellende Weise durchlaufen worden sind, kommt es bei einer Störung in dieser Phase hauptsächlich zu einer neurotischen Problematik.

Die Entwicklung des Ich

Triebbindende Prozesse

Das Es verändert sich nicht, sondern behält das ganze Leben hindurch die gleiche Struktur. Das Ich und das Über-Ich hingegen verändern sich. Vor allem das Ich übernimmt eine immer stärkere Kontrolle über die Triebvorgänge des Es. Auf diese Weise entsteht eine allmähliche Veränderung im Bereich des Trieblebens. Während des Heranwachsens werden die Triebvorgänge in immer größer werdendem Ausmaß „neutralisiert".

Man nimmt an, daß die Neutralisierung der aggressiven Triebkomponente zur Entwicklung der Abwehrmechanismen des Ichs beitragen, d. h. zur Entwicklung von Kontrollfunktionen gegenüber dem Es. Sowohl die libidinösen als auch die aggressiven Triebvorgänge werden in soziale Aktivitäten umgewandelt. Der Hauptteil der Ich-Tätigkeit in Form von Arbeit, kultureller Kreativität, sozialem Beisammensein dürfte wohl Ausdruck für eine neutralisierte Triebenergie sein.

Fusion von Libido und Aggressivität

Ein für die Triebentwicklung in den ersten Lebensjahren sehr wichtiger Aspekt ist die Fusion (Verschmelzung) der libidinösen und aggressiven Triebkomponente. Man kann es auch so ausdrücken, daß die libidinösen Triebe die aggressiven unter Kontrolle bekommen. Die Tatsache, daß dieser Prozeß in Gang kommt und abgeschlossen wird, ist für das zukünftige Verhältnis des Individuums zu seinem eigenen Triebleben, aber auch für seine/ihre Fähigkeit, zu anderen Menschen in Beziehung zu treten, von großer Bedeutung.

Dieses Moment in der Triebentwicklung steht, wie die Entwicklung so vieler anderer psychischer Funktionen, in enger Verbindung mit der Entwicklung von Objektbeziehungen. Im Laufe der Entwicklung von Objektbeziehungen nimmt die Fähigkeit des Kindes immer mehr zu, die Mutter als ein Objekt mit „guten" als auch mit „schlechten" Eigenschaften zu sehen. Die Fusion geschieht durch die Internalisation dieses Bildes der Kombination von Gut und Böse. Vor allem wenn man diesen Prozeß betrachtet, sieht man ein, wie wichtig es ist, daß die Eltern einer der Entwicklungsphase angepaßten *Kombination* von Zärtlichkeit und Grenzsetzung Ausdruck geben.

Primäre und sekundäre Ich-Funktionen

Mit der Entwicklung der biologischen Reife entfalten sich die primären Ich-Funktionen. Diese Ich-Funktionen sind relativ unabhängig von den erwähnten Interaktionen zwischen dem Kind und dem ersten Nahraum (dem Objekt); allerdings beeinträchtigt ein starker Einfluß, wie beispielsweise das Fehlen von Anregungen, auch den Intellekt und die Motorik.

Hingegen sind die sekundären Ich-Funktionen – die integrierenden und kontrollierenden Funktionen des Ichs – sehr stark von den Interaktionen mit der Umwelt abhängig. Ein anderer Wesenszug der Ich-Entwicklung ist die Entfaltung des Selbstgefühls und der *Identität.* Die Identitätsentwicklung ist erst gegen Ende der Adoleszenz abgeschlossen, ihre Entwicklung setzt aber schon sehr früh ein.

„Die Abwehrmechanismen des Ichs" üben die inneren Kontrollfunktionen des Ichs aus. Auch für diese Mechanismen gilt, daß sie sich allmählich als Teil der psychologischen Reife entfalten. Man unterscheidet zwischen mehr primitiven und mehr entwickelten Abwehrmechanismen. Zu den frühen Abwehrmechanismen rechnet man gewöhnlich das Verneinen (eine reale Gegebenheit wird abgelehnt) und die Projektion (Gefühle, Gedanken, Eigenschaften eines Menschen werden einem oder mehreren anderen Menschen zugeschrieben). Die Intellektualisierung hingegen (ein Vorgang, durch den das Individuum „bedrohliche" Konflikte und Gefühle rational logisch formuliert, um sie zu meistern) ist ein Beispiel für eine reifere Form der Abwehr.

Die Entwicklung der sekundären Ich-Funktionen hängt sehr stark von der Entwicklung der Objektbeziehungen ab. Ein zentraler Begriff für diesen Vorgang ist die *Internalisierung.* Es handelt sich hierbei um einen Prozeß, in dem sich das Individuum Normen, Verbote und Gebote der Umwelt zu eigen macht. Die Objektbeziehungsentwicklung führt zu einer sukzessiven Auflösung der engen Bindung des Kindes an die Eltern/die Mutter. Im Laufe dieser Entwicklung verinnerlicht sich das Kind allmählich ein Bild von sich selbst, das es losgelöst von den Eltern darstellt. Eine Möglichkeit, mit dieser Trennung „fertig zu werden", besteht darin, das Bild der Eltern zu internalisieren und dabei vor allem die äußere, von den Eltern ausgeübte Kontrolle der kindlichen Triebimpulse in eine eigene, innere Ich-Funktion umzuwandeln. Dieser „Individuations-Separations-Prozeß" schafft ebenfalls eine Grundlage für die Identitätsbildung.

Die Entwicklung des Über-Ich

Auch für die Bildung des Über-Ichs ist der Prozeß der Internalisierung ein entscheidender Mechanismus. Die elterlichen Normen und Einstellungen zu dem, was recht und was unrecht ist, werden verinnerlicht. Hierbei ist zu bedenken, daß dieser Vorgang gleichzeitig eine Internalisierung von sozialen und kulturellen Faktoren darstellt, da ja die Eltern die Gesellschaft repräsentieren.

Dieser Prozeß setzt mit dem Säuglingsalter ein. Seine Intensität wird allerdings bis hin zum Alter von 3 bis 5 Jahren als relativ gering eingeschätzt. Erst dann kommt es zu einer sehr intensiven Identifizierung mit den Eltern in Verbindung mit der Lösung des ödipalen Konflikts. Vor dem dritten bis vierten Lebensjahr wird das Ich von einem primitiven „archaischen" Über-Ich dominiert. Diese frühe, dem Über-Ich ähnelnde Instanz wird als sehr streng und strafend gegenüber dem Individuum angesehen. Für dieses frühe Über-Ich ist außerdem charakteristisch, daß es nicht an Schuldgefühle im eigentlichen Sinne geknüpft ist. Unter Schuldgefühlen im eigentlichen Sinne sind in diesem Zusammenhang Gefühle gemeint, die sich an eine andere Person oder an eine Gruppe von Personen richten (denen gegenüber man sich schlecht verhalten hat).

Die primitiven Über-Ich-Strukturen erregen eher Gefühle totaler Minderwertigkeit, von Scham und Furcht, von einer übergeordneten Macht bestraft zu werden. Solche Gefühle lösen unter Umständen bei dem Individuum einen Wunsch nach Strafe aus, um auf diese Weise den Druck des primitiven Über-Ichs zu mindern.

Die Bildung des Über-Ichs ist ebenso wie die Ich-Bildung sehr eng mit der Entwicklung der Objektbeziehungen verbunden. Wenn die ödipale Situation wegen einer frühen Störung in der Objektbeziehungsentwicklung nicht zum gegebenen Zeitpunkt erreicht wird, wird das reife Über-Ich nur unvollständig ausgebildet, und das Individuum wird von mehr oder weniger großen Überresten des archaischen Über-Ichs bedrückt.

Die Entwicklung der Objektbeziehungen

Wie aus dem bereits Dargestellten hervorgegangen ist, läßt sich die frühe psychische Entwicklung von verschiedenen Sichtpunkten aus betrachten. Wir erwähnten die psychosexuelle und die psychosoziale Entwicklung, die Bildung der Ich-Funktionen und die Bildung des Über-Ichs. Wir müssen aber noch auf einen weiteren Aspekt der psychischen Entwicklung eingehen, nämlich auf die Entwicklung der Objektbeziehungen.

Unter der Entwicklung der Objektbeziehung versteht man die allmähliche Entwicklung von Beziehungen zu anderen, nahestehenden Personen. Für die Entwicklung der Objektbeziehungen gibt es ebenfalls unterschiedliche Aspekte. In dieser Darstellung liegt jedoch der Schwerpunkt auf einem ganz bestimmten Aspekt, und zwar auf der sukzessiven psychischen Trennung des Kindes von dem Objekt.

In den früheren Ausführungen wurde des öfteren auf die Objektbeziehungsentwicklung hingewiesen. Daraus geht hervor, daß dieser Ansatz auch für die Entwicklung der übrigen psychischen Komponenten und deren Balance untereinander ein gewisses Verständnis vermittelt. Gerade durch das Studium der Entwicklung von den Objektrelationen können wir am ehesten das Entstehen früher Störungen verstehen.

Während der ersten drei Lebensjahre findet eine so schnelle und durchgreifende Entwicklung der Objektbeziehungen statt, daß eine Einteilung in zeitlich bedeutend kürzere Phasen notwendig wird, als es bei der Darstellung der psychosexuellen Entwicklung der Fall ist.

M. Mahler und ihre Mitarbeiter haben die Entwicklung der Objektbeziehungen während der ersten drei Lebensjahre des Kindes verfolgt. Die Forscherin unterscheidet drei Phasen: die autistische, die symbiotische und die Separations-Individuations-Phase. Die Separations-Individuations-Phase wird ihrerseits in vier Subphasen eingeteilt:

1. Differenzierung
2. Übung
3. Annäherung
4. Entwicklung zu erhöhter Objektkonstanz

Abbildung 8 gibt eine schematische Aufstellung der ungefähren Länge der einzelnen Phasen.

Die autistische Phase

Unter der Bezeichnung autistisch versteht man, daß das Individuum völlig auf sich selbst konzentriert ist. Nach Mahler befindet sich das Neugeborene in einer „autistischen Schale". Obwohl der Säugling biologisch von der Mutter abhängig ist, fehlt es an einer Beziehung in psychologischem Sinne. Für das gerade Neugeborene besteht demnach noch keine Objektbeziehung. Für dieses Stadium wird eine Dauer von zwei bis drei Monaten angenommen. Aber bereits im ersten Lebensmonat beginnt die „Schale" zu brechen.

Die symbiotische Phase

Die symbiotische Phase beginnt etwa mit dem dritten Lebensmonat, erreicht ihren Höhepunkt gegen den fünften Monat und klingt darauf in der Individuations-Separations-Phase ab. Während der symbiotischen Phase erlebt sich das Kind als eins mit der Mutter. Es kann noch nicht zwischen sich selbst und der Mutter unterscheiden. Die mütterliche und kindliche Identität schmelzen zusammen. Das Erleben einer glücklichen symbiotischen Phase ist von grundlegender Bedeutung für die spätere Entwicklung.

Dieses Erleben legt die Grundlage zur Empathie und zu echten Objektbeziehungen, die von einem erwachsenen Verhalten des Gebens und Nehmens geprägt sind. Ernsthafte Störungen in der symbiotischen Phase führen zu einer schweren Pathologie im Kindes- und Erwachsenenalter. Mahler betont, daß bei gewissen Kindern eine angeborene Schwierigkeit vorliegen kann, eine Symbiose einzugehen. Eine Psychose läßt sich folglich sowohl auf mangelnde Voraussetzungen im Kind, als auch auf Ressourcenmängel seitens der Eltern zurückführen.

Die Separations-Individuations-Phase

Eine geglückte Symbiose geht allmählich in die erste Teilphase der Separations-Individuations-Phase, die Phase der „Differenzierung" über. Es entwickelt sich immer mehr eine Vorstellung des eigenen Selbst, losgelöst von dem Objekt/der Mutter.

Gestützt von der sich immer stärker entfaltenden Motorik bewegt sich das Kind während der „Übergangsphase" physisch und psychisch von der Mutter weg. Es ist wichtig, daß die Eltern in diesem Stadium das Ausmaß der Unabhängigkeit des Kindes nicht überschätzen und dadurch das Erlebnis des Verlusts des Objekts/der Eltern auslösen.

Während der „Annäherungsphase" kommt es zu einem aktiven psychischen Sich-Nähern; zur gleichen Zeit jedoch übt sich das Kind weiterhin in der physischen Trennung.

Während der vierten Subphase, der „Entwicklung auf eine erhöhte Objektkonstanz hin", wird die Fähigkeit einer Objektkonstanz vollendet (d. h. die Fähigkeit, das Bild des Objekts ungeachtet der aktuellen Bedürfnisse im Bewußtsein zu bewahren), und das Kind schließt seine erste Individuation ab. Es entwickelt eine Art frühe Identität, die später Grundlage für die zweite Individuation sein wird. Zu dieser zweiten Individuation kommt es, wenn das Individuum seine erwachsene, endgültige Identität gegen Ende der Adoleszenz formt.

Die Entstehung früher Störungen

Das Entstehen früher Störungen kann als Folgeerscheinung von Störungen in frühen Objektbeziehungen angesehen werden. In dem Diagramm der Abb. 7 sind die drei Störungsarten Psychose, Borderline-Zustand und frühe Charakterstörung in Beziehung zu den Entwicklungsabschnitten der Ob-

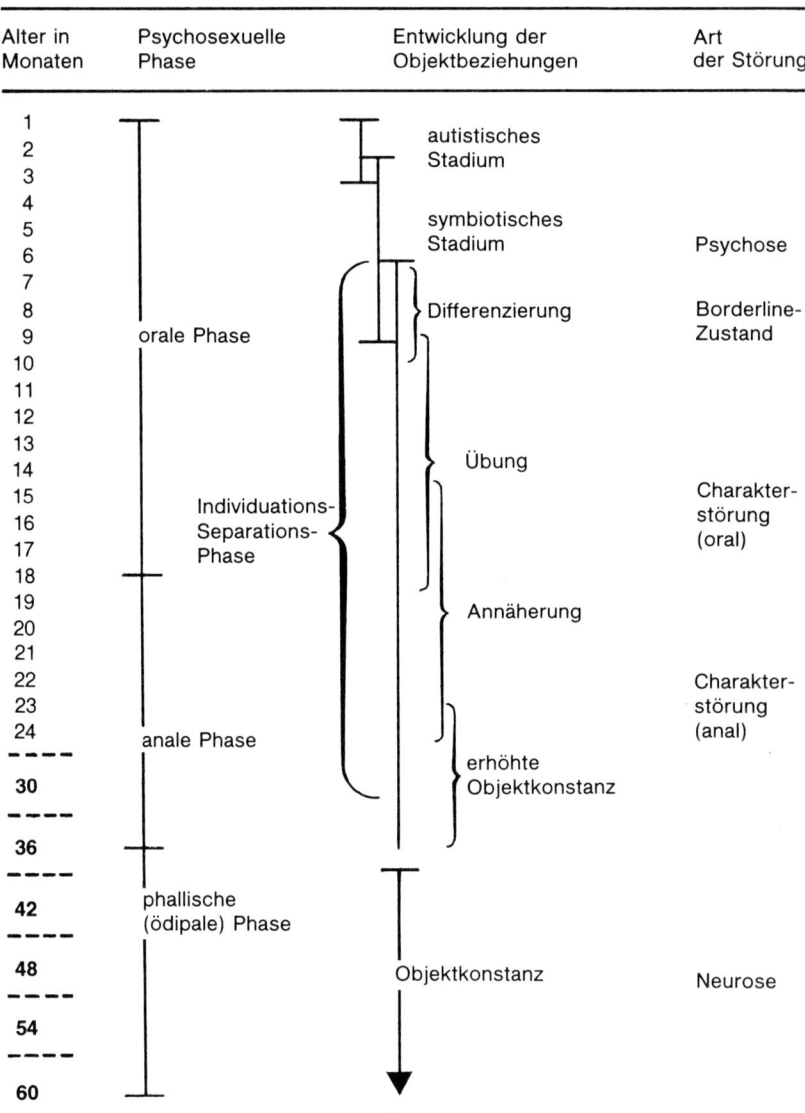

Alter in Monaten	Psychosexuelle Phase	Entwicklung der Objektbeziehungen	Art der Störung
1		autistisches Stadium	
2			
3			
4		symbiotisches Stadium	
5			Psychose
6			
7			
8		Differenzierung	Borderline-Zustand
9	orale Phase		
10			
11			
12			
13			
14		Übung	
15	Individuations-Separations-Phase		Charakter-störung (oral)
16			
17			
18			
19		Annäherung	
20			
21			
22			Charakter-störung (anal)
23			
24	anale Phase	erhöhte Objektkonstanz	
30			
36			
42	phallische (ödipale) Phase		
48		Objektkonstanz	Neurose
54			
60			

Abbildung 7: Die psychosexuellen Phasen und die Entwicklung der Objektbeziehungen in ihrem Verhältnis zur Entstehung bestimmter früh auftretender Störungen.

246

jektbeziehungen gesetzt worden. Wie tief eine Problematik sitzt, hängt jedoch davon ab, wie *früh* die Störung einsetzt und wie *intensiv* sie ist.

Man nimmt an, daß eine Psychose vor allem auf eine Störung in der symbiotischen Phase zurückzuführen ist. Das psychotische Ich ist u. a. gerade durch das Unvermögen gekennzeichnet, eine Grenze zwischen der inneren und der äußeren Welt aufrechtzuerhalten. Die Einschätzung der Wirklichkeit ist gestört, Wahnvorstellungen und Halluzinationen kommen vor.

Über die Definition des Borderline-Falles in seinem Verhältnis zu frühen Charakterstörungen sind die Auffassungen geteilt. Es gibt einige Autoren, die den „borderline case" mit allen psychopathologischen Affektionen zwischen Psychose und Neurose gleichsetzen. Ich habe für den Borderline-Zustand eine engere Definition vorgezogen, da ich der Annahme bin, daß für die Hauptgruppe der Drogenabhängigen eine psychologische Problematik zutrifft.

In meiner Darstellung nenne ich sie frühe Charakterstörung, die zu einem frühen Zeitpunkt entsteht, aber dennoch nicht so tiefgehend wie der „borderline case" und die Psychose ist. Bei den von harten Drogen Abhängigen sind alle drei Störungsarten vertreten. Folglich werden unterschiedliche Behandlungsmethoden erforderlich.

Der „Grenzfall" (borderline case) und Charakterstörungen unterscheiden sich von Psychosen in zweierlei Hinsicht. Zum einen – haben sie eine Ich-Struktur, die eine Grenze zwischen der inneren und der äußeren Welt aufrechterhalten kann, zum anderen ist der Zustand relativ stabil. Psychosen treten häufig im periodischen Wechsel in Form von einem Auf und Ab von Verbesserungen und Verschlechterungen des Zustands ein.

Sowohl auf den „borderline case" als auch für Charakterstörungen treffen ernste Identitätsstörungen und Störungen der Ich-Funktion vom Typ der Impulskontrolle zu. Weitere Störungen sind das Unvermögen, Frustrationen und Angst ertragen zu können, sowie sehr große Schwierigkeiten, haltbare Objektbeziehungen zu errichten. Außerdem weisen beide Gruppen Anzeichen für Störungen in der oralen Phase auf, die wir in der bisherigen Darstellung als kennzeichnend für die „orale Persönlichkeit" beschrieben haben.

Der Unterschied zwischen früher Charakterstörung und „borderline case" äußert sich bei Drogenabhängigen vor allem auf folgende Weise: Die tiefe Problematik des Grenzfall-Patienten erweist sich als größere Schwierigkeit, mit anderen Menschen Beziehungen aufzunehmen. Es kommt häufig vor, daß Grenzfall-Patienten von Gruppe zu Gruppe ziehen in dem Bestreben, eine Zugehörigkeit zu finden. Die Schwierigkeit, Kontakte aufzunehmen, führt jedoch dazu, daß der Betreffende sich nicht anschließen kann/sich nicht anzuschließen wagt und nicht akzeptiert wird. In Fixerkreisen findet man solche Drogenabhängige dann am Rande der Gruppen oder als einsame Suchtabhängige wieder. Der Drogenabhängige wird von den anderen Fixern oft als etwas seltsam beurteilt und bleibt somit sogar in diesen Kreisen ein Außenseiter. In vielen Fällen hat er überhaupt keine Zugehörigkeit.

Auf ähnliche Weise verhalten sich diese Abhängigen gegenüber den Therapeuten und den Behandlungseinrichtungen, bevor ein „Einfangen" des Klienten geglückt und eine stabile Beziehung hergestellt worden ist. Der Suchtkranke geht von einer Einrichtung zur nächsten, soweit es die therapeutische Organisation zuläßt. (Dieses Verhalten läßt sich allerdings nicht mit der Manipulation von Behandlungsinstitutionen gleichsetzen, die für einige etablierte Drogenabhängige so charakteristisch ist. Solche Suchtkranke mißbrauchen die Institutionen während bestimmter Phasen (siehe S. 113) mehr in der Absicht, den Drogenmißbrauch zu erhalten, anstatt mit dem Ziel, ihn abbrechen zu wollen.) Sehr oft haben diese Klienten so langsam alles ausprobiert: eine Reihe unterschiedlicher Therapieeinrichtungen, religiöse Sekten, ideelle Vereinigungen, verschiedene Modetherapien usw. Jeder mißglückte Versuch, einer Gemeinschaft von Fixern anzugehören oder Mitglied einer Therapiegruppe im Rahmen der Behandlung zu werden, vergrößert das Gefühl der Hoffnungslosigkeit und verstärkt das Bewußtsein, eine Außenseiterrolle zu spielen. Ich habe auch den Eindruck, daß in dieser Gruppe und unter den psychotischen Klienten das Selbstmordrisiko am größten ist.

Für Borderline-Klienten und für psychotische Patienten ist ebenfalls gemeinsam, daß sie häufiger Symptome aufweisen, die den Besuch in einer allgemeinen psychiatrischen Einrichtung erforderlich machen.

Suchtabhängige mit einer Charakterstörung, also der Großteil der harten Fixer, haben ebenfalls Schwierigkeiten, Beziehungen herzustellen und eine Zugehörigkeit zu finden. Solche Suchtkranken werden allerdings mit oberflächlichen Beziehungen fertig und sind in der Lage, ihre negative Identität dadurch zu stärken, indem sie sich den Subkulturen anschließen. Hinsichtlich ihres Verhältnisses zu den Behandlungsinstitutionen können sie sich leichter einfügen. Ihre Ich-Ressourcen reichen aus, um beispielsweise aus einer konfrontativen, kollektiv orientierten milieutherapeutischen Einrichtung Nutzen zu ziehen, was für Suchtkranke mit einer tieferen Störung schwer oder gar unmöglich sein kann.

Literatur

Blanck, Rubin; Gertrude Blanck: Borderline-teori och behandling. Jagpsykologins uppkomst, utveckling och tillämpning. Wahlström & Widstrand, Stockholm 1976.

Dewald, Paul: Dynamisk psykologi. Natur och Kultur, Stockholm 1975.

Eriksson, Erik H.: Barnet och samhället. Natur och Kultur, Stockholm 1965.

Freud, Anna: Jaget och dess försvarsmekanismer. Natur och Kultur, Stockholm 1952.

Mangs, Karin; Barbro Martell: 0–20 år enligt psykoanalytisk teori. Studentlitteratur, Lund 1974.

SOU 1974: 31: Unga Lagöverträdare, Rapport av Kristina Humble och Gitte Zettergren-Karlsson. Allmänna Förlaget, Stockholm 1974.

Erläuterung
wichtiger Begriffe

Adoleszenz	(Psychologischer Ausdruck); Abschnitt des Jugendalters (etwa zwischen 13. und 19. Lebensjahr).
Affekttoleranz	(Psychologischer Ausdruck); Fähigkeit, mit Angst verbundene Gemütsbewegungen ertragen zu können, ohne das Bedürfnis, diese Erregungen unmittelbar auszuleben oder unterdücken zu wollen.
akzidentell	Zufällig. In der Medizin: Nicht zum gewöhnlichen Krankheitsbild gehörend.
Ambivalenz	Zwiespältigkeit (z.B. Haß und Liebe in Beziehung zu ein und demselben Objekt).
amotivational syndrome	Psychologischer Ausdruck für die Bezeichnung vermehrter Passivität und Unproduktivität. Einige Forscher glauben, daß ein derartiger Zustand infolge lang andauernden Cannabis-Mißbrauchs aufteten kann.
Analgetika	Substanzen, die eine schmerzstillende Wirkung haben.
Anamnese	Im medizinisch-psychologischen Sprachgebrauch sind damit Erinnerungen des Patienten zu seiner Lebens- und Krankheitsgeschichte gemeint.
antipsychotisch	Psychiatrischer Ausdruck, der etwas (gewöhnlich ein Medikament) bezeichnet, das einer Psychose (= Geisteskrankheit) entgegenwirkt.

asoziale Bezugsgruppen (Subkultur)	Gruppen mit von der übrigen Gesellschaft abweichenden Lebensnormen, häufig krimineller Art.
Autismus	Zustand, in dem das psychische Leben nur auf das eigene Ich ausgerichtet ist, unter Aussperrung der Außenwelt.
autonome Ich-Funktion	(Auch primäre Ich-Funktion genannt); gemeint sind jene Ich-Funktionen, die in ihrer Entwicklung relativ frei von Umwelteinflüssen sind, z. B. das Gedächtnis.
Behaviourismus	Eine psychologische Richtung, die im Gegensatz zur Psychoanalyse und anderen tiefenpsychologischen Theorien steht. Sie versucht, das menschliche Verhalten nur von äußeren lerntheoretischen Prinzipien her zu deuten.
borderline-case	Psychologischer Ausdruck, um psychische Störungen an der Grenze zwischen Psychose und Neurose zu bezeichnen.
broken home	Englische Bezeichnung für „schwer gestörtes Zuhause".
charismatisch	Von besonderer Kraft und Ausstrahlung gekennzeichnet.
Depression	Niedergeschlagenheit, traurige Verstimmung.
depressive Äquivalenzen	Andersartiges Verhalten bei einer Depression, z. B. aggressives Verhalten bei Kindern oder bei einem psychosomatischen Zustand bei Erwachsenen.
depressive Reaktionen	Reaktionen, die den depressiven Zustand zum Ausdruck bringen.
destruieren	Zerstören.
Drogenpopulation	Gruppe von Drogenabhängigen.

Empathie	Resonanz, Einsicht, Verständnis, Einfühlung.
Euphorie	Heiter-zuversichtliche Gemütsstimmung, Hochgefühl.
Folluw-up-Untersuchung	Prospektive Untersuchung. Eine Untersuchung, die von einem Startzeitpunkt aus das weitere Schicksal Drogenabhängiger untersucht und nicht etwa rückblickend.
Frustrationstoleranz	Psychologische Bezeichnung für die Fähigkeit, psychische Belastungen zu ertragen.
Fusion	Verschmelzung.
genetisch prädestiniert	Durch Erbfaktoren vorausbestimmt.
habil	Etwa: Fähig, gewandt, akzeptabel.
Hermeneutik	(Griech.: auslegen) Die Kunst der sinngemäßen Auslegung. Grundlegende Methode der Human- (= Geistes)wissenschaften) im Gegensatz zu den „erklärenden" Naturwissenschaften.
Implikation	(Lat. Einflechtung); nicht klar definierter Inhalt.
Individuation	Psychologischer Ausdruck für den Prozeß, durch den das Kind auf psychologischer Ebene sich langsam von den Eltern loslöst, mit dem Ziel der Selbstverwirklichung.
indizieren	Etwas als angezeigt erscheinen lassen. Es besteht eine Indikation (berechtigter Grund) für . . .
Initialgruppe	Die erste Gruppe.
interagieren	Zusammenspielen. Gegenseitig einwirken.
Interaktion	Zusammenspiel, wechselseitige Beeinflussung, wechselseitiges Spiel.

Internalisierung	Psychologischer Ausdruck für z. B. den Prozeß, in dem das Kind psychische Eigenschaften der Eltern zu seinen eigenen macht.
Introjektion	Primitive Form der Internalisierung (siehe Internalisierung!).
Koma	Tiefe Bewußtlosigkeit.
komatös	In tiefer Bewußtlosigkeit befindlich.
kustodielle Verwahrungsanstalt	Einrichtung, die hauptsächlich auf das Kontrollieren und Überwachen der Klienten ausgerichtet ist.
Latenzperiode	Periode in der psychischen Entwicklung zwischen der ödipalen Phase und dem Beginn der Pubertät. (Sie dauert vom 5./6. bis zum 10./11. Lebensjahr.)
metabolisch; Metabolismus	Veränderlich, mit dem Stoffwechselprozeß zusammenhängend. Der Stoffwechsel.
Neuroleptika	Arzneimittel, die in der Behandlung von Geisteskrankheiten Anwendung finden.
Nutrition	Ernährung.
pathologisch	Krankhaft.
peroral	Durch den Mund.
Perzeption	Unter anderem die Reizaufnahme des Gehirns von Impulsen der Sinnesorgane.
prädisponieren	Vorherbestimmen.
Pseudoideologie	Etwa „falsche Lehre". gibt vor, eine Ideologie zu sein.
Psychoanalyse	a) Theorie von der normalen Entwicklung des Menschen. b) Theorie über die Entstehung psychischer Störungen. c) Eine Methode, gewisse psychische Störungen zu untersuchen und zu behandeln.

regredieren	Psychologischer Ausdruck: Zu früheren Entwicklungsformen zurückkehren, etwa sich infantil (= kindlich) verhalten.
rehabilitieren	(Nach einer Krankheit) wieder in einen zufriedenstellenden medizinischen, psychologischen und sozialen Zustand eingliedern.
rektal	(Rektum = Mastdarm); zum Mastdarm gehörig.
reparativ	Wiederherstellend.
Rezidiv; rezidivierend	Rückfall; rückfällig oder wiederholt.
„scapegoating"	Englisch: „zum Sündenbock abstempeln".
schizophrenieartige Psychose	schizophrenieähnliche Geisteskrankheit.
Selbstdestruktion	Zerstörungslust (Zerstörungstendenz), auf die eigene Person gerichtet.
Separation	Lösung, Ablösung, Trennung.
soziale Stigmata	Erfahrungen oder Eigenschaften eines Individuums, die von der Umwelt als Zeichen sozialer Abweichung eines Individuums gedeutet werden.
Stigmatisierung	Prozeß, in dem die Umwelt ein Individuum dazu zwingt, gewisse Eigenschaften als Kennzeichen für seine Normabweichung zu akzeptieren.
Subkultur	Untersystem kultureller Normen, die von den gesamtgesellschaftlichen Normen abweichen.
Suizid	Selbstmord.
symbiotisch	Aus der Biologie entlehnte psychologische Bezeichnung, die (nicht ganz korrekt) die frühe Mutter-Kind-Beziehung kennzeichnet, die von einer tiefen wechselseitigen Abhängigkeit geprägt ist.

toxisch	Giftig.
Tremor	Eine Art leichten Zitterns.
Übertragung	Psychologischer Begriff, um eine Situation im Therapieprozeß zu bezeichnen, in der der Patient dem Therapeuten Eigenschaften zuschreibt, die für eine andere Person im früheren Leben des Patienten bezeichnend waren.

Sachverzeichnis